LOS BASSANO
EN LA ESPAÑA DEL SIGLO DE ORO

LOS BASSANO

EN LA ESPAÑA DEL SIGLO DE ORO

29 de marzo-27 de mayo 2001

TEXTOS

MIGUEL FALOMIR FAUS

MUSEO NACIONAL DEL PRADO

Prácticamente "aplastado" por la excepcional importancia de la colección veneciana del Museo del Prado –Tiziano, Tintoretto o Veronés, entre otros–, reflejo de lo que fue la Colección Real española, el stilo humilis, *tal como lo calificó Jan Bialostoki, de Jacopo Bassano y su familia apenas ha tenido presencia relevante en los muros del Museo desde el inicio de su andadura. El modo majestuoso de Veronés, la importancia de algunas de las obras de Tintoretto de la colección del Prado, y el hecho mismo de que algunas de las más relevantes obras bassanescas hayan estado hasta hace muy poco tiempo en depósitos de difícil acceso, no ha ayudado a la valoración de un conjunto como el que ahora se presenta.*

No fue así en otros tiempos de la propia Colección Real. Uno de los descubrimientos más importantes de esta exposición, es decir, la presencia en la misma del recién restaurado La Fragua de Vulcano, *obra claramente minusvalorada hasta 1992 por la crítica que llegó a considerarla obra de taller sin especial importancia, y depositada en un despacho de la Universidad de Barcelona, colgaba en el siglo XVII nada menos en el Salón de los Espejos del Real Alcázar de Madrid, la sala de mayor valor representativo del conjunto. A su lado estaban obras como* Las Furias *o el* Carlos V en Mühlberg *de Tiziano y su pareja era* Cristo entre los doctores, *uno de los veroneses más importantes de la Colección Real, que hoy admiramos, recientemente restaurado, en el Museo del Prado. Depositada, como decimos, en Barcelona, la pintura, restaurada especialmente para esta exposición, vuelve con motivo de la misma al contexto histórico que poseyó durante el siglo XVII, a la vez que permitirá a los expertos su más cuidado estudio como una de las obras capitales del período tardío de Jacopo Bassano.*

Las pinturas de Bassano no sólo fueron del agrado de Felipe IV. Ya en el siglo XVI su abuelo Felipe II había adornado parte de sus palacios con obras de este taller. En El Escorial, por ejemplo, en la llamada Galería de la Infanta, las pinturas bassanescas colgaban en el mismo espacio que El Jardín de las Delicias *de El Bosco, realizándose una unión entre lo realista y lo verosímil, propia del italiano, con la profunda reflexión en torno a lo fantástico, lo irreal y lo imaginativo característica del flamenco.*

Aunque a veces se ha llegado a insinuar la relación de Jacopo Bassano con círculos protestantes del Norte de Italia, la realidad es que no hay nada definitivo sobre el particular. Lo cierto, como ya resaltaba en el siglo XVII Ridolfi, es que su iconografía se extiende a lo largo de gran parte del Antiguo y del Nuevo Testamento, como podemos ver en buena parte de las obras de la Colección Real presentes en esta exposición. El mismo Ridolfi llamaba la atención sobre un tema fascinante y del que hoy todavía nada sabemos: el de la exportación de este tipo de obras al Nuevo Mundo. "Para la implantación de la fe cristiana –dice el tratadista veneciano–en las tierras de Indias fué-

ronle encargados por el orfebre Antonio María Fontana numerosos hechos de la vida del Salvador, que sirvieron con mucho provecho para introducción de la religión, teniendo la Pintura la virtud de imprimir un sentido de devoción y de mantener en las humanas mentes la memoria de las cosas sucedidas". Son palabras muy significativas que nos indican la función no tanto devocional sino, más bien, difusora de los contenidos narrativos de las historias sagradas que explican el éxito europeo y, al parecer, la expansión americana de la "industria" pictórica bassanesca.

Cuando el Padre Sigüenza en su Historia de la Orden de San Jerónimo describe algunas de las obras de Jacopo y su familia conservadas en el Monasterio de El Escorial logra, en pocas palabras, resumir varios de los asuntos que han preocupado habitualmente a la historiografía de este artista. Desde la abundancia y el tono repetitivo de muchos de ellos, "Del Bassano... (dice) hay muchos cuadros excelentes; sería negocio largo hacer minuta de ellos", al fundamental contenido naturalista de su peculiar manera. De esta forma, al hablar de la serie del Diluvio, dice que son "tan celebrados por la invención y multitud y variedad de animales que puso en ellos, en que tuvo singular gracia". La fuente informativa de Sigüenza sobre Bassano fue Tibaldi. Fue él quien le refirió cómo "gustó de pintar cuanto en las casas de aquellos labradores había", toda una serie de animales con "tanta propiedad y gracia, que hace reír y recrea mucho la vista".

Esta función de "divertimento", de enseñar deleitando y aún haciéndonos reír, resulta fundamental para comprender la presencia de las copias bassanescas ya mencionadas de la Galería de la Infanta escurialense al lado del tríptico de El Bosco, que presentaría la versión "a la flamenca" de este mismo fin, tan contrarreformista por otra parte, de la pintura.

En cambio, pinturas como una Oración en el Huerto o el Nacimiento, que Sigüenza vió en un claustro pequeño cercano a la iglesia antigua de El Escorial, nos muestran la exploración bassanesca en la pintura religiosa de contenido devoto servida con aquel peculiar estilo suyo "entrambos oscuros, muy bien compartidos e historiados, propio colorido y de aquella extraña manera de movimiento que él usaba", que tanto éxito tuvo en la Europa de finales del siglo XVI.

Una fama que, en el siglo XVII, había llegado a los más elevados ambientes cortesanos y aristocráticos de Europa: no sólo Felipe IV, sino Rodolfo II en Praga, Carlos I de Inglaterra, Arundel, Buckingham o Pembroke en Inglaterra se encontraban entre sus más afamados coleccionistas. La investigación realizada para este catálogo precisa estos aspectos del coleccionismo bassanesco en los círculos aristocráticos españoles de esta época.

La posibilidad de contemplar juntas y restauradas, más de treinta obras de Bassano y su taller de la Colección Real española es, sin duda, una ocasión única de profundizar en el conocimiento de unos artistas que en los últimos años han alcanzado una muy amplia revalorización y un motivo más que justifica el aprecio universal que la colección de pintura veneciana del Museo del Prado goza en todos los niveles. Es, a la vez, una buena muestra del carácter científico y de profundización de nuestros conocimientos en torno a la colección del Museo que en la actualidad llevan a cabo los distintos departamentos de nuestra pinacoteca.

FERNANDO CHECA
Director

LOS BASSANO Y EL ARCA DE NOÉ

PRÓLOGO A UNA EXPOSICIÓN

En 1997, al prologar la segunda edición de su *Painting in Sixteenth-Century Venice. Titian, Veronese, Tintoretto* (1.ª edición, 1982), David Rosand admitía haber sopesado la posibilidad de rehacer el libro por completo para dar cabida en él a Jacopo Bassano "(...) one of the truly great painters of the late Renaissance"[1]. Rosand se hacía eco así de la importancia cobrada por el pintor en los últimos lustros, y en especial tras la conmemoración del IV centenario de su muerte en 1992[2]. La exposición antológica *Jacopo Bassano c. 1510-1592*, celebrada sucesivamente en Bassano del Grappa (Museo Civico) y Fort Worth (Kimbell Art Museum) en 1992/93, fue arropada por otras de pequeño formato pero gran interés científico dedicadas al grabado[3] y la documentación familiar[4] que han contribuido a perfilar la vida y obra del pintor[5]. Desde entonces la investigación sobre Jacopo Bassano no ha cesado, y a especialistas consagrados como Ballarin, Rearick o Muraro, que han publicado en estos años concluyentes aportaciones, se han unido nuevas generaciones de historiadores con distintas preocupaciones. El renacido prestigio de Jacopo ha abierto al pintor campos hasta entonces vedados, y acaso nada delate mejor su nuevo estatus que la publicación en editoriales de gran prestigio académico y proyección internacional de dos trabajos dedicados al trasfondo religioso de sus composiciones[6]. El creciente interés por Jacopo Bassano redundó rápidamente en la apreciación de sus obras, y dos de ellas, adquiridas por la National Gallery de Washington (*La pesca milagrosa*) y el Kimbell Art Museum de Fort Worth (*Fraile franciscano*), merecieron ser incluidas por la revista *Apollo* entre las mejores adquisiciones de 1997[7]. Ese mismo año, el Museo del Louvre organizó la exposición *Bassano et ses fils dans les musées français* con el propósito de reconsiderar las obras de los Bassano en colecciones públicas francesas a la luz de los nuevos avances historiográficos, proporcionando un modelo eficaz para la que aquí presentamos. Todo bastante alejado de cuanto sucedió en 1957 con la primera gran muestra dedicada a Jacopo Bassano (Venecia, Palazzo Ducale), que si bien mereció críticas elogiosas, apenas despertó el interés del público como lamentara Rodolfo Pallucchini[8].

---

[1] ROSAND, 1997, p. XIV.

[2] Un excelente balance de las actividades conmemorativas del IV centenario de la muerte de Jacopo Bassano en BORTOLOTTI, 1992, pp. 163-194.

[3] *Jacopo Bassano e l'incisione. La fortuna dell'arte bassanesca nella grafica di riproduzione dal XVI al XIX secolo*, Bassano del Grappa, Museo Civico, 1992.

[4] *La famiglia di Jacopo nei documenti d'archivio*, Bassano del Grappa, 1992.

[5] Entre otras publicaciones recogidas en la bibliografía, cabe destacar *Sulla tracce di Jacopo Bassano* (catálogo de la exposición editado por L. Alberton Vinco da Sesso y V. Romani), Bassano del Grappa, 1994; o el interesante número monográfico que dedicó al pintor *Venezia Cinquecento*, 1999, IX, n. 18.

[6] AIKEMA, 1996; BERDINI, 1997.

[7] *Apollo*, december, 1997, pp. 9 y 10.

[8] PALLUCCHINI, 1958, pp. 97-118.

Ahora que la reputación de Jacopo Bassano está sólidamente asentada tras épocas de fortuna y otras de olvido[9], parecía pertinente profundizar en sus obras y las de sus hijos que posee el Museo del Prado, un conjunto numeroso pero desigual al que apenas han prestado atención los especialistas, probablemente porque, como indicara hace décadas Lafuente Ferrari, no siempre lo hizo la institución que las cobija[10]. La relación de Jacopo Bassano y el Museo del Prado no ha sido idílica, en buena medida porque éste abrió sus puertas cuando el prestigio de aquél pasaba por sus horas más bajas. Aunque nunca faltaron críticas a Jacopo Bassano, éstas arreciaron en el último tercio del siglo XVIII y primeras décadas del XIX, en paralelo al afianzamiento de un ideario clasicista en la teoría y la práctica artística. Se censuró entonces la debilidad de su dibujo y su incapacidad para trascender la realidad y representar emociones, defectos que no paliaba su siempre reconocida maestría como colorista. En este ambiente abrió sus puertas el Museo del Prado en 1819 con trece pinturas atribuidas a los Bassano colgando en sus salas según se desprende de su primer catálogo, redactado por Eusebi en 1821. Eusebi proporciona un buen indicio del sentir general hacia los Bassano, marcado por la más absoluta indiferencia. En la edición del catálogo de 1824, la primera con observaciones críticas, Eusebi se limitó a celebrar el "colorido admirable" de la *Última Cena* de Francesco (catálogo exposición n. 31), e igualmente lacónico fue en su *Ensayo sobre las diferentes escuelas de pintura* (Madrid, 1822), donde citó a los Bassano junto a Veronese, Pordenone y Tintoretto entre quienes "perpetuaron con sus obras el exquisito gusto del colorido peculiar de esta Escuela [la veneciana]"[11]. El desinterés de Eusebi no sorprende tanto al comprobar que concluyó su *Ensayo* con un largo capítulo dedicado al bello ideal.

Esta indiferencia explica que, cuando en 1839 se trasladaron a El Prado las mejores pinturas de El Escorial, no se incluyera ninguna de los Bassano en la primera y principal remesa, pese a albergar el monasterio magníficas obras suyas. Sólo en un segundo envío José de Madrazo, director entonces de la pinacoteca, incluyó la *Expulsión de los mercaderes del templo* (catálogo exposición n. 7), "Un Jacobo Basano muy estropeado, pero tan bello, tan ricamente colorido y tan animado, que estoy por decir que ha dejado atrás a Ticiano"[12]. En el *Catálogo de los cuadros del Museo del Prado* de 1843, Pedro de Madrazo recogía ésta y otras incorporaciones hasta contabilizar 27 obras de los Bassano: 15 de Jacopo, 4 de Francesco y 8 de Leandro. En el *Catálogo del Museo del Prado* (Madrid, 1872), Madrazo ampliaba la caracterización dada por Eusebi de Jacopo Bassano, reconociéndole como "el iniciador de la pintura de género en Venecia", y alabando su colorido, pero confesando el desagrado por su acabado: "en su primera época manejó el color con gracia y con dulzura y con movimientos parmesanescos; mas luego su pincel, del todo emancipado, golpeó el lienzo con extraordinaria energía y llaneza, y a fuerza de naturalismo se hizo un tanto rústico, como las composiciones en que fatigaba. Así, pues, el toque de Bassano no es fino, pero sus colores, principalmente el verde y el carmesí, tienen un esmalte singular. También carece, como pintor de género, de la intención y chiste que hoy se busca como dote principal en los que le cultivan"[13]. Para entonces, eran 36 las pinturas de los Bassano que acogía El Prado: 16 de Jacopo; 8 de Francesco, 11 de Leandro, y una más "próxima al estilo" de éste.

El incremento numérico no propició una mayor estimación de su pintura, y si exceptuamos el comentado entusiasmo de José de Madrazo por la *Expulsión de los Mercaderes* de Jacopo, o los

---

[9] La fortuna crítica de los Bassano en ARSLAN, 1960, I, pp. 295-323; también MARINI, 1992, pp. XLVIII-LV.

[10] Tras un epígrafe que titulaba "Pintura bassanesca en el Prado", escribía: "Se me permitirá que titule así este apartado; por singular paradoja, la pintura de los Bassano, que tanta aceptación tuvo en España y que habría de influir singularmente en la pintura posterior, concretamente en nuestra escuela, aunque no carece de representación en el Prado, no está suficientemente clasificada desde el punto de vista atribucionístico, y acaso el propio Museo tenga alguna responsabilidad en ello por no haber querido contribuir a la Mostra veneciana de Jacopo Bassano de 1957"; LAFUENTE, 1970, p. 199.

[11] EUSEBI, 1822, p. 16.

[12] MADRAZO, 1945, pp. 176-177.

[13] MADRAZO, 1872, p. 16.

elogios que tributó a sus obras el francés Louis Viardot[14], la impresión generalizada es que los Bassano eran irrelevantes para quienes visitaban El Prado en el siglo XIX. Su presencia en la Sala de la Reina Isabel, que reunía las obras maestras de la pinacoteca, era simbólica y se limitaba a las dos versiones de la *Expulsión de los mercaderes* (catálogo exposición nn. 7 y 8), y *Los israelitas bebiendo el agua milagrosa* (catálogo exposición n. 1). Más que el número de obras, lo realmente significativo es que sólo en una de las muchas descripciones de la sala, la de Clément de Ris del año 1859, se aludía a ellas[15]. No sorprende por ello que, cuando en la década de 1880 el Museo empezó a depositar obras en otras instituciones, se incluyeran entre éstas muchas de los Bassano. Dieciocho pinturas suyas se depositaron en embajadas, universidades y otros edificios representativos entre 1881 y 1883, y una más en 1913, 1915, 1941, 1940, 1944, 1951 y 1970. El fenómeno quedó reflejado en el *Catálogo del Museo del Prado* de 1910, que no recogía los depósitos, y donde las pinturas atribuidas a los Bassano se habían reducido a 24: 10 de Jacopo, 6 de Francesco, y 8 de Leandro. Sólo desde la década de 1960 se ha procedido a la recuperación de algunos de estos depósitos, operación que pretende culminarse a breve plazo.

Dadas las circunstancias narradas en párrafos precedentes, no sorprende el desinterés crítico hacia los Bassano del Museo del Prado[16]. Dejando a un lado a especialistas extranjeros como Bettini, Arslan, Rearick o Ballarin, la historiografía española apenas les ha prestado atención[17]. Esta exposición pretende cubrir de algún modo ese vacío atendiendo a un triple objetivo. En primer lugar, se han querido mostrar de forma adecuada los Bassano del Museo del Prado, poco conocidos y peor estudiados (muchos se publican en color por primera vez), aprovechando la ocasión para su restauración. Se ha procurado igualmente ofrecer un catálogo provisional de los mismos, aunque las dificultades inherentes al estudio filológico de la producción "bassanesca" se vean agravadas en este caso por la escasez de bibliografía específica. Finalmente, la exposición quiere dar respuesta a la pregunta que se formulara Bernard Aikema respecto a cuánto debía el naturalismo de la pintura española del XVII a la veneciana del Renacimiento y cuál había sido la concreta responsabilidad de los Bassano en tal proceso[18]. La contestación se ha abordado desde una perspectiva más ambiciosa y no circunscrita al naturalismo, con el fin de presentar las diversas vertientes de la recepción de la pintura de los Bassano en la España del Siglo de Oro, cuando gozaron del favor de público y coleccionistas[19]. El desinterés actual por los Bassano no debe hacernos olvidar que ningún pintor italiano a excepción de Tiziano estuvo mejor representado en la antigua colección real. Los Bassano fueron entonces copiados, imitados, coleccionados, alabados e incluso criticados, y durante un cuarto de siglo, entre 1590 y 1615, fueron la perfecta encarnación de la modernidad pictórica, lo que les valió el reconocimiento de literatos como Lope de Vega o Suárez de Figueroa. Y es que, en cierto modo, en ningún otro país de Europa, ni siquiera en la propia Venecia, disfrutaron los Bassano de un prestigio similar al que alcanzaron en la España de los siglos XVI y XVIII.

---

[14] VIARDOT, *Les Musées d'Espagne, d'Anglaterre, de Belgique* (1843), Cito por PORTÚS, 1994, p. 37.

[15] GEAL, "La sala de la Reina Isabel", *Boletín del Museo del Prado*, 37, 2001 (en prensa). Agradezco a su autor que me haya permitido su consulta con antelación a su publicación.

[16] La escasa fortuna crítica de los Bassano existentes en España viene de antiguo, y ya Ridolfi, al citar en su vida de Jacopo a los príncipes que le solicitaron pinturas y las galerías donde colgaban, ignoró a Felipe II y a la colección real española; RIDOLFI, 1648, I, pp. 399-400.

[17] En realidad, los estudios se reducen a las páginas que les dedicó en su tesis doctoral PÉREZ SÁNCHEZ 1965, pp. 547-554, aunque dado su ámbito cronológico, se limitó a los miembros de la familia que trabajaron en el siglo XVII: Leandro y Girolamo; y a un artículo de LUNA, 1971, pp. 323-336.

[18] AIKEMA, 1996, p. 170.

[19] La mejor aproximación al "fenómeno Bassano" en la España del Siglo de Oro en CHERRY, 1997, pp. 32-24.

Jacopo Bassano,
Entrada de los animales en el Arca (detalle),
Museo del Prado, n. 22.

La *Entrada de los animales en el Arca* (catálogo exposición n. 9) probablemente sea la obra de Jacopo Bassano en el Museo del Prado más conocida y estudiada y una de las pocas siempre expuestas. Su popularidad debe mucho a su elevada calidad, pero sobre todo, a su capacidad para reunir lo que cualquier espectador espera encontrar en una pintura de los Bassano: un vasto escenario natural, personajes realizando tareas cotidianas, y una enorme profusión de animales y objetos tratados con pretendido realismo. La identificación metafórica de Jacopo Bassano con un Noé que introducía en sus lienzos tantos animales como el patriarca en el Arca ha sido recurrente desde el mismo siglo XVI, y aunque no han faltado voces críticas contra una caracterización tan simplista de su pintura[20], es la que, más para mal que para bien, ha prevalecido y aún prevalece entre el gran público pese a los esfuerzos de los especialistas en las últimas décadas. Mostrar la pintura de los Bassano como algo más que una inmensa Arca de Noé es el objetivo de esta exposición, que se ha beneficiado de la ayuda de colaboradores, familiares y amigos. Quiero dejar constancia de mi gratitud hacia Ángel y Luisa Elena Alcalá, Jonathan Brown, Margarita Cuyás, John Elliott, Noelia García, Carmen García-Frías Checa, José Manuel Matilla, Javier Portús, Leticia Ruiz, Gracia Sánchez, Andrés Úbeda y Alejandro Vergara.

[20] Por ejemplo la de Giambattista Roberti, quien en 1777 escribía: "purtroppo vi saranno alcuni superficiali eruditi di Galleria che all'udirsi nominar Jacopo da Ponte si creanno nulla di più che l'idea d'un bravo pittor di capretti e di agnelli, di buoni e di cani, di conigli e colombini, e di ogni maniera di bestie e d'ucelli, insomma d'un'Arca di Noè", cito por ZAMPETTI, 1958, p. 10.

LOS BASSANO EN LA ESPAÑA DEL SIGLO DE ORO (1574-1746)

Cuenta Francesco Saverio Baldinucci en su *Vitta del pittore Luca Giordano* (c. 1713-1721), que cuando éste llegó a España encontró a Carlos II buscando afanosamente pareja para "un bellisimo quadro del Bassano" que colgaba en el Alcázar de Madrid. Deseoso de agradar al soberano, Giordano compró al día siguiente a un mercader un viejo lienzo veneciano del mismo tamaño, lo pintó a la manera de Bassano, y lo envejeció con una "mestura de filiggine stemperata a seconda d'un suo segreto". Después, y con la complicidad de un noble, colocó el cuadro junto al original, y toda la corte lo celebró como un nuevo Bassano, hasta que el propio Giordano confesó su ardid, lo que le valió del soberano español un efusivo "Viva muchos años Don Luca Giordano"[1]. Desconocemos cuánto hay de cierto y cuánto de lugar común en la narración de Baldinucci, cuyo propósito era ponderar la excelencia de Giordano imitando a los grandes maestros[2], pues aunque durante su estancia en España dio sobradas pruebas de su habilidad en este terreno, carecemos de obras o testimonios relativos a pinturas realizadas "a la manera de Bassano"[3]. Sea como fuere, el relato de Baldinucci ilustra varios de los temas tratados en este ensayo: el prestigio alcanzado por la pintura de los Bassano en la España del Siglo de Oro, su destacada presencia en la colección real, o la misma facilidad con que eran copiadas sus obras. Pero sobre todo, nos advierte que bastaba la palabra "Bassano" para que quien la leyera u oyese evocase de inmediato un tipo de pintura inconfundible, sin que hiciera falta especificar cual de los pintores con ese apellido era su autor o la temática representada.

I. UN COLECCIONISMO MASIVO

La relación entre España y la pintura de los Bassano tiene una precisa fecha inaugural: el 21 de enero de 1574, cuando Diego Guzmán de Silva, embajador en Venecia entre 1569 y 1578, dio cuenta a Felipe II en uno de sus despachos habituales del envío de 18 cajas de reliquias y un lien-

---

[1] *Zibaldone Baldinucciano*, II, pp. 434-435.

[2] Algunos datos aportados por Baldinucci son manifiestamente falsos, como hacer a Velázquez pintor de Carlos II. Sobre este pasaje y la actividad de Giordano como imitador de grandes maestros, véase FERRARI-SCAVIZZI, 1992, pp. 138-139. Carece de sentido la identificación propuesta por estos autores de la pintura de Giordano "a la manera de Bassano" a la que alude Baldinucci con la depositada por el Museo del Prado en la Academia de Jurisprudencia, por ser claramente Pedro Núñez de Villavicencio el pintor imitado.

[3] FERRARI-SCAVIZZI recogen en su monografía varias obras de Giordano con elementos bassanescos, como *El invierno* (n. 417), o el *Anuncio a los pastores* (n. 426), pero ninguna catalogable a mi parecer como pintada "a la manera de Bassano".

zo con la *Historia de Jacob* de Jacopo Bassano, a quien describía como un artista "que en lo que toca el pintar al natural animales y otras cosas es muy estimado". El 19 de abril de 1574, el soberano agradecía a Guzmán de Silva el envío y elogiaba la pintura de Bassano: "el quadro de la historia de Jacob: también he visto y me ha contentado mucho"[4]. Tan escueto intercambio epistolar marca el inicio de la fortuna crítica de Bassano en España, que alcanzaría su ápice en la segunda mitad del siglo XVII, cuando sus pinturas colgaron junto a las de Tiziano, Velázquez, Rubens, Van Dyck, Tintoretto o Veronese en un espacio tan emblemático como el Salón de los Espejos del Alcázar de Madrid.

1.1. *Felipe II*

Aunque la historia ha unido los nombres de Tiziano y Felipe II, otros pintores venecianos trabajaron para el soberano español con anterioridad incluso al fallecimiento del cadorino en 1576. En realidad, todos los pintores venecianos de talento contribuyeron de una manera u otra a la decoración de El Escorial, que a la muerte del monarca albergaba obras de Jacopo Tintoretto, Paolo y Carletto Veronese, Palma il Giovane, Michele Parrasio y varios miembros de la familia Bassano. El interés de Felipe II por Jacopo Bassano, infravalorado por la historiografía y anterior al mostrado por Jacopo Tintoretto o Paolo Veronese[5], se inscribe en este contexto general y en uno particular de "descubrimiento" de su pintura más allá del Véneto a partir de la década de 1570. Los Farnese en Roma, los Medici en Florencia, los Saboya en Turín, los Gonzaga en Mantua o Federico Borromeo en Milán, figuran entre los primeros coleccionistas italianos de Jacopo y sus hijos, cuyas obras fueron pronto reclamadas desde el resto de Europa. La producción masiva de los obradores familiares en Venecia y Bassano del Grappa permitió satisfacer esta demanda y otorgó a su obra una difusión social y geográfica inigualable, de la que da fe Van Mander (1604) al señalar su presencia tanto en la corte francesa como en residencias burguesas de los Países Bajos[6].

Volviendo a Felipe II, la favorable impresión causada por el lienzo enviado por Guzmán de Silva propició la llegada a la corte de otras obras de los Bassano. La mayoría fueron destinadas a El Escorial, y diversas fuentes literarias y documentales permiten saber su número y temática. El 8 de julio de 1593, los libros de entregas del monasterio registran el ingreso de tres pinturas atribuidas "al Bassano": *Abraham cuando sale de la tierra de los caldeos* (catálogo exposición n. 2), que como veremos debe identificarse con la *Historia de Jacob* remitida por Guzmán de Silva, una *Cena de Emaús* (catálogo exposición n. 4) y una *Expulsión de los mercaderes del Templo* (catálogo exposición n. 7)[7]. En 1605 José de Sigüenza daba cuenta en *La fundación del Monasterio de El Escorial* de otras obras "Del Basán, que por otro nombre se llama Jacopo Ponte, que tiene buen lugar entre los valientes maestros, aunque también de la escuela del

---

[4] CHECA, 1992, p. 286; MANCINI, 1998, pp. 386 y 189.

[5] La primera alusión a Jacopo Tintoretto se fecha en 1577, cuando se le encargó junto a Alonso Sánchez comprar colores para El Escorial, y sólo en 1584 llegaron sus primeras obras a poder de Felipe II, al tiempo que lo hacían las de Paolo Veronese; FALOMIR, 2000, pp. 24-32.

[6] Cito por BALLARIN, 1995, I, pp. 67-68.

[7] "Otro lienço al ollio de Abraham quando sale de la tierra de los Caldeos, de mano del Bassano, en su marco con moldura: tiene de alto bara y çinco sesmas y de ancho dos baras y terçia (..)" "Otro lienço al ollio de Christo nuestro Señor como se aparecçió a los discípulos que yban al castillo de Emaus y en el cortar el pan le conoçieron, de mano del Bassano, en su marco con molduras doradas y negras. Otro lienço al ollio del dicho, de cómo Christo nuestro Señor echa del Templo a los que compraban y vendían, del tamaño de los antes deste en su marco con molduras doradas y negras"; ZARCO CUEVAS, 1930, I, p. 655.

Tiziano", deteniéndose en dos series de cuatro lienzos del *Diluvio* (una autógrafa de Jacopo en la celda del prior y otra, copia de ésta, en la galería de la infanta)[8], y dos pinturas de Francesco en el claustro pequeño de la iglesia antigua: una *Oración del Huerto* y una *Anunciación*[9]. El conocimiento que Sigüenza poseía de los Bassano era peculiar, pues si bien distinguía entre Jacopo y Francesco e incluso entre copias y originales, atribuyó erróneamente a Paolo Veronese dos de las pinturas ingresadas en 1593: *Abraham cuando sale de la tierra de los caldeos* y la *Expulsión de los mercaderes del Templo*[10], lo que generaría desconcierto en posteriores cronistas del monasterio[11] y menguaría el interés de los modernos historiadores del arte por ellas.

Otros edificios de la Monarquía albergaron obras de los Bassano. El inventario del Alcázar de Madrid realizado a la muerte de Felipe II cita, entre las expresamente llamadas "pinturas de devoción", tres sobre soporte de pizarra cuya autoría omite pero que la documentación posterior atribuye a Bassano: una *Coronación de espinas* (catálogo exposición n. 17), una *Expulsión de los mercaderes del Templo*, y *Cristo con la cruz a cuestas*. De las dos últimas se especifica que las presentó "a su magestad Pompeo León"[12]. La figura del escultor milanés afincado en España Pompeo Leoni (1530-1608) introduce una nueva cuestión: la del modo como llegaron a la colección real las primeras obras de Bassano. Varias lo harían directamente a través de diplomáticos españoles, y dado el éxito del envío inicial, parece lógico pensar que Guzmán de Silva y sus sucesores al frente de la embajada veneciana los repetirían. Poseemos algún indicio indirecto de que así fue, como la carta remitida el ocho de septiembre de 1584 por el obispo Annibale Ruccellai, agente del entonces cardenal Ferdinando de Medici en Venecia, notificando a su señor que Jacopo Bassano trabajaba en 15 pinturas encargadas por el rey de España[13]. No fue éste el único conducto, y la conocida actividad como marchante de Pompeo hace suponer que los Bassano formaban parte del "catálogo" de cualquier comerciante de arte que se preciase. El propio Pompeo Leoni poseía al morir en 1609 varias pinturas anónimas de similares características a las entregadas al rey[14], atribuidas a Bassano en un inventario de 1613[15]. La producción cuasi industrial de los talleres de la familia Bassano, en Venecia y Bassano del Grappa, facilitaría la disponibilidad de pinturas, y Van Mander (1604) cuenta que, en sus años romanos (1571-1577), vio en casa de un

[8] "En particular, aquellos cuatro cuadros del Diluvio, tan celebrados por la invención y la multitud y variedad de animales que puso en ellos, en que tuvo singular gracia; unos están de su propia mano, en la celda del Prior, tan altos que no se gozan; otros están copiados en la galería que llaman de la señora Infanta, que se les ve bien la diferencia"; SIGÜENZA, 1986, p. 374.

[9] "Están aquí otros dos cuadros, en un claustro pequeño de la iglesia antigua, a los treinta pies: el uno es la *Oración del huerto* y el otro el *Nacimiento*; entrambos, oscuros, muy bien compartidos e historiados, propio colorido y de aquella extraña manera de movimiento que él usaba. Algunos dicen que son de Francisco Bassano, su hijo; a mí y otros parecen dignos del ingenio y manera del padre, porque hay cosas excelentes en ellos"; Ibídem.

[10] "En una galería de Palacio hay dos cuadros suyos [de Veronese]; el uno *cuando salió Abrahán de su tierra* y de sus parientes por mandato de Dios; va la santa matrona Sara en una yegua blanca, que no hay cosa más natural en el mundo. El otro es cuando *Cristo echó del templo* a los que compraban y vendían, y otro de la *Creación del mundo*; piezas por extremo bellísimas; las figuras son menos la mitad que el natural"; Ibídem, p. 373.

[11] Todavía en 1764, escribía el Padre Ximénez a propósito de la llamada Galería de la Infanta de El Escorial: "[...] y los otros tres, la Historia de Abraham, cuando por mandato de Dios salió de su tierra con Sara: donde se ve a la Santa Matrona en una Yegua blanca de buena imitación: la Creación del Mundo; y cuando Cristo echó del Templo a los que compraban, y vendían en él: todos tres de bastante variedad, y estudio, de mano de Paulo Veronés, si bien el estilo y manera parece del Basán"; XIMÉNEZ, 1764, p. 164.

[12] SÁNCHEZ CANTÓN, 1956-1959, p. 27; RUIZ MANERO, 1994, pp. 199 y 215.

[13] GOLDBERG, 1996, p. 536. No hay datos que permitan identificar estas obras o corroborar su llegada a España. De cualquier modo, los inventarios de Felipe II no recogen un número tan elevado de obras de Jacopo Bassano.

[14] "Dos cuadritos chicos, uno del Señor con la cruz a cuestas y el otro cuando lo azotaron, con sus marquitos negros y dorados con sus cortinas-300 reales"; SALTILLO, 1934, p. 109.

[15] ESTELLA MARCOS, 1994, p. 47.

comerciante pequeños cuadros con escenas de la Pasión pintados sobre pizarra y con ambientación nocturna[16], que debían asemejarse extraordinariamente a los que poseía el soberano español
en su oratorio del Alcázar.

1.2. *Más allá de la corte (1590-1621)*

En septiembre de 1590, el Duque de Toscana Ferdinando I de Medici incluyó en uno de
sus periódicos envíos de presentes a la corte española doce lienzos con los meses del año y sus
correspondientes signos zodiacales atribuidos a "Bassano". Estas obras permanecieron en la
embajada florentina en Madrid hasta 1601, cuando se trasladaron con la legación a Valladolid,
nueva sede de la corte. En agosto de ese año fueron entregadas al todopoderoso Duque de
Lerma, y en 1606 pasaron al patrimonio real tras adquirir Felipe III a su valido la Huerta de la
Ribera[17]. Por sus diplomáticos en Madrid y sus agentes en Venecia como el mencionado obispo
Rucellai, Ferdinando sabría del gusto de la corte española por la pintura de los Bassano, lo que
unido a su afición por ella[18], le llevó a enviar un conjunto con los meses del año. El interés de
estas obras, siete de las cuales firmadas por Francesco Bassano conserva el Museo Nacional del
Prado (catálogo exposición nn. 21-27), no estriba tanto en su calidad, dispar y en modo alguno
sobresaliente, cuanto en su decisiva contribución a la propagación del gusto por los Bassano más
allá de la corte, pues a través de copias fueron ampliamente conocidas en diversas ciudades españolas. En 1593, el segoviano Francisco de Mercado y Peñalosa encargaba a Diego Pérez de Mexía
copiar las doce pinturas de los doce meses que estaban en poder de Pietro de Medici en la corte

Francesco Bassano,
Junio/Cáncer,
Museo del Prado, n. 3.918.

---

[16]   Cito por BALLARIN, 1995, I, p. 67.
[17]   GOLDBERG, 1996, pp. 535-536.
[18]   CECCHI, 1991.

en Madrid. El contrato especifica que debían copiarse de los originales y no de otras copias, y que debían ser tan buenas como las ya realizadas por Mexía para Francisco de Eraso[19]. Tres años después, el 20 de abril de 1596, era Melchor Maldonado, veinticuatro de Sevilla y tesorero de la Casa de Contratación, quien pagaba 4.000 reales en Madrid a Bartolomé Carducho (1560-1608) por "los doze meses del Basán y otras pinturas" compradas al florentino en febrero de ese año[20]. Aunque el documento no especifica que fueran copias, como tales se inventariaron a la muerte de Maldonado: "los doce meses del hijo de vasanes copias del carducho"[21]. Más adelante analizaremos el impacto de estas pinturas en el medio sevillano, basta señalar ahora que Maldonado poseyó seis originales más de Bassano[22] celebrados por Pacheco[23], que acaso adquiriera también a Bartolomé Carducho, con notoria actividad como marchante de arte. Un caso similar al de Maldonado lo protagonizó Juan de Saavedra, alguacil mayor de la Santa Inquisición en Sevilla, que el 8 de junio de 1610 compró en Madrid a Antonio de Ulloa "Diez lienços copias del vasan bien copiados con sus marcos en 4.400 reales tasados y baluados"[24], que suponemos llevó consigo a su regreso a la ciudad andaluza.

Y es que fue a través de copias, más que de originales o estampas, como se propagó la pintura de los Bassano por la Península Ibérica, aunque éstas fueran tan discretas como la *Parábola de Lázaro y el rico Epulón* (Valencia, Museo del Patriarca n. 209) comprada en Madrid por Juan de Ribera, arzobispo y virrey de Valencia, a Antonio Ricci el 30 de abril de 1592[25]. Probablemente no fueran mejores las realizadas por Diego Pérez de Mexía ni las de cuatro "lienços del tiempo del bassan" que encargó en 1620 Alonso de Perea en Madrid al pintor Bartolomé Sanz[26], pero tampoco conviene olvidar que en la nómina de copistas de Bassano figuran nombres destacados del panorama pictórico español del primer tercio del siglo XVII, como el citado Bartolomé Carducho, Juan Sánchez Cotán[27], o Luis de Carvajal[28]. La estadística corrobora la magnitud del fenómeno, pues un 4% de todas las pinturas atribuidas recogidas en los inventarios españoles del Getty Provenance Index son copias de los Bassano[29].

Como apuntamos, los meses de Francesco Bassano que Bartolomé Carducho copiara para Melchor Maldonado acompañaron en 1601 a la legación florentina a Valladolid, donde se entregaron al Duque de Lerma. La asociación de Lerma con Bassano y Carducho no fue puntual. En 1603, Bartolomé Carducho inventarió con su hermano Vicente las pinturas de Lerma con elocuentes resultados. Lerma poseía entonces en Valladolid 488 pinturas, de las cuales 191 fueron atribuidas. Los Bassano eran los pintores mejor representados, y con 22 originales y 13 copias, aventajaban a Tiziano (un original y 19 copias), El Bosco (5 originales), Rafael (19 copias), Vero-

[19] CHERRY, 1997, p. 33. Pietro de Medici (1554-1604), hermano menor de Ferdinando, pasó toda su vida adulta en la corte española.

[20] PÉREZ PASTOR, 1914, p. 69.

[21] CHERRY, 1997, p. 33.

[22] CHERRY, 1997, pp. 32-33.

[23] PACHECO, 1990, p. 517. En el siglo XVIII, Gregorio Mayans hizo una lectura errónea de este pasaje en su *Arte de pintar*, pues tras hablar de la excelencia de Bassano en la pintura de animales, aludía a otro pintor: "Don Melchor Maldonado expresó escelentemente un gato maullando sobre las aguas del diluvio"; cito por SÁNCHEZ CANTÓN, V, 1941, p. 169.

[24] A.H.P.M., Protocolo 1337, fol. 655; citado por MORÁN-CHECA, 1985, p. 235.

[25] BENITO DOMÉNECH, 1980, pp. 141-143 y 309. Antonio Ricci (c. 1560-1632), natural de Ancona, llegó a España con Federico Zuccaro y fue padre de los también pintores Juan y Francisco.

[26] CHERRY, 1997, p. 34.

[27] En 1603 se le inventariaron en Toledo varias copias de Bassano; CAVESTANY, 1936-1940, pp. 126-138.

[28] En su inventario post-mortem, fechado el 8 de octubre de 1607, figuraban "Otro quadro de la oración del güerto copiado del vasano" y "Otro quadro del nacimiento de san juan copiado de vasano"; DE ANTONIO, 1987, p. 1094.

[29] CHERRY, 1997, p. 33.

nese (3 copias), o Correggio (2 copias)[30]. Lerma nunca dejó de comprar obras de los Bassano[31] –en 1608 adquirió siete en la almoneda del Duque de Peñaranda[32]–, y en total, sus inventarios citan hasta 29 originales y 17 copias, algunas de las cuales donó a las fundaciones religiosas que patrocinó, como el convento de San Pablo de Valladolid, al que entregó en septiembre de 1609 cuatro copias[33], o el de San Blas en Lerma, donde en 1617 se inventaría la *Virgen en el Cielo* (catálogo exposición n. 36)[34]. Como cualquier coleccionista de la época, Lerma hizo del acopio de obras de Tiziano, Rafael o Bassano un símbolo de su estatus, y así lo celebró su apologeta Francisco Fernández de Castro en el *Discurso* que compuso con motivo de la dedicación de la colegiata de Lerma:

> "Hay un cuarto en el palacio que confina con el monasterio, con tribuna a la iglesia, que le llama su Excelencia su celda, aderezado de ricas colgaduras y pinturas de Tiziano, Bassano y Tintoretto, que exceden lo vivo y parecen divinas, dando admiración y eternidad a la fama de sus artífices"[35].

Lerma es el epítome del coleccionismo bassanesco en las décadas inciales del siglo XVII, pero otros inventarios de la época arrojan parejas conclusiones: que los Bassano solían superar en número a cualquier otro artista, tanto en copias como en originales, y que a menudo eran los únicos con obra atribuida, lo que habla de la facilidad con que se asociaba su nombre a un tipo determinado de pintura. Prueba de ello es el inventario de Juan de Soto, redactado en Madrid en 1611, que arroja un total de 147 pinturas, muchas integradas en series: de retratos de hombres y mujeres ilustres (68), de países (4, y 13) o de santos eremitas (14). El único pintor identificado era Bassano (sin especificar cual), de quien se citan ocho lienzos: "Anunciación de los pastores", "Arca de Noé con los animales", "Bulcano", "Diluvio", "una yegua con una muger encima", "Nacimiento", "Prendimiento de Cristo" y "Cristo con la cruz acuestas y muchas figuras"[36]. Soto coincidía con los mas avanzados coleccionistas del momento al reunir escenas de género italianas y flamencas, pues a continuación de los Bassano se inventariaron varias pinturas cuya descripción sugiere un origen nórdico, como "Una mesa llena de fruta con un cenador e medio y unos hombres que estan sirviendo a la mesa", "una plaça con variedad de frutos y aves que se están vendiendo", y sobre todo, "tres mujeres con un quarto de carnero trasero y otras cosas de cocina", que con su prominente cuarto trasero de carnero recuerda inmediatamente a Pieter Aertsen y su *Cristo en casa de Marta y María* (Viena, Kunsthistorisches Museum).

Dos fueron las rutas seguidas por las pinturas de los Bassano para llegar a España en las dos primeras décadas del siglo XVII. Aunque no consta documentalmente el envío directo desde Venecia, sabemos por Ridolfi que Leandro Bassano, continuador de la saga familiar hasta su muerte en 1622, contó entre su clientela con nobles y prelados españoles que, seducidos por su fama internacional como retratista, posaron para él, como el Cardenal Francisco de Castro, el Conde

[30] SCHROTH, 1990, pp. 25-35.

[31] SCHROTH, 1990, pp. 37-93. Véase también CERVERA VERA, 1967, pp. 27-29 a propósito del Palacio de Lerma en 1617.

[32] SCHROTH, 1990, pp. 69 y 71.

[33] "[...] yten otra pintura del Hijo pródigo con su marco de oro y negro que tiene cinco pies de largo y quatro de alto copia de Basán [...] yten otra pintura de la aparición de los Ángeles a los Pastores de cinco pies de largo y cuatro de alto con su marco de oro y negro copia de Basán [...] yten otra pintura sin marco que es la aparición del Ángel a los Pastores de cinco pies de largo y quatro de alto, copia de Basán [...] yten otra pintura de la Presentación de Nuestra Señora sin marco de cinco pies de largo y quatro de alto copia de Basán"; GARCÍA CHICO, 1946, pp. 385-387.

[34] Una de ellas, *Virgen en el Cielo*, acabaría más tarde en la colección real; SCHROTH, 1990, p. 83.

[35] Cito por HERRERO GARCÍA, 1943, p. 42.

[36] A.H.P.M., Protocolo 2109, fols. 253r -254r. Citado por MORÁN-CHECA, 1985, p. 237.

de la Torre, a quien retrató armado, y Alonso de la Cueva, Marqués de Bedmar, embajador en Venecia entre 1606 y 1618[37]. La mayoría de "bassanos" llegaron sin embargo vía Florencia, ya fuera como regalos diplomáticos o por iniciativa de marchantes sabedores de su predicamento en España, donde contaban para su venta con cualificados colaboradores como Bartolomé Carducho o Pompeo Leoni. La influencia de estos artistas en la corte y el ejemplo de Lerma y otros aristócratas de su entorno explican el incremento de obras de Bassano que experimentó entonces la colección real, patente en la redecoración del Palacio del Pardo tras el incendio de 1604, donde se incluyeron "siete lienços del baçan originales todos de un tamaño, los seis de la historia de Abraham, y el otro de Orfeo"[38].

Y es que el reinado de Felipe III fue el período aúreo de los Bassano en España, no tanto por la cantidad de obras llegadas como por el prestigio alcanzado por las que lo hicieron. Durante el resto del siglo XVII, los Bassano siguieron disfrutando del favor de coleccionistas y aficionados a la pintura, pero desposeídos del halo de modernidad que les había acompañado hasta entonces. El éxito de los Bassano entre 1590 y 1620 estribó en que fueron sinónimo de pintura moderna, y como tales los celebraron tratadistas y literatos. Ya en 1599, Lope de Vega unía a Jacopo Bassano con Tiziano como adalid de la pintura moderna: "No eran de pincel moderno/del Basán o del Ticiano", afirmaba un personaje en el canto segundo de *El Isidro*[39], mientras en 1615 era Suárez de Figueroa quien incluía a Jacopo Bassano entre los "modernos insignes en pintura" en su *Plaza universal de todas ciencias y artes*[40]. Las alusiones que encierran las obras de Lope de Vega a los Bassano probablemente sean el mejor indicio de su popularidad en las primeras décadas del siglo XVII. Tras el tributo inicial de 1599, Lope de Vega volvió a cantar las excelencias de Bassano en 1629 en su *Isagoge a los Reales Estudios de la compañía de Jesús*

"Esta pintura hermosa
que del pincel divino
en la tabla del mundo
miró desde su esfera luminosa
recién nacido el Sol, cuyo camino
apenas retrataba el mar profundo,
más digna del primero Protoplasto
fuera de ningún humano ingenio
aunque presuma de Bassán Teofastro"[41].

Y todavía en *La Vega del Parnaso*, editada póstumamente en 1637, lo citaba junto a Rubens y El Bosco como ejemplo de pintor refinado exento de tosquedad:

"Al tres veces heroico lusitano
gran Duque de Verganza, aunque con tosco
pincel, que no de Bosco
de Rubens o el Bassano
pinté aquel monte, que en valor compite
con cuantos bañan Febo y Anfitrite"[42].

[37] RIDOLFI, 1648, p. 408: PÉREZ SÁNCHEZ, 1965, p. 548.
[38] AZCÁRATE, 1992, p. 788.
[39] HERRERO GARCÍA, 1943, p. 121.
[40] SUÁREZ DE FIGUEROA, 1615, p. 305.
[41] HERRERO GARCÍA, 1943, pp. 63-64.
[42] SÁNCHEZ CANTÓN, 1941, V, p. 426.

1.3. *Una presencia ineludible (1621-1700)*

Cuando en 1621 subió al trono Felipe IV (1605-1665), Jacopo Bassano y sus hijos disfrutaban de sólido prestigio y, tras Tiziano, aventajaban en número a cualquier otro pintor veneciano o italiano en la pinacoteca regia, la más importante de Europa. Ello no fue óbice para que en su reinado se registren nuevas incorporaciones a la colección real, que a su muerte contabilizaba 15 originales de "Basan el viejo", 11 de "Basan el Mozo" y cuatro copias más de "Basan el viejo" sólo en el Alcázar de Madrid.

No es difícil reconstruir el modo como ingresaron en la colección real la mayoría de estas pinturas. El conocido interés de la corte española por los Bassano las convirtió en un valioso objeto para cuantos querían agradar al monarca, y de hecho, como regalos llegaron a la colección real algunos de los mejores ejemplares bassanescos, sobre todo en el primer tercio del reinado. Por el inventario del Alcázar de Madrid de 1636 sabemos que Felipe IV había heredado de su sobrino Manuel Filiberto de Saboya (1588-1624)[43] *La reconvención de Adán* de Jacopo Bassano (catálogo exposición n. 11)[44]; y recibido regalos sin duda más interesados procedentes del Duque de Medina de las Torres, quien obsequió al monarca con seis pinturas de los Bassano. Tres se conservan en el Museo del Prado: *La expulsión de los mercaderes del templo* (catálogo exposición n. 8), *Lázaro y el rico Epulón* (catálogo exposición n. 6) y *La vuelta del hijo pródigo* (catálogo exposición n. 5), y otras tantas han desaparecido, aunque no es difícil adivinar su apariencia dada la minuciosidad con que están descritas: *El viaje de Moisés*, *El Diluvio*, y una *Anunciación a los pastores*. Los dos primeros lienzos colgaban en *Pieça en que duerme su magestad en el quarto bajo de verano*, y si el de Moisés debía ser similar a la tela homónima del Museo del Prado (catálogo exposición n. 1)[45], el de *El Diluvio*, ubicado en la *Pieça nueva del quarto bajo delante del dormitorio de su magestad que mira al Cierço*, se asemejaría extraordinariamente al cuadro de igual tema conservado en el Palacio Arzobispal de Kromeriz, pintado por Jacopo Bassano hacia 1578-79[46]. ¿Cómo obtuvo Medina de las Torres estas obras? Los regalos se fechan con anterioridad a 1636 (creo plausible que en 1626, cuando recibió del soberano el título ducal acompañado de la Grandeza de España y el muy codiciado puesto de sumiller de corps)[47], una etapa en la vida de Medina de las Torres para el que sólo contamos con una referencia sobre su afición por la pintura: la incluida por Vicente Carducho en los *Diálogos de la pintura* (1633). Carducho proporciona sin embargo un indicio para rastrear el posible origen de los Bassano de Medina de las Torres, al señalar que poseía obras del poeta y pintor Juan de Jaúregui (1583-1641),

---

[43] Hijo de Carlos Manuel, Duque de Saboya, y Catalina Micaela, hija de Felipe II, fue nombrado por Felipe IV virrey de Sicilia en 1621, desde donde invitó a Van Dyck, que lo retrató; LA ROCA, 1940.

[44] El cuadro, que colgaba en 1636 en la *Pieça en que su magestad come en el quarto bajo*, era descrito como "Un lienço del Basan, de quatro baras de largo, poco más o menos, con moldura dorada y negra, en que está la Creación del mundo y en lo alto Dios Padre y al lado derecho del quadro Eba asentada junto a un árbol y Adán de pie como espantado. Este lienço dejó a su magestad el Príncipe Filiberto quando murió, trajéronlo de Sicilia"; *Inventario de los cuadros del Alcázar de Madrid en 1636*, Archivo de Palacio, Secc. Adm., Leg. 738. Cito por copia manuscrita en la biblioteca del Museo del Prado.

[45] "Dos lienços de dos baras y media de largo, con molduras doradas y negras, de mano del Basan, que el uno es de Arón y Moisén caminar por el desierto, y ba una mujer a caballo por un desierto con un muchacho a las ancas = El otro, de unos pastores en que ai uno durmiendo: estos dos lienços son de los que dio el duque de Medina de las Torres a su magestad para esta pieça"; Ibídem.

[46] "El otro es del Diluvio en que está en lo cerca una muger que quiere tapar a un niño que está en carnes y junto a ella una cesta con asa y dos pollos y más atrás un hombre que por una escalera sube a un niño en una cuna y al otro lado un viejo abrazado con un lio de ropa metido en el agua y otras varias figuras ahogadas y otras vivas: son de mano del Basán"; Ibídem.

[47] STRADLING, 1976, pp. 1-31; ELLIOTT, 1990, pp. 302-303.

sevillano afincado en Madrid y amigo de Pacheco[48]. Esta conexión sevillana permite conjeturar con la adquisición de las pinturas a Melchor de Maldonado, fallecido hacia 1618, o a sus herederos. Varios datos avalarían esta hipótesis, como la disposición de Maldonado a desprenderse de pinturas (al Conde del Aula vendió varios Tiziano)[49], o que Pacheco afirmase que, cuando escribía el *Arte de la Pintura*, acabado en 1639 y publicado póstumamente en 1649, los Bassano ya no obraban en poder de Maldonado. Pero sobre todo, existe una sorprendente afinidad entre los originales de Maldonado y los regalados por Medina de las Torres a Felipe IV: en ambos casos seis lienzos de los cuales cinco coinciden en temática: *La expulsión de los mercaderes del templo*, *Lázaro y el rico Epulón*, *La vuelta del hijo pródigo*, *El viaje de Moisés* y *El Diluvio*, difiriendo sólo en una pintura: la *Anunciación a los pastores*. Sea como fuere, no parece que Medina de las Torres fuera un amante de los Bassano, pues al morir carecía de pinturas suyas, lo que indica que debió adquirirlas únicamente para satisfacer al monarca[50].

No son éstas las únicas incorporaciones de obras de los Bassano recogidas en el inventario del Alcázar de 1636. En el mismo comedor donde colgaba la *Reconvención de Adán* legada por Manuel Filiberto de Saboya, se cita "Otro lienço, original de Basan, más pequeño, con moldura dorada y negra y es más angosto, del arca de Noé, quando iban entrando en ella los animales", identificado con la *Entrada de los animales en el Arca* del Museo del Prado (catálogo exposición n. 9). Creo razonable que se trate del "*Arca de Noé* de Bassan" que Juan Bautista Crescenzi (Roma, 1577-Madrid, 1635) vendió a la corona en 1634 por 700 reales de plata "para el adorno de Buen Retiro de las fiestas de San Juan y San Pedro"[51]. Aunque ésta y otras pinturas suministradas por Crescenzi arroparon efectivamente las celebraciones de San Juan y San Pedro en el Palacio del Buen Retiro, ello no quiere decir que, acabadas éstas, se incorporaran todas a la decoración permanente del edificio, y de hecho, ningún inventario posterior del Buen Retiro incluye un lienzo del *Arca de Noé* atribuido a cualquiera de los Bassano.

Que el *Arca de Noé* comprada a Crescenzi no colgara finalmente en el Buen Retiro no significa que no lo hicieran otras obras de Bassano. El primer inventario del palacio, fechado en 1701, cuando apenas había sufrido modificaciones desde su construcción en época de Felipe IV, arroja un total de 21 pinturas (cinco copias, cuatro originales de Jacopo y doce de Francesco)[52], algunas compradas expresamente para esta localización; otras muchas traídas en 1635 desde Valladolid, como los doce meses que regalara Fedinando de Medici al Duque de Lerma[53]. Que la presencia de Bassano en el Buen Retiro excedía lo meramente testimonial lo corrobora el poeta Manuel Gallegos, quien en sus *Obras varias al Real Palacio del Buen Retiro* (Madrid, 1637) lo incluyó junto a Veronese, Tiziano o Nardi entre los grandes pintores cuyas obras adornaban el edificio.

> "Al fin todas las salas,
> galerías, retretes, corredores
> deste edificio hermoso
> con un matiz vistoso,
> con países, con mar, con resplandores,
> con plumajes, con galas
> y con varia espesura

[48]   La relación de Medina de las Torres y Jaúregui debía ser estrecha. Ambos pertenecían al círculo del Conde Duque de Olivares (suegro de Medina de las Torres), lo que les procuró importantes cargos en la corte.

[49]   Cito por CHERRY, 1997, p. 32.

[50]   BURKE, 1989, pp. 132-136.

[51]   B.N.M, mss 7797, fol. 119 v; transcrito por HARRIS, 1980, p. 564. Véase también BROWN-ELLIOTT, 1981, p. 126.

[52]   FERNÁNDEZ BAYTON, 1975, II, pp. 278-351.

[53]   BROWN-ELLIOTT, 1981, p. 118.

Angelo, Veronés, *Baçán*, Ticiano
Cajes, Ribera, el único Marino,
Vicencio el peregrino
y aquel insigne Palma veneciano
aquí el mundo acrecientan…"[54]

Volviendo a las festividades de San Juan y San Pedro de 1634, Crescenzi no fue el único que proporcionó pinturas para la ocasión, y el mismo documento recoge a continuación una relación de las vendidas por Velázquez donde, junto a obras suyas como *La túnica de José* o *La fragua de Vulcano*, figuraba "un original de Bassan", acaso adquirido durante su estancia en Italia (1629-1630)[55]. Comprar pinturas de los grandes maestros para la colección real fue de hecho el argumento esgrimido por Velázquez para justificar ante Felipe IV un segundo viaje a Italia veinte años después, y según Jusepe Martínez, Jacopo Bassano figuraba entre los pintores entonces citados por el sevillano[56]. Al carecer de documentación, la información sobre las compras hechas por Velázquez en Italia, y concretamente en Venecia, es incompleta y ambigua, y se reduce a la proporcionada por Boschini (1660) y Palomino (1724), ninguno de los cuales cita a Bassano. Resulta difícil saber qué opinión merecía a Velázquez la obra de Bassano más allá de su general admiración por la pintura veneciana, y a falta de otros testimonios, hemos de recurrir a su actividad como apo-

JACOPO BASSANO,
La fragua de Vulcano (detalle),
Museo del Prado, n. 5.263.

---

[54] SÁNCHEZ CANTÓN, 1941, V, p. 467.

[55] HARRIS, 1980, p. 564.

[56] "yo me atrevo señor (si V. M. Me da licencia), ir a Roma y a Venecia a buscar y feriar los mejores cuadros que se hallen de Tiziano, Pablo Veronés, Basan, de Rafael Urbino, del Parmesano y de otros semejantes"; MARTÍNEZ, 1988, p. 196.

sentador mayor y responsable de la reordenación pictórica de El Escorial y el Alcázar de Madrid. En el primero de los casos simplemente ignoró a los Bassano y no incluyó obra suya en los espacios sobre los que actuó[57]. Más información proporciona su labor en el Alcázar. A la *Fragua de Vulcano* de Jacopo (catálogo exposición n. 28), que ingresó entonces en la colección real sin que conste su procedencia, le otorgó un lugar privilegiado en el Salón de los Espejos, el recinto más emblemático del edificio, haciendo "pendant" con *Cristo entre los doctores* de Paolo Veronese (Prado n. 491) y en compañía de obras maestras de Tiziano, Rubens, Van Dyck o Tintoretto[58], deferencia comprensible habida cuenta de la altísima calidad de una obra donde el anciano Jacopo se mostraba como el verdadero heredero de la pintura de "manchas" del último Tiziano. La otra aportación de Velázquez, más interesante desde una perspectiva protomuseística, fue la creación de una "sala Bassano", asunto delicado pues ningún documento oficial la cita. Sí lo hizo Cosimo de Medici, quien de viaje por España en 1688, aludió a una sala en el piso inferior del Alcázar dedicada a los Bassano[59], que probablemente se corresponda con la *Pieça donde S. M. comía*, donde el inventario de 1686 registra hasta 14 obras suyas de un total de 19[60]. En realidad, la concentración de pinturas de los Bassano en un mismo espacio puede rastraerse ya en la residencia vallisoletana del Duque de Lerma, cuyo inventario de 1603 cita once obras suyas de forma consecutiva[61], y contó con otros ejemplos en la segunda mitad del siglo XVII tanto en España (volveré más adelante a la "sala Bassano" del Almirante de Castilla) como en Francia, donde Luis XIV les dedicó un recinto en Versalles[62].

El mayor aporte de pinturas de Bassano llegado a la España de Felipe IV procedió de las compras hechas en las almonedas de Carlos I de Inglaterra y el Conde Pembroke entre 1649 y 1653[63]. Dos fueron los responsables de las adquisiciones: Alonso de Cárdenas y Alonso Pérez de Vivero, Conde de Fuensaldaña. Aunque Cárdenas no adquirió Bassano alguno, probablemente porque los disponibles carecían de la calidad que buscaba, sí lo hizo Fuensaldaña a través de David Teniers, que actuó como su agente en Inglaterra. Fuensaldaña remitió a España 44 pinturas: 8 para el rey, 22 para Don Luis de Haro, una para el Almirante de Castilla y 12 sin destinatario conocido. Las obras seleccionadas respondían al gusto de la corte española, destacando la presencia de Tiziano (5), Veronese (8), Tintoretto (9) y Van Dyck (9). De Jacopo Bassano se incluyeron cuatro, tres de las cuales fueron para Don Luis de Haro: *Adoración de los pastores*, *Anunciación a los pastores* (había una con ese título en la colección de Carlos I) y un *Martirio de San Esteban*. La cuarta obra, de la que se silencia el destinatario, era un *Autorretrato* de Jacopo Bassano,

[57] Aunque existe unanimidad a la hora de atribuir a Velázquez el origen de los juicios estéticos vertidos por el Padre Francisco de los Santos en su *Descripción breve del monasterio del Escorial* (Madrid, 1667), éste apenas alude a la serie del Diluvio en la Celda alta del Prior "del Bassan, siempre celebrado" (fol. 86 r) y al citar en la Galería de la Infanta "Los [cuadros] del Basan son copias de los del Diluvio, unos; otros originales famosos" (fol. 90 v).

[58] Sobre este recinto del Alcázar ORSO, 1986, pp. 74-87.

[59] No dice exactamente dónde, pero tras describir la *Sala Dorada*, cita numerosos cuadros, entre otros el *Adán y Eva* de Durero, los *once Césares* [sic] de Tiziano: "una disputa de Cristo entre los doctores, con figuras de tamaño natural, de Pablo Veronés; una caza en grande, del Tintoretto, con otras piezas del mismo; varios retratos de los mejores, de la manera lombarda; una Venus, del Carracci, de tamaño natural; varios cuadros grandes y pequeños, del Bassano, de los cuales hay, particularmente en el piso de abajo, una estancia llena; la Atalanta e Hipómenes, del Guido, que no merece ni con mucho la fama que ha obtenido; cuatro cuadros muy bellos del Pablo Veronés y otros del Tintoretto y, finalmente, una cantidad grandísima de cuadros de Rubens, que constituyen una gran parte del adorno de aquellas salas. Todos los cuadros están sin distinción en marcos de madera negra"; MEDICI, 1933.

[60] Las restantes se atribuían a Veronese, Rubens, Tiziano y Bronzino; BOTTINEAU, 1956-1958, pp. 293-294.

[61] SCHROTH, 1990, pp. 142-146. Aunque el inventario no distribuye las pinturas por espacios, que los números 53 al 64 correspondan a obras de Bassano sugiere una concentración de las mismas en una sala.

[62] La "sala Bassano" de Versalles en HABERT, 1998, pp. 50-56.

[63] La participación hispana en la "Commonwealth sale" en LOOMIE, 1989, pp. 257-267, y BROWN, 1995, pp. 59-94.

DAVID TENIERS,
*El archiduque Leopoldo en su
galería de pinturas en Bruselas,*
Museo del Prado, n. 1.813.

probablemente el *Retrato de Jacopo Bassano* realizado por su hijo Leandro que ingresó entonces en la colección real (catálogo exposición n. 35)[64]. Estas compras son el mejor testimonio del predicamento que aún disfrutaba Jacopo Bassano a mediados del XVII entre los más sofisticados coleccionistas europeos, que el propio Teniers plasmó en *El Archiduque Leopoldo Guillermo en su galería de pinturas en Bruselas* (Prado n. 1813), donde el pintor, el Archiduque y Fuensaldaña aparecen rodeados de pinturas de grandes maestros, entre ellos Jacopo Bassano.

Carlos II (1665-1700) se limitó a conservar la pinacoteca regia, que apenas acrecentó en 1688, cuando a la muerte del Marqués del Carpio, se hizo con 43 pinturas de su colección en pago de la deuda contraída con la Corona por su padre Don Luis de Haro. Entre éstas, tasadas por Claudio Coello en 348.200 reales, figuraban seis originales de Bassano, algunos adquiridos por Don Luis en Inglaterra: "una tabla del Nazimiento de noche de poco mas de tres quartas de Alto del Bazan en 7.700 reales"; "otro lienzo de vara de la huida a Egipto y Santa Cathalina Arrodillada del Bazan en 6.000 reales"; "otro quadro de *nolime tangere* con El sepulcro original del Vazan de vara de caida y vara menos media quarta de ancho en 3.300 reales", "Un quadro del mismo tamaño que el de arriba del Castillo de Maus original del vazan en 3.500 reales", "Un quadro de nuestro señor original del Vazan de vara de caida y vara menos media quarta de ancho en 3.300" y "Un quadro de la Coronazión de Espinas de nuestro señor original del Vazan de vara de caida y vara menos quarta de ancho en 3.300 reales"[65]. De éstos, el "Nacimiento" probablemente sea la

[64] VERGARA, 1986, pp. 127-132.
[65] FERNÁNDEZ TALAYA, 1999, pp. 137-141.

Adoración de los Pastores en el Museo del Prado (catálogo exposición n. 14), mientras el *Noli me tangere* y la *Cena de Emaús* fueron destinados a El Escorial, dónde se citan ya en descripciones del siglo XVIII[66] y donde todavía se conservan.

Al morir Carlos II en 1700, la colección real poseía el mayor conjunto jamás reunido de obras de los Bassano con 67 ejemplares entre originales y copias, distribuidos en diversos Sitios Reales. El Alcázar de Madrid cobijaba 29, de las cuales 7 eran atribuidas a "Bassan", 10 a "Bassan el Viejo", 10 a "Bassan el Moço", y 2 eran expresamente calificadas como copias. En el Palacio del Buen Retiro se inventariaron 19 pinturas: 5 copias, 4 originales de Bassan y 12 de Francesco Bassano. En el del Pardo eran seis, todas copias; 12 en El Escorial en la parte del Palacio: 7 "del Bassan" y cinco copias, y finalmente, un "original del Bassan" en la Casa Real de La Ribera en Valladolid[67]. Para calibrar estas cifras hay que recordar otros grandes coleccionistas del Seiscientos como el Cardenal Richelieu, propietario de 9 pinturas de Bassano, o Lord Arundel y Luis XIV que lograron reunir 15[68].

Y es que los Bassano fueron omnipresentes en las colecciones del siglo XVII, incluso en las de los más reacios a la pintura italiana como Nicolás de Omazur, flamenco afincado en Sevilla y ferviente admirador de Murillo[69]. Ninguna colección que se preciase estaba huérfana de sus obras, como reconocía en 1633 Juan Pérez de Montalbán en *Al cabo de los años mil*: "[…] y sobre todo encareciendo algunos lienzos particulares que yo tengo, por ser aficionado a la pintura, del Tiziano, del Bassan, del Mudo y de Alberto Durero, y otros insignes pintores"[70]. Su presencia abarcaba además todo el espectro social, aunque era lógicamente mayor en cantidad y calidad en las grandes colecciones nobiliarias. En la del Conde de Monterrey, que en 1653 ascendía a 265 obras, Bassano era el artista mejor representado tras Ribera con siete pinturas[71]; mientras al Marqués del Carpio se le inventariaron ocho en Roma en 1682[72], y 29 al morir en Madrid en 1688[73]. Tres pinturas de los Bassano poseía en Sevilla en 1711 el IX Duque de Medinaceli[74], mientras el X Almirante de Castilla les dedicó una sala en su palacio madrileño, privilegio sólo reservado a Rafael, Tiziano, Tintoretto, Rubens y Orrente[75]. A excepción de las que entraron en la colección real, la mayoría de estas pinturas reunidas por la nobleza han desaparecido, conservándose sólo algunas destinadas a las instituciones religiosas que patrocinaron, como la *Crucifixión* firmada por Francesco Bassano ("FRANCUS. BASS. F. L."), que el Conde de Monterrey entregó al convento de Agustinas de Salamanca, descrita en un inventario de 1676 como el "Santo Cristo del Basan, para el crucero"[76].

[66] En 1764, el Padre Ximénez las describía así en la *Primera sala de los aposentos reales*. "A la izquierda hay dos Quadros del Basán, compartidos cada uno en dos Historias: en el primero Christo aparecido á la Magdalena junto al Sepulcro, donde se ven dos Angeles, y el convite del Fariseo"; XIMÉNEZ, 1764, p. 172. Sobre estas pinturas véase RUIZ GÓMEZ, 1991, pp. 196-197 y 204-205.

[67] FERNÁNDEZ BAYTON, 1975.

[68] HABERT, 1998, pp. 47-48.

[69] Omazur sólo poseía obras de tres italianos, siendo Bassano uno de ellos; KINKEAD, 1986, pp. 132-144.

[70] PORTÚS, 1999, p. 73.

[71] Se trataba de "Quatro quadros iguales de la historia del Arca no Noé echa de baçan" tasados en 9.900 reales; una lamina "del Arca de Noé, echura del baçan", y "un lienço chico de mano de franco. Bazan que es de Quando nro Sr. Entró en casa Laçaro, con su marco dorado", que fue tasado en 1.300 reales; PÉREZ SÁNCHEZ, 1977, pp. 438, 442 y 456. La Staatliche Gemäldegalerie de Kassel posee un lienzo firmado por Francesco Bassano con *Cristo en casa de Marta y María* (n. 514), pero de considerables dimensiones (131 × 182 cm) y sin que conste origen español; VOGEL, 1958, p. 198.

[72] BURKE, 1984, II, p. 318. No obstante en números inferiores a Tiziano (35), Tintoretto (53) o Veronese (23).

[73] BURKE-CHERRY, 1997, I, pp. 815-968.

[74] LLEO CAÑAL, 1989, pp. 108-132.

[75] BURKE-CHERRY, 1997, I, pp. 905-906.

[76] MADRUGA REAL, 1983, p. 161.

1.3. *Un epígono dieciochesco. La colección de Isabel de Farnesio (1700-1746)*

No fue un Habsburgo, sino Felipe V, el primer Borbón, el soberano español que contempló más obras de los Bassano. Mientras residió en Versalles como Duque de Anjou, sus habitaciones lindaban con la "sala Bassano"[77], y cuando finalmente accedió al trono español, heredó la fabulosa colección de Carlos II, que aún acrecentaría en 1722 con algún ejemplar procedente de la compra de la del pintor Carlo Maratta[78]. Sin embargo, los Bassano apenas han interesado a los estudiosos de Felipe V y de su segunda esposa Isabel de Farnesio, probablemente, porque se han priorizado los aspectos rupturistas de su coleccionismo en detrimento de los continuistas. El olvido es especialmente doloroso en el caso de Isabel de Farnesio, quien en 1746 poseía en el Palacio de la Granja 20 obras atribuidas a los Bassano, que superaban así en número a cualquier otro pintor italiano antiguo o moderno. Pese a la discreta calidad de estas pinturas (ninguna atribuible a Jacopo, aunque sí varias firmadas por Francesco), poseen el interés de ser las últimas que ingresaron en la colección real, poco antes que arreciaban las críticas contra los Bassano.

FRANCESCO BASSANO, *Crucifixión,*
Salamanca, Convento de Agustinas.

---

[77] "Felipe V experimentará por las obras de estos artistas [los Bassano] una atracción que quizá tenga aquí su origen"; BOTTINEAU, 1986, p. 125.

[78] Maratta poseía al morir en 1712 varias obras de Bassano: un *Martirio de S. Lorenzo,* dos sobrepuertas y un cuadro con distintos animales; BERSHAD, 1985, pp. 73-84. La llegada de la colección Maratta a España en BOTTINEAU, 1986, p. 475.

Aunque sistemáticamente ignorada por los especialistas, la literatura artística española prestó a los Bassano una atención privilegiada, en consonancia a la que los coleccionistas brindaron a sus obras. En realidad, en ningún otro país de Europa –incluyendo a la mismísima Italia–, captaron tanto los Bassano la atención de literatos y tratadistas. En líneas generales, puede afirmarse que la pintura de los Bassano suscitó en España adhesiones y censuras, y que tanto unas como otras estuvieron en sintonía con las procedentes de Italia. Dos fueron las cuestiones que preocuparon a críticos y tratadistas: la capacidad o incapacidad de los Bassano para trascender la realidad, y el acabado de su pintura.

Si en algo coincidían cuantos escribían de Jacopo Bassano –y por extensión de sus hijos– era en su consumada maestría en la representación de animales y objetos inanimados. Así lo reconocieron sus primeros críticos italianos como Giorgio Vasari (1568)[79], Rocco Benedetti (1571)[80] o Raffaello Borghini (1584)[81], y de manera similar se manifestaron los españoles a partir de Guzmán de Silva y su ya comentada carta a Felipe II de 1574. Pero la maestría de Jacopo Bassano en la representación del natural no era forzosamente un elogio y admitía también una lectura negativa, pues su apego a la realidad podía interpretarse como demostración de su incapacidad para trascenderla. Así entendió El Greco (1541-1614) el comentario de Vasari y contra él reaccionó en los márgenes de su ejemplar de la segunda edición de las *Vidas* (1568). En su glosa, El Greco celebró el colorido de Jacopo –no inferior al del mismísimo Tiziano– y su pericia pintando animales, sobre todo en obras de pequeño formato, y frente al ninguneo que le propinara Vasari, que apenas le dedicó unas líneas en la biografía de Tiziano, apuntaba que "todo el mundo pretende imitarle", para concluir afirmando que gozaba de gran prestigio y que "[...] se va descubriendo la verdad con mengua de los embaiadores como el Vasari"[82]. La opinión de El Greco es de interés porque probablemente conociera a Jacopo Bassano en Venecia entre 1567 y 1570 –no han faltado defensores de una estancia en la "bottega" de Bassano que justificaría ciertas semejanzas formales[83]–, pero sobre todo, por mostrarse afín a las reacciones que este mismo pasaje vasariano suscitó contemporáneamente en los Carracci y el Cardenal Federico Borromeo[84]. En los tres casos, se trataba de denunciar la restrictiva caracterización dada por Vasari de Bassano y reivindicar su capacidad no sólo para plasmar la realidad, sino también y como señaló Borromeo, para representar los "afetti", cuestionando así la supremacía del modelo teórico defendido por el tratadista toscano. El Greco regaló el ejemplar de las *Vidas* a su discípulo Luis Tristán (c. 1585-1649), que glosó de nuevo el pasaje en parecidos términos a su maestro, aunque añadiendo su testimo-

---

[79] Vasari escribe de Jacopo Bassano que sus obras estaban cotizadas "[...] e massimamente per cose picole, et animale di tutte le sorte"; Vasari, 6, 1906, p. 455.

[80] Benedetti lo definió como "miracoloso in pingere cose pastorali" en una relación manuscrita de las celebraciones que tuvieron lugar en Venecia en 1571 tras la batalla de Lepanto; Gombrich, 1967, p. 64.

[81] "[...] le cose per lui dipinte paiono naturali, e specialmente gli animali, e le varie masseritie della casa"; Borghini, 1584, p. 563.

[82] De Salas-Marías, 1992, pp. 115-116.

[83] Varias obras del período italiano de El Greco estuvieron atribuidas hasta fecha reciente a Jacopo Bassano o alguno de sus hijos, como la *Curación del ciego* (Dresde, Gemaldegalerie), el *Niño soplando el tizón* (Nápoles, Museo Capodimonte), o la *Huida a Egipto* (Colección particular). Entre los "préstamos" que pudo tomar El Greco de Bassano se ha señalado el del soplón; Haraszti-Takács, 1983, pp. 67-68. Un excelente estado de la cuestión sobre la posible influencia de Jacopo en El Greco en Álvarez Lopera, 1999, pp. 35-38.

[84] Sobre los Carracci ver Dempsey, 1986, pp. 72-76; para Federico Borromeo véase Jones, 1993, pp. 112-113. Aunque destacó su capacidad para recrear emociones, Borromeo creía que, como pintor de animales, Bassano era inferior a Jan Brueghel.

nio personal, valioso para calibrar el prestigio de Jacopo Bassano en Roma cuando él vivió allí entre 1606 y 1611: "en mi tiempo tenía el sobrino de el papa Paulo 5 un cuadro de el Basan en un salón lleno de todos los mayores y con todo este (tachado) traba reçebido por el mejor quadro de todos y estos a boz de todos los de la academia del dibujo"[85].

La reducción de Jacopo Bassano a prosaico imitador de la naturaleza aflora sin embargo en José de Sigüenza y *La fundación del Monasterio de El Escorial* (1605), algo lógico dada su general dependencia del texto vasariano y la identidad de su informante sobre el particular: Peregrino Tibaldi (1527-1596), discípulo de Zuccaro al servicio de Felipe II entre 1586 y 1596: "Vivió mucho tiempo el Basán (según me refirió Peregrino) en una de aquellas aldeas junto a Venecia, y gustó de pintar cuanto en las casas de aquellos labradores había: la yegua, el asno, el buey, el gallo, la gallina, los ánades, los calderos y cazos y cuanto en casa de un labrador puede verse, con tanta propiedad y gracia que hace reir y recrea mucho la vista"[86]. Como Vasari, Sigüenza ponderó la maestría de Bassano pintando animales y objetos domésticos, pero de sus palabras se desprenden dos consecuencias peyorativas: su incapacidad para pintar lo que no tenía ante los ojos y, consecuentemente, un resultado más ameno que sublime, más gracioso que transcendente.

En parecidos términos se manifestó Pacheco en su *Arte de la pintura* (1649), al recomendar seguir a Jan van der Stratet, Antonio Tempesta y Rutilio Grazi en la pintura de caballos, mientras para "Los demás animales, perros, corderos y otros que se ofrecen, podrá ver quien quisiere en el autor de quien nos hemos valido, y cuando no hallare el natural para imitarlos, se aprovechará los del Baçán, que los pintó excelentísimamente"[87]. En otro pasaje, volvía a proponer a Bassano como modelo de pintor animalista, anteponiéndolo incluso a la naturaleza por ser "[…] tan excelente, que, a veces, es más seguro imitar sus animales que el natural, por tenerlos reducidos a una manera fácil y práctica"[88].

Si el "realismo" de Bassano generó una polémica de la que fue protagonista, la suscitada por el acabado de sus pinturas se inscribe en la más amplia confrontación entre partidarios del color y del dibujo en el siglo XVII, polémica más teórica que real habida cuenta de la nítida decantación del público por el primero en detrimento del segundo[89]. En realidad, si puede hablarse de debate es por el divorcio entre un público seducido por la sensualidad del color, y unos teóricos que defendían una concepción más intelectualista de la pintura que hacía del "disegno" su piedra filosofal. Aunque Tiziano personificaba la pintura colorista y sensualista, los tratadistas fueron extraordinariamente respetuosos con él, sabedores de su predicamento en la corte. No sucedió así con Jacopo Bassano, cuyo prestigio no le blindó de las críticas de los teóricos, hasta el punto de convertirse en blanco de dardos probablemente dirigidos a Tiziano. Varias décadas antes que lo hicieran André Félibien o Roger De Piles, Sigüenza censuró ya la endeblez de su dibujo: "[…] sin duda que si los pintores venecianos –escribió a propósito de Jacopo– hubiesen puesto tanto estudio en el dibujo como en la pintura y colorido, que pudieran competir con los más valientes de Florencia y de toda Italia"[90], pero fue Pacheco quien ahondó más en la cuestión. Al hablar en su tratado del relieve, "tercera parte del colorido", aludió a "muchos valientes pintores" que carecían de hermosura y suavidad pero no de relieve, citando a "el Basan, Michel Angelo Caravacho y nuestro español Jusepe de Ribera; y aun también podemos poner en este número a

---

[85] DE SALAS-MARÍAS, 1992, p. 142.
[86] SIGÜENZA, 1986, p. 374. p. 374.
[87] PACHECO, 1990, p. 384.
[88] PACHECO, 1990, p. 517.
[89] DARST, 1985, pp. 19-27; PORTÚS, 1999, pp. 51-54.
[90] SIGÜENZA, 1986, p. 374.

Dominico Greco"[91]. Criticaba a continuación la tan aclamada "pintura de borrones", y a quienes afirmaban "[...] que es valentía pintar mucho y ser largos sin tantas fatigas y que los venecianos siguen este modo, y entre ellos hay muchos valientes, y particularmente el Basán que tiene facilidad y que sus borrones valen más que lo muy acabado de otros"[92]. La de "borrones" era para Pacheco una pintura rápida y sin esfuerzo y, por tanto, fácil de imitar, lo que a su juicio explicaba el éxito de Bassano: "Además, que en la facilidad o dificultad del copiar la pintura de otros hay gran diferencia; porque la del Basán y de los otros que siguen su camino, muchos, en cualquier estado que estén, la imitan fácilmente, o al menos, lo que hacen parece bien; que el dibujo no les hace allí falta, que casi sin él se les pega aquel modo sin mucho trabajo, y valga en prueba de esto la experiencia"[93].

Dejando a un lado estos temas, Pacheco fue más allá, y libre ya de prejuicios teóricos, se reveló un crítico sagaz al denunciar, siglo y medio antes que Giambattista Verci, la monótona repetición de personajes y actitudes en las obras de Bassano: "(...) todas sus figuras siguen un traje, y éste es moderno y sirve en todas las historias, como sirven también las figuras, porque el viejo, el mancebo, el niño, la mujer, es una figura mesma introducida en todos los actos de sus historias"[94]. Como pintor, Pacheco no ignoraba cuánto debía esta repetición a la necesidad de adecuar el ritmo de trabajo de la "bottega" a una demanda en aumento: "[…] no sólo tenía [Jacopo Bassano] hecho estudio en toda suerte de animales, aves y peces, pero de las calderas de cobre y diferentes vasos y también de las figuras del muchacho, de la mujer, del varón, y del anciano y destas usaba en todas sus historias, como se ha dicho otra vez, aunque fuesen varias, en lo cual no le habemos de seguir"[95].

No quisiera concluir este breve recorrido por la teoría artística del Siglo de Oro sin señalar la escasa atención que prestó Vicente Carducho a Jacopo Bassano en sus *Diálogos de la pintura* (1633). Carducho sólo aludió una vez a Jacopo Bassano, al incluirlo junto a Rafael, Correggio, Tintoretto, Tiziano y Palma entre los pintores famosos representados en las grandes colecciones madrileñas. Aunque Carducho compartía con Sigüenza y Pacheco su valoración del "disegno" sobre el color y criticó con severidad el "naturalismo" en la pintura, eludió criticar a los Bassano, acaso por recordar la responsabilidad de su hermano Bartolomé, y probablemente también la suya, en su difusión en España[96].

III. LOS BASSANO Y LA PINTURA ESPAÑOLA

La influencia de los Bassano en la pintura española ha interesado a críticos e historiadores desde que, mediado el siglo XVII, Jusepe Martínez hiciera a Orrente discípulo de Leandro Bassano. Este influjo, consecuencia lógica del prestigio alcanzado por los Bassano y la masiva demanda de sus obras por coleccionistas, se manifestó de diversas maneras: una más epidérmica consis-

[91] PACHECO, 1990, p. 404.
[92] Ibídem, pp. 414-415.
[93] Ibídem, p. 415.
[94] Ibídem, p. 414. La obra de Verci son sus *Notizie intorno alle vite e alle opere de'Pittori, Scultori e Architetti della città di Bassano* (Venecia, 1775).
[95] PACHECO, 1990, p. 517.
[96] CARDUCHO, 1979, p. 133. Calvo Serraller, responsable de la edición, cree que Jacopo Bassano era uno de los pintores que Carducho tenía en mente cuando aludía peyorativamente a "algunos modernos" que "se han aventajado" en la pintura de "países, frutas, animales y otras cosas", que Miguel Ángel y los pintores de su generación tenían por accesorias (p. 133).

AEGIDIUS SADELER a partir de JACOPO BASSANO, *San Cristóbal,* 1605

JUAN DE ARELLANO, *San Cristóbal,* 1667, Parroquia de San Torcuato en Santorcaz (Madrid).

tente en la repetición puntual de modelos bassanescos, formales o iconográficos, y otra más interesante perceptible en la asimilación de elementos de su bagaje artístico, no siendo infrecuente que confluyeran ambas en pintores como Juan de Roelas, Sánchez Cotán o Angelo Nardi. Mención aparte merece Pedro Orrente, sobre quien volveré al final del capítulo.

Que Jacopo Bassano fue copiado profusamente no escapó a críticos y teóricos. Ya vimos a El Greco afirmar que "todo el mundo pretende imitarle", y a Pacheco recomendarlo como modelo para la representación de animales. Un rápido repaso por la pintura española de los siglos XVI y XVII corrobora estas impresiones y ofrece un amplio muestrario de la utilización puntual de modelos bassanescos, como el esbirro con el "típico tocado cónico bassanesco" en la *Elevación de la Cruz,* estampa de Juan de Roelas del año 1597[97], la composición de *San Francisco ante Cristo muerto* de Pedro el Mudo (1614-1676)[98], o los tipos y actitudes presentes en obras

---

[97] ANGULO, 1958, p. 79.
[98] ANGULO-PÉREZ SÁNCHEZ, 1969, p. 335. El cuadro, fechado en 1634, en colección particular londinense.

de Francisco Collantes (c. 1599-1656)[99] y Juan Antonio de Frías y Escalante (1633-1670)[100]. Aunque hasta ahora inadvertido, uno de los casos más llamativos lo proporciona Juan de Arellano (1614-1676), afamado pintor de floreros, quien para una sus escasas incursiones en el terreno figurativo: el *San Cristóbal* que realizara en 1667 para su capilla funeraria en la parroquia de San Torcuato en Santorcaz (Madrid), copió literalmente la estampa grabada por Aegidius Sadeler en 1605 del *San Cristóbal* de Jacopo Bassano (La Habana, Museo Nacional), entonces en la iglesia de San Esteban de Muraro[101].

Tampoco fue infrecuente la adopción de soluciones iconográficas que, si bien no eran originales de los Bassano, fueron popularizadas por ellos en España, como los ángeles volantes en rompimientos celestes, presentes por ejemplo en la *Refracción milagrosa de San Diego* de Angelo Nardi[102]. Más interés, y también más polémica, suscitó la representación del Niño Jesús desnudo en Nacimientos y Epifanías, duramente censurada por Pacheco en su *Arte de la Pintura*:

> "Bueno es que pongamos a pleito a los pintores por la falta de los paños del pesebre, siendo algunos tan pródigos como Roelas en el *Nacimiento* de la Casa Profesa desta Ciudad? Donde, a mi ver, puso una sábana y no pequeña, por cama al Niño Jesús en las manos de la Virgen, su madre, imitando al basan, dexándose el Niño desnudo. Supuesto lo dicho ¿cómo se atreven a pintarlo así? Respondo: que a mi no me toca más que advertirlo. Lo cierto es que, cuando no lo dixera el texto sagrado, no sé quien presumiera tan poca providencia y piedad en su santísima Madre que lo expusiera en tan riguroso tiempo, y a la media noche, a las inclemencias del frío"[103].

Bassegoda relacionó la *Adoración de los pastores* de Roelas con la pintura homónima de factura bassanesa conservada en El Escorial, donde la habrían contemplado Pacheco y Roelas, e interpretó la censura de Pacheco más como reflejo de su malestar por haber sido relegado en favor de Juan de Roelas y Antonio Mohedano en la pintura del retablo mayor de la Casa Profesa en Sevilla, que como testimonio de su heterodoxia[104]. El ademán de María retirando delicadamente con ambas manos el paño blanco que envuelve a Jesús para mostrarlo desnudo a los pastores conoció gran difusión en los inicios del siglo XVII y no se limitó a Roelas. El Greco se sirvió de él en la *Adoración de los Pastores* del Retablo de Doña María de Aragón (Prado n. 2.988), Sánchez Cotán lo empleó en la *Adoración de los Pastores* (Madrid, Colección Adanero)[105], e igual hizo Orrente en una tela del mismo tema (Prado n. 1.015). Que Roelas fuera clérigo y Sánchez Cotán cartujo delata la inconsistencia de los argumentos esgrimidos por Pacheco, pero su enérgica denuncia de la desnudez de Jesús probablemente explique por qué su yerno Diego Velázquez representó en la *Adoración de los magos* (Prado n. 1.166), realizada en Sevilla en 1619, al que probablemente sea el Niño Jesús más púdico de la historia de la pintura.

Pero los Bassano influyeron también en el modo como pintaron sus colegas hispanos. Desde Angulo[106], la historiografía mira hacia ellos para explicar ciertos rasgos presentes en la pintura española a partir del último tercio del siglo XVI. Los Bassano son así invocados, junto a ciertos artistas flamencos, como determinantes en la proliferación de detalles naturalistas en la

[99]   PÉREZ SÁNCHEZ, 1992, p. 254.
[100]   ANGULO, 1958, p. 293.
[101]   PAN, 1992, pp. 38-39.
[102]   PÉREZ SÁNCHEZ, 1992, p. 101.
[103]   PACHECO, 1990, p. 608.
[104]   PACHECO/BASSEGODA, 1990, p. 42.
[105]   OROZCO, 1993, pp. 332 y 347-348.
[106]   Especialmente ANGULO, 1954 y 1958.

DIEGO DE VELÁZQUEZ,
Adoración de los Magos, 1619
Museo del Prado, n. 1.015.

JUAN DE ROLEAS,
Adoración de los pastores, 1606
Sevilla, Retablo de la iglesia de la Antigua Universidad.

pintura de la época. Y ciertamente, no parece casual el predicamento alcanzado entonces por Bassano, cuyo nombre era sinónimo de pintura de animales y cocinas, en Toledo, la ciudad donde antes prendió el gusto por las naturalezas muertas[107], o que el supuesto introductor del bodegón en España, el toledano Blas de Prado (1545-1600), poseyera un ciclo de pinturas de las *Estaciones* de Bassano, y su discípulo Juan Sánchez Cotán (1560-1627), autor de los primeros bodegones españoles firmados y fechados conservados, realizados en Toledo con anterioridad a 1603, se dedicase a la copia de obras de Bassano[108]. El "popularismo bassanesco" aflora igualmente en obras de Angelo Nardi como la *Adoración de los Pastores* (Madrid, Colección particular)[109], e influyó en el naturalismo minucioso y descriptivo de Juan del Castillo (Sevilla, c. 1590-Sevilla 1657/1658)[110].

Mayor aún es el crédito otorgado a los Bassano en la difusión del gusto por la ambientación nocturna, responsabilidad compartida con el último Tiziano y con pintores noritalianos activos en España como Luca Cambiaso. El gusto de Navarrete el Mudo (1526-1579) por los efectos lumínicos, algunos tan llamativos como el "soplón" de *El entierro de San Lorenzo* en El Escorial (c. 1578-1579), viene asociándose con un conocimiento de la pintura de los Bassano[111], e idéntico origen tendrían las ambientaciones nocturnas y la experimentación con distintos focos de luz en obras de Sánchez Cotán como la *Virgen con el Niño* (Granada, Museo Provincial de Bellas Artes) o el *Sueño de San Hugo* (Granada, Cartuja). También Francisco Ribalta debió ser sensible a estos efectos lumínicos en sus años escurialenses, como proclama la luz crepuscular que baña los fondos de sus composiciones de época valenciana[112], presente igualmente en la citada *Adoración de los pastores* de Juan de Roelas.

Ya fuera por afinidad estética, por su carácter instrumental, o por la elevada demanda de sus obras, los inventarios de los pintores españoles del Siglo de Oro abundan tanto en originales y copias de los Bassano como en estampas inspiradas en ellas. Ya señalamos que el de Sánchez Cotán de 1603 recogía varias copias y que Pompeo Leoni poseía al morir algunos originales, probablemente con intención de venderlos. A ellos hay que añadir a Francisco Pacheco, propietario en 1593 de una obra sin identificar de Bassano[113], Luis de Carvajal, que poseía al morir en 1607 dos copias de Bassan[114]; Juan Vanderhamen, a quien en 1631 se le inventariaron "[…] cinquenta y siete estampas, grandes y pequeñas, de diferentes ystorias de Tempesta y del Baçan"[115]; Angelo Nardi, propietario de dos originales de Bassano junto a otros de Tiziano, Correggio o Carducho[116]; o Felipe Diriksen, que en 1660 dejó en herencia "una coronación de espinas copia del Bazán" y "un quadro del Nazimiento, de vara y media, copia del Bazán"[117]. De igual modo, Juan de Arellano poseería al menos aquella estampa de Aegidius Sadeler del *San Cristóbal* de Jacopo Bassano que copió para su capilla funeraria entre los "Treçe libros de diferentes estampas ysto-

[107] Los inicios del bodegón en la pintura toledana en CHERRY, 1999, pp. 69-85.

[108] Al inventariarse en 1603 en Toledo los bienes de Sánchez Cotán con motivo de su ingreso en la Cartuja, se citan dos copias de Bassano, una "de los pastores"; CAVESTANY, 1936-1940, pp. 136-138.

[109] Reproducida en ANGULO-PÉREZ SÁNCHEZ, 1969, lámina 233.

[110] "la contemplación directa de obras venecianas, pertenecientes a los Bassano o a su taller, que circularon en gran número por Sevilla", se apreciaría por ejemplo en la *Adoración de los pastores* de la iglesia de San Juan Bautista de La Palma del Condado (Huelva), fechable hacia 1610-1615; VALDIVIESO-SERRERA, 1985, pp. 305 y 344, lámina 248.

[111] ANGULO, 1954, pp. 15 y 257. Véase también MULCAHY, 1999, p. 72.

[112] PÉREZ SÁNCHEZ, 1992, p. 65.

[113] LÓPEZ MARTÍNEZ, 1929, p. 181.

[114] DE ANTONIO, 1987, p. 1.094.

[115] AGULLÓ, 1994, pp. 123-124.

[116] MORÁN-CHECA, 1985, p. 237.

[117] AGULLÓ, 1978, pp. 61-62.

riadas y figuras y payses y prespectivas y otras ojas sueltas en medio y otros papeles de diferentes estampas arrolladas aparte de diferentes Santos" que tenía al fallecer en 1676[118]. Tampoco debe olvidarse a Alonso Sánchez Coello, pues el inventario de su hijo y heredero Juan, realizado en Toledo en 1631, recoge "[…] un lienço mediano de b. y mª de largo y de ancho mas de bara del nacimiento del niño sr Jesuxpto contrahecho del basan y con moldura dorada y negra"[119], acaso copia paterna del lienzo de Bassano en El Escorial que tanto escandalizara a Pacheco por mostrar la desnudez del Niño Jesús. Ya en 1716 se le inventariaron a Miguel Meléndez 10 estampas de Bassano junto a 29 de Rafael o 23 de Rubens, y todavía en las postrimerías del siglo XVIII, Preciado de la Vega ponderaba en su *Arcadia pictórica* (Madrid, 1789), la utilidad de las estampas "[…] de Ticiano, del Basán y de los lombardos para el carácter de la verdad, y para las puras expresiones de la naturaleza, y sobre todo para el gusto de Países"[120].

Pedro Orrente

Pedro Orrente (Murcia, 1580-Valencia, 1645) constituye un caso aparte, pues desde que Jusepe Martínez lo hiciera discípulo de Leandro Bassano[121], la asociación de ambos ha sido habitual, y aunque no ha faltado quien la negara (Ceán, Mayer o Soria), ha acabado por tornarse un lugar común en la historiografía artística del Siglo de Oro[122].

Tras una formación inicial en su Murcia natal, Orrente se trasladó en 1600 a Toledo, donde los Bassano disfrutaban de gran predicamento. Cuando Orrente llegó a la ciudad, El Greco elogiaba a Jacopo Bassano en los márgenes de su ejemplar de las *Vidas* de Vasari y Sánchez Cotán copiaba sus composiciones demandadas por la clientela local. No parece casual que fuera tras esta estancia toledana cuando Orrente emprendiese ese viaje a Italia que se le supone desde Jusepe Martínez y que finalmente puede documentarse. El 27 de agosto de 1605, "Pietro Orrente, peintre, natif de Murcia" otorgaba en Venecia un poder a Gasparo Manart, de Roma, para el cobro de cierta cantidad a cuenta de una carta de cambio firmada en Alicante el 25 de octubre de 1602 ante Giovanni Battista Paravicino[123]. Del documento se desprenden datos valiosos para la biografía de Orrente, como su marcha a Italia al finalizar 1602, o un más que probable paso por Roma previo a recalar en Venecia. Pero el documento posee el interés adicional de unir el nom-

---

[118] El inventario, con fecha 20 de octubre de 1676, recoge "Treçe libros de diferentes estampas ystoriadas y figuras y payses y prespectivas y otras ojas sueltas en medio y otros papeles de diferentes estampas arrolladas aparte de diferentes Santos", valorados en 330 reales; AGULLÓ, 1998, p. 35.

[119] SAN ROMÁN, 1938, p. 65. La mayoría de obras que poseía Juan eran de pintores coetáneos a su padre: Luca Cambiaso, Navarrete, Tiziano (copias y algún original), Romulo Cincinato, etc., y las compradas por él suelen indicarse expresamente.

[120] PORTÚS-VEGA, 1998, pp. 204 y 80.

[121] "Al cabo de algunos años llegó a esta misma ciudad [Valencia] un pintor de grande ingenio, que se llamó Pedro Orrente; dicen que fue natural de Murcia, estuvo en Italia mucho tiempo y en Venecia, doctrinose lo más con Leandro Basán, donde con sumo estudio cogió su manera de obrar, que aunque el Basán se ejercitó más en hacer figuras medianas, nuestro Orrente tomó la manera mayor, en que dio a conocer su grande espíritu; y aunque el Basano fue tan excelente y superior en hacer animales, no fue menos nuestro Pedro Orrente"; MARTÍNEZ, 1988, p. 237.

[122] Entre quienes niegan la relación entre ambos debe incluirse Pacheco. En la que es la más temprana alusión a Orrente de la literatura artística española, Pacheco lo cita como el mejor pintor de animales en España "[...] aunque se diferencia en el modo del Basan y hace manera suya conocida por el mesmo natural"; PACHECO, 1990, p. 517.

[123] "Pietro Orrente, peintre, natif de Murcia, identifié par Daniel de Nys, donne procuration à Gasparao Manart, à Rome, pour recevoir de Ferrante Frigerio 73 écus 14 sous 6 deniers en vertu d'une lettre de change du 25 octobre 1602 de Giovanni Battista Paravicino d'Alicante"; BRULEZ, 1965, p. 558. Debo a la generosidad del profesor Jonathan Brown el conocimiento de esta valiosa referencia bibliográfica.

bre de Pedro Orrente al del flamenco Daniel Nys, radicado en Venecia entre 1598 y 1640 aproximadamente, uno de los principales marchantes europeos de la primera mitad del siglo XVII, estrechamente vinculado con la corte inglesa e intermediario de la fabulosa venta de la colección Gonzaga a Carlos I entre 1625 y 1632[124]. No creo arriesgado suponer que el nexo entre Orrente y Nys fuera Leandro Bassano, cuya "bottega" frecuentaría el español y que, en 1605, era uno de los pintores venecianos con más proyección internacional, y como tal, de interés prioritario para un marchante como Nys. Nada más sabemos de la etapa veneciana de Orrente, aunque acaso conociera entonces a Angelo Nardi, llegado a España hacia 1607 procedente de Venecia y en quien vimos aflorar constantes ecos bassanescos[125].

Las primeras obras de Orrente documentadas tras la estancia veneciana –en 1607 estaba de vuelta en Murcia– delatan un lógico conocimiento de los Bassano. Así sucede con la *Bendición de Jacob* de la Colección Contini, firmada y fechada en 1612, o con las varias versiones de la *Cena de Emaús*, donde reproduce simplificado el esquema interior/exterior presente en tantas composiciones bassanescas y muchos de sus tipos físicos[126]. Pero Venecia no fue el único lugar donde Orrente pudo empaparse de "bassanismo". El Museo de Bellas Artes de Valencia conserva un dibujo de la *Partida para Canáan* que reproduce puntualmente el lienzo que enviara Guzmán de Silva a Felipe II. El dibujo porta al dorso una inscripción autógrafa: *"En 16 setembre del An 16.7"*

PEDRO ORRENTE,
Partida hacia Canaan,
¿1627?, Valencia,
Museo de Bellas Artes.

---

[124] Sobre Nys en Venecia véase HOCHMANN, 1992, pp. 217-218.

[125] Para Orrente sigue siendo fundamental ANGULO ÍÑIGUEZ-PÉREZ SÁNCHEZ, 1973, pp. 227-358.

[126] De entre la más de una docena de versiones de la *Cena de Emaús*, destaca por su complejidad una de grandes dimensiones (178 × 263 cm), en 1977 en el mercado de arte italiano; PÉREZ SÁNCHEZ, 1980, pp. 1-18. Interesante es también la conservada el Museo de Bellas Artes de Budapest; HARASZTI-TAKÁCS, p. 8.

sobre un anagrama con las letras entrelazadas del pintor, lo que permite fecharlo en 1627, cuando se documenta la presencia de Orrente en la vecina Toledo[127].

¿Qué aprendió Orrente de Leandro Bassano? Hemos enumerado algunos de los préstamos apuntados por la historiografía: iconográficos como la Virgen descubriendo la desnudez del Niño, compositivos, de tipos físicos, e incluso de recursos expresivos como la iluminación crepuscular de las escenas ambientadas en exterior. Pero como vimos con otros pintores, todos estos elementos eran asimilables sin salir de España. Lo más importante que Orrente aprendió de los Bassano fue el tratamiento de los temas sacros como escenas de género y la concepción de la pintura como una actividad orientada al mercado. De vuelta en España, aplicó esta concepción mercantilista a su trabajo con óptimos resultados, convirtiéndose en uno de los artistas del siglo XVII de mayor éxito. Para satisfacer una demanda en aumento, Orrente debió estructurar su obrador a imitación de la "bottega" de Leandro Bassano, lo que probablemente explique el gran número de dibujos suyos conservados, utilizables como modelos a incluir aleatoriamente en cualquier composición[128]. Como la "bottega" de los Bassano, el obrador de Orrente produjo innumerables pinturas de calidad dispar que a menudo adolecen, como las de aquellos, de una monótona repetición de modelos. Encontramos así obras de empeño como *Labán da alcance a Jacob* (Prado n. 1.017) o la *Adoración de los pastores* (Prado n. 1015) junto a discretísimas composiciones avaladas con el anagrama del pintor ("P.+O") que, lejos de proclamar su condición autógrafa, certifica que fueron realizadas bajo su supervisión[129]. Destinados a un público poco exigente, estos productos de taller suelen incluir citas bíblicas ("GEN.12.") identificando las escenas, unas inscripciones que delatan la insuficiencia de las imágenes y la necesidad de acudir a la escritura para aclarar su contenido, proclamando así las limitaciones de la pintura de género en la España del Seiscientos.

Las similitudes entre Orrente y Leandro Bassano no ocultan sus divergencias, a menudo tan notables que explican las reservas de ciertos estudiosos a aceptar una relación directa entre ambos. En realidad, Orrente fue un pintor ecléctico que a lo aprendido con Leandro Bassano sumó otras influencias venecianas (Tiziano, Veronese y Tintoretto), toledanas (Tristán), y un conocimiento del naturalismo a través de Mayno y Caravaggio, éste último sujeto a revisión ante el más que probable paso de Orrente por Roma. Más aún, lo mejor de su producción: la *Santa Leocadia* de la Catedral de Toledo, el *San Sebastián* de la Catedral de Valencia, o el impresionante *Martirio de Santiago el Menor* del Museo de Bellas Artes del Valencia, debe poco a los Bassano más allá de algún tipo físico concreto. El "bassanismo" de Orrente, más temático que estilístico, fue una opción en su amplísimo repertorio, aunque fuera la que más elogios le mereció y mayor benefició económico le reportó.

Orrente probablemente explique ciertos ecos bassanescos perceptibles en los valencianos Miguel March (1633-1670) y Juan Conchillos Falcó (1641-1711). Al primero, hijo de Esteban March, discípulo de Orrente, se atribuye un dibujo de *La Cena de Emaús*[130] que reproduce puntualmente la composición homónima en El Escorial, adquirida por Carlos II en 1688 en la

[127] ESPINÓS DÍAZ, 1987, p. 20.

[128] Tal finalidad debieron tener varios dibujos de inspiración claramente bassanesca conservados en el Museo de Bellas Artes de Valencia, como *Hombre con cuchillo*, *Muchacho con cántaros*, o *Muchacho sentado*. Un repertorio de dibujos de Orrente en ANGULO-PÉREZ SÁNCHEZ, 1988, plates LXXIII-XCIII.

[129] Sirvan de ejemplo la *Construcción de la cabaña tras el diluvio* (óleo sobre lienzo, 118 × 170 cm; firmado "P.+O", Museo de la Catedral de Orihuela), o *Abraham partiendo de Jaram a Canaan* (óleo sobre lienzo, 108 × 164 cm; firmado "GEN.12. P.+O.F", en colección particular de Murcia). Ambas se reproducen en *El legado de la pintura. Murcia, 1516-1811*, Murcia, 1999, pp. 92-93 y 98-99.

[130] ANGULO-PÉREZ SÁNCHEZ, 1988, n. 145.

PEDRO ORRENTE,
Labán da alcance a Jacob,
Museo del Prado, n. 1.017.

PEDRO ORRENTE,
Adoración de los pastores,
Museo del Prado, n. 1.015.

almoneda del Marqués del Carpio. De confirmarse la atribución, cabría conjeturar con un hasta ahora desconocido viaje de March a Madrid, dónde habría estudiado la obra mientras aún estaba en poder de Carpio. Conchillos, discípulo de los March, fue autor en 1672 de un aguafuerte con el *Llanto por Cristo muerto* en el que la figura de Cristo reproduce también un conocido modelo de Bassano[131].

La asociación entre Bassano y Orrente apuntada por Jusepe Martínez fue ampliamente compartida en el siglo XVII. Poco después de morir Orrente, un poeta madrileño aludía a ella al celebrar "sus ejercicios de pastores que por los tiempos del año se diferencias, adonde las ovejas y lo pintado de cobre, pasara por de Bassano"[132], y no fue inusual que los coleccionistas de Orrente lo fueran también de Bassano, como los madrileños Pedro Pacheco[133] y Pedro de Arce, éste último propietario en 1664 de 19 obras de Orrente y tres atribuidas a Bassano[134], o el X Almirante de Castilla, que poseía salas dedicadas a cada pintor en su residencia madrileña. También Felipe IV, pues aunque el primer inventario del Buen Retiro no precisa localizaciones, cita de forma reiterada obras de Orrente junto a las de Bassano[135]. También en Europa fue conocido Orrente como el "Bassano español". Una entrada del inventario de Carlos I de Inglaterra alude "A night piece [...] done by the Spaniard who was an imitator of Bassan's manner"[136], y en Hampton Court se conserva un *Cristo en la piscina probática* atribuido a Orrente que fue adquirido en 1660 por Carlos II de Inglaterra a William Frizell en Breda como "Christ haeleing of the diseased by Spagnioletto deciple of Bassan"[137]. Pese al paralelismo, Orrente no se aproximó a los Bassano en cotización y aprecio crítico. Así, un *Noli me tangere* de Orrente calificado como "maravilloso" en el inventario del Buen Retiro de 1701 apenas se tasaba en 8 doblones, mientras uno solo de los meses del año de Francisco Bassano alcanzaba los 125[138]. Testimonio también de esta distancia es la conocida frase del poeta Ulloa y Pereira, quien para señalar el carácter rumboso de Don Suero de Quiñones, afirmó que en su colección las pinturas de Orrente "pasarán por Basán", celebrando una igualdad entre los artistas que en otras circunstancias resultaba excesiva[139].

IV. Usos y Funciones de la Pintura de los Bassano en la España del Siglo de Oro

Las páginas precedentes daban cuenta del predicamento de los Bassano en la España del Siglo de Oro entre coleccionistas, críticos y artistas, pero no ahondaban en las circunstancias que lo hicieron factible. La desigual calidad de las pinturas de los Bassano llegadas a España en los siglos XVI, XVII y XVIII, y el hecho de que no fueran las mejores las que disfrutaron de mayor favor popular (recuérdese la discreta serie de los doce meses del año firmada por Francesco Bassano),

---

[131] Ainaud, 1962, fig. 425.

[132] Cito por Angulo, 1958, p. 71.

[133] Cherry, 1997, p. 34.

[134] Las pinturas de Bassano, no se especificaba cual de ellos, eran una "Madalena, de bara y quarta en quadro, tasada en mil reales"; "Mas dos ystorias del basán de tres quartas de alto cada una y dos terzias de ancho con sus marcos dorados, el uno de la cruz a cuestas y el otro de la prisión de Cristo, ambos en mil reales"; Caturla, 1948, pp. 292-304.

[135] Orrente en El Buen Retiro en Brown-Elliott, 1981, p. 132.

[136] Cito por Angulo Íñiguez-Pérez Sánchez, 1973, p. 349.

[137] Shearman, 1983, p. 168.

[138] Fernández Bayton, 1975, II, pp. 327 y 333.

[139] Pérez Sánchez, 1965, p. 66, nota 13.

excluyen la calidad como responsable de su éxito, que debe buscarse en otros factores. El más decisivo fue el cronológico, al coincidir la irrupción de los Bassano con un momento decisivo en la evolución de la apreciación de la pintura en España. Entre la recomendación dada por Felipe de Guevara a Felipe II en sus *Comentarios de la pintura* (c. 1560) sobre la conveniencia de colgar las pinturas[140], y los testimonios de la década de 1620 relativos a la omnipresencia de pinturas en las paredes de las residencias españolas[141], transcurre medio siglo decisivo en el afianzamiento de la pintura como elemento imprescindible del mobiliario doméstico. El punto de inflexión en este proceso puede concretarse aún más en las últimas décadas del siglo XVI, como sugieren los cambios en la decoración del Alcázar de Madrid, edificio que cuando lo recorrieron el flamenco Juan de Vandenesse en 1560 y el italiano Venturino da Fabriano en 1571 tenía sus muros cubiertos con tapices y colgaduras de oro y plata, pero cuyas paredes rebosaban de pinturas cuando lo visitó en 1599 el centroeuropeo Diego Cuelbis[142]. Una evolución similar se constata en ámbitos privados, donde las pinturas se multiplican diseminándose por diversas estancias. Si en 1585 Antonio Pérez poseía 127 pinturas[143], el Conde de Ficallo sumaba ya 281 en 1600, y el V Duque del Infantado dejaba la considerable cantidad de 349 a su muerte en 1601[144]. Las colecciones de Ficallo e Infantado revelan además una creciente diversificación temática como consecuencia precisamente de este "triunfo" de la pintura. Ambas contenían menos obras religiosas que profanas, y entre éstas, y junto a las tradicionales series de retratos y vistas de ciudades o batallas, aparecían escenas mitológicas, bodegones "de Flandes e Italia", representaciones de estaciones y meses del año, "cocinas", paisajes, etc[145]. Pero además, éstas y otras colecciones como la del Cardenal García de Loaysa (1534-1599) en Toledo delatan el grado de sofisticación de unas elites que habían dejado de imitar servilmente los gustos pictóricos de la Monarquía para tomar la iniciativa[146].

Es en estas coordenadas de expansión y diversificación de la pintura donde se sitúa la triunfal irrupción de los Bassano, menos deudora de las obras llegadas a El Escorial que de las remitidas por marchantes italianos. Y entre éstas, las mejor acogidas entre 1590 y 1630 fueron las seriadas: meses y signos zodiacales, estaciones del año, historia de Noé[147]; pinturas donde el tema era una excusa para representar en vastos escenarios naturales, montañas, ríos, animales y objetos de diferentes calidades y texturas. El propósito inicial de estas "pastorales", donde Jacopo Bassano dignificaba a humildes campesinos mostrándolos como el pueblo elegido por Dios en respuesta a la situación religiosa y social de la "terra ferma" veneciana a mediados del XVI, fue desvirtuándose como consecuencia de su éxito en el mundo urbano, hasta acabar reducidas a escenas de género y los campesinos a personajes de "gusto". Las obras de esta naturaleza llegadas a España fueron casi siempre productos estandarizados de la "bottega" donde el mensaje inicial se había difuminado[148]. Su predicamento entre literatos y coleccionistas hispanos se explica por las mismas razones que lo hicieron posible en Venecia: la nostalgia urbana por una naturaleza idealizada y el interés por los tipos humanos que vivían en ella. Que esas ideas estaban presentes en la

---

[140]   GUEVARA, 1788, pp. 4-5.

[141]   Para entonces, enseñar las pinturas de las casas se había convertido en obligación de cualquier anfitrión; PORTÚS, 1999, pp. 67-73.

[142]   GERARD POWELL, 1998, pp. 339-340.

[143]   DELAFORCE, 1982, pp. 742-752.

[144]   BURKE-CHERRY, 1997, pp. 199-203.

[145]   SCROTH, 1985, pp. 29-30.

[146]   El panorama pictórico del reinado de Felipe III ha sido bien estudiado por MORÁN, 1997, pp. 13-30 y 63-82.

[147]   También en la América hispana, como demuestran la serie de los meses del año del Museo de Arte Religioso de la Catedral de Lima, y un lienzo bassanesco de *Animales entando en el Arca de Noé* en el palacio de Torre Tagle también en Lima; UGARTE ELÉSPURU, 1989, pp. 213-237.

[148]   MURARO, 1992, pp. 41-51.

sociedad española lo demuestra el extraordinario éxito alcanzado por la novela pastoril, cuyo apogeo (1560-1630) discurre paralelo al de la pintura de los Bassano. Las "pastorales" literarias de Jorge de Montemayor, Gaspar Mercader, Miguel de Cervantes o Bernardo de Balbuena coinciden con las pintadas por los "Bassano" en presentar un mundo ordenado y armónico donde "el arte parecía vencer a la naturaleza"[149], por lo que no sorprende encontrar entre los primeros admiradores de los Bassano a destacados cultivadores de este género como Lope de Vega (*La arcadia*, 1598) o Suárez de Figueroa (*La constante Amarilis*, 1609). La demanda de pinturas "pastoriles" alentó la realización de los únicos grabados españoles inspirados en obras bassanescas: una serie de las *Estaciones* firmada en 1629 por el flamenco avecinado en Madrid Juan de Noort[150] Aunque Noort se limitó a copiar invertidas las estampas de Jan Sadeler del mismo tema (ca. 1598-1600)[151], su sola existencia es ya muy significativa dada la escasez de pinturas grabadas en el Siglo de Oro español.

Que las obras de los Bassano llegaran en el momento adecuado puede explicar su éxito inicial, pero no el prestigio ininterrumpido que disfrutaron hasta bien entrado el siglo XVIII. Entre 1590 y 1615, pintores italianos como Vincenzo Campi y flamencos como Pieter Aertsen o Joachim Beuckelaer sedujeron al público hispano con un temática similar a la de los Bassano: estaciones, cocinas o bodegones con figuras, pero ninguno prolongó su éxito durante más de un siglo, lo que sugiere que el "fenómeno Bassano" respondió a más causas que las meramente coyunturales. Conviene plantearse hasta qué punto su estética se adecuaba a un hipotético "gusto español", caracterizado por una nítida decantación por el "colorito" frente al "disegno" y, en consecuencia, una lógica afición por la pintura veneciana. Sabemos también por relaciones de florentinos y flamencos afincados en España la preferencia de sus habitantes por una pintura de "relieve", con figuras de buen tamaño y cuerpo entero[152]. Las obras de los Bassano participaban de estas características. Su "relieve" y colorido eran tan obvios que les procuraron críticas de Sigüenza y Pacheco, y en todas sus obras, incluso en las de mayor inspiración pastoril, la figura humana es la protagonista absoluta de la composición, lo que por ejemplo no sucedía en los paisajes flamencos. Tampoco pueden descartarse otras causas. Volviendo a los "bodegones con figuras" o "cocinas", el carácter amable de los de los Bassano, exentos tanto del tono casi caricaturesco de los de Vincenzo Campi o Annibale Carraci como de la sofisticada crítica social que subyacía tras los de Aertsen o Beuckelaert[153], podía limitar su ambivalencia, pero les supeditaba también menos a modas y cambios repentinos de gusto.

En el terreno estrictamente visual, la pintura de los Bassano admitía aproximaciones varias que la hacían atractiva tanto al gran público como a entendidos y aficionados. Uno de éstos, Fray Hortensio Félix Paravicino, incluyó en sus *Oraciones evangélicas* (Madrid, 1645) un pasaje en el que vale la pena detenerse: "Pasáis por esa calle Mayor, veis un lienzo de un país recién pintado, o una historia, agradaos lo colorido de paso, fue verlo sólo; pero deteneos a ver si descubre la imitación al natural, lo vivo de la acción y el decoro de la historia, o el ademán, el desnudo, o el escorzo; aquello es considerallo"[154]. Aunque Paravicino no citaba a los Bassano, su pintura se ajusta a la por él descrita, por su vibrante colorido y su amplia circulación, pero también por los apuntes naturalistas, las figuras en escorzo, y otros muchos elementos susceptibles de captar el interés de los aficionados. De hecho, parece como si Paravicino hubiera tenido presente al escri-

---

[149]   AVALLE-ARCE, 1974, p. 218.

[150]   La Biblioteca Nacional en Madrid conserva tres (inventario 1885, 1886 y 1887), faltando únicamente el Otoño; PÁEZ RÍOS, 1982, p. 290.

[151]   PAN, 1992, pp. 31-34.

[152]   GOLDBERG, 1996, pp. 913-933; DE MARCHI-VAN MIEGROET, 1999, p. 100.

[153]   SULLIVAN, 1999, pp. 236-266.

[154]   Cito por PORTÚS, 1999, p. 49.

JUAN DE NOORT
copiando a JAN SADELER,
Primavera, Verano, Invierno,
1629 Madrid, Biblioteca Nacional.

47

bir estas líneas las incluidas por Van Mander en su biografía de Jacopo Bassano (1604), cuando señaló que sus animales gustaban al público general pero también a pintores y entendidos, a diferencia de los de otros artistas, que sólo agradaban a ellos mismos o al populacho[155].

Que público y crítica alabaran en las pinturas de los Bassano detalles naturalistas como la maestría representando animales o recreando la textura de diversos objetos, no debe hacernos olvidar que, a excepción de las series de estaciones y meses de año –e incluso éstas incluían a menudo diminutas escenas bíblicas–, la mayoría de las llegadas a España ilustraban pasajes del Antiguo y Nuevo Testamento. Habría que preguntarse por tanto qué valor otorgaron sus propietarios a este contenido religioso. De las fuentes de la época se desprende que, salvo excepciones, el trasfondo religioso de estas obras fue irrelevante. Pocas fueron las pinturas de los Bassano destinadas a espacios de culto, aspecto sobre el que volveré más adelante, y escasas también las que merecieron el calificativo de "devotas". Contamos sin embargo con numerosos testimonios que inciden en su tono profano, lo suficientemente asumido por el gran público para que Lope de Vega caracterizase como virtuoso un personaje de *Virtud, Pobreza y Mujer* (1605) porque en su morada no colgaban "vanas fábulas del Mudo, de Bassan ni de Tiziano"[156]. Igualmente concluyente es el silencio de muchos inventarios respecto a la temática de sus cuadros. Como advirtiera Cherry, con ningún otro pintor/es es tan frecuente el olvido de los temas de sus obras como con los Bassano, lo que sugiere que eran irrelevantes y que bastaba con identificar al autor para evocar inmediatamente un tipo inconfundible de pintura[157]. La singularidad de los Bassano respecto a otros pintores primaba sobre las diferencias temáticas de sus obras, y ello probablemente explique que fueran los primeros en contar con espacios propios en palacios y residencias nobiliarias.

¿No se rezaba ante las pinturas de los Bassano? Atendiendo a su localización hemos de concluir que fueron escasas las destinadas a espacios de culto u oración (recuérdese la *Crucifixión* de Francesco Bassano en las Agustinas de Salamanca), y que muchas de éstas fueron además "nocturnos", pinturas iluminadas con fuentes de luz autónomas (antorchas, ascuas o candelas) que creaban violentos contrastes entre zonas de absoluta oscuridad y otras de vibrante luminosidad. Los nocturnos, que aunaban experimentación y virtuosismo, disfrutaban de gran predicamento en el norte de Italia desde mediados del siglo XVI, y se difundieron por España a través de obras tardías de Tiziano como *El martirio de San Lorenzo* de El Escorial, o la llegada de pintores italianos como Luca Cambiaso, Peregrino Tibaldi o Federico Zuccaro. También mediante la importación de obras de los Bassano[158], cuyos nocturnos fueron celebrados por Pacheco: "[...] las pinturas de noche, en que se esmeró el Basan"[159]. Nocturnos eran las pizarras con la *Expulsión de los mercaderes del Templo*, *Cristo con la cruz a cuestas* y la *Coronación de espinas* que colgaban en el oratorio de Felipe II, y tras él, en el de todos los soberanos en el Alcázar madrileño. Puede aducirse también algún ejemplo alejado de la corte, como el Convento de las Madres Carmelitas en Peñaranda de Bracamonte, provincia de Salamanca, fundación de Don Gaspar de Bracamonte y Guzmán, en cuya "sala baja de recreación" cuelga un *Entierro de Cristo* atribuido a Leandro Bassano, réplica con escasas variantes del pintado por Jacopo para Santa Maria in Vanzo en Padua[160].

[155] BALLARIN, 1995, I, p. 68.

[156] PORTÚS, 1999, p. 175.

[157] CHERRY, 1997, p. 33.

[158] Los "notturni" se consideraban una genuina aportación de Francesco Bassano al estilo paterno hasta que Ballarin demostró que también Jacopo pintó nocturnos al final de su carrera; BALLARIN, 1966, pp. 112-136.

[159] PACHECO, 1990, p. 519.

[160] En el convento, Don Gaspar, virrey de Nápoles entre 1658 y 1664, reunió obras de Luca Giordano y Andrea Vaccaro entre otros; CASASECA CASASECA, 1984, pp. 263-264.

La asociación entre nocturnos y devoción no era sin embargo automática. Ningún escritor español de la época ahondó en esa relación, ni siquiera los eclesiásticos, quienes siguiendo a Plinio los celebraron como ejercicios del virtuosismo del pintor. Así se pronunciaron Alonso de la Cruz en sus *Discursos Evangélicos* de 1599:

"Las pinturas que quieren remedar el tiempo de la noche con el artificio del pincel, el encubrir lo que encubre la niebla y descubrir lo que descubre la vista, suelen ser más dificultosas y requieren para entenderse mayor conocimiento del arte; como una *Oración del Huerto*, un *Cristo atado en la casa del mal Pontífice* y *San Pedro acá fuera llorando*; y en lo profano, un *Incendio de Troya*, donde veremos tanta sombra, tanto humo, y descubiertas las medias figuras"[161].

y Diego de la Vega en *Paraíso de la Gloria de los Santos* (1607):

"Suele la mano artificiosa de un pintor mostrar su destreza en una pintura de noche. Encubre con la subtileza del pincel lo que encubren las tinieblas, y descubre lo que descubre la vista; en lo cual se muestra mucho más el artificio y genio del oficial, como en una tabla de la *Oración del Huerto* representar la escuridad de la noche, la espesura y maleza de los árboles, la postura de rodillas del Cristo, el sueño de los discípulos, los rayos de luz que echa de sí el ángel con que va desbaratando las nieblas. Lo mismo en una pintura a lo profano, ver un *Incendio de Troya*, donde se ven los medios edificios caídos, las torres que vienen a tierra, las llamas que suben trepando, tanto humo, tantas sombras, y descubiertas las medias figuras a media luz y no más"[162].

Tampoco los teóricos italianos asociaron los nocturnos con determinadas prácticas devocionales o les otorgaron un valor adicional como inductores a la oración, insistiendo como los españoles en su virtuosismo[163], aunque como advirtiera Giovanni Battista Armenini en *De los verdaderos preceptos de la pintura* (1586), cuando él escribía habían pasado de moda[164]. Aunque ignoradas por la crítica de la época, las bondades devocionales de los nocturnos son evidentes. El nocturno respondía a una estrategia del pintor para dirigir la mirada del público. Un nocturno no oculta nada (personajes y objetos serían los mismos con más luz), pero obliga al espectador a concentrar su atención en el área iluminada. El contraste entre luces y sombras otorga así mayor relieve a las figuras y potencia el dramatismo de la escena. Pero los nocturnos tienen connotaciones más allá de las meramente expresivas[165], y obras como *La coronación de espinas* que poseyó Felipe II (catálogo exposición n. 17), encierran también un claro simbolismo de larga tradición en la liturgia cristiana, al asociar la noche con la Pasión y la luz con la fuerza redentora de Cristo, cuyo cuerpo iluminado concentra la atención del espectador.

---

[161] HERRERO GARCÍA, 1943, p. 384.

[162] HERRERO GARCÍA, 1943, pp. 177 y 214.

[163] Véase por ejemplo Gian Paolo LOMAZZO, *Trattato dell'arte della pittura, scultura et archittetura*, (1585), Libro cuarto; LOMAZZO, 1974, II, p. 194.

[164] "Otras [alude a las luces] son artificiales, como el fuego, las lámparas y similares, de las cuales se sirven los pintores cuando hacen historias o fantasías de asuntos nocturnos y obras o dibujos caprichosos que hacen a menudo para mostrar los admirables efectos de esas luces, y para dar a conocer al mundo los artificios excelentes de sus ingenios. Para esto no hay otro estudio que el natural de esa luz que imitan, la cual por lo común, allá donde cae es bastante más fiera que la luz diurna, y donde no toca, las sombras son más densas y negras. Hay algunas tablas y cuadros trabajados así al óleo por Tiziano, Correggio, Parmigianino y Maccarino, tal como yo he podido ver viajando por Italia, que en verdad son bellísimos, pero hoy en día poco apreciados"; ARMENINI, 1999, pp. 123-124.

[165] BERDINI, 1997, pp. 113-120, y 2000, pp. 93-100.

Felipe II proporciona de hecho un buen ejemplo de la adecuación de las pinturas a usos y localizaciones concretos. En principio sorprende que quien censurara a Federico Zuccaro por incluir un cesto con huevos en una *Adoración de los Pastores* y prohibiera contractualmente a Navarrete incluir "ni gato, ni perro, ni otra figura que sea deshonesta" en sus pinturas[166], gustara de las composiciones religiosas de los Bassano, repletas de animales domésticos y objetos de difícil justificación textual. La razón estriba en el uso dado a cada cual. Las pinturas de Zuccaro y Navarrete estaban destinadas a altares de la Basílica, y con sus censuras, Felipe II se mostraba en sintonía con las recomendaciones de los cardenales Paleotti (*Discorso intorne alle imagini*) y Borromeo (*Instructiones fabricae et supellectilis ecclesiasticae*)[167]. En El Escorial la *Expulsión de los mercaderes del templo* y el *Viaje de Jacob* adornaron la Galería de la Infanta en la parte palaciega del edificio, que acogió también una copia de la serie de Noé. Ningún Bassano fue destinado a espacios de culto, aunque sí a recintos menos profanos como la celda del prior, donde colgó la serie original de Noé, o el claustro pequeño de la iglesia antigua, que acogió una *Oración del huerto* y un *Nacimiento*. Ante ninguna de estas pinturas se rezaba, y de las tres últimas señalaba el Padre Sigüenza que colgaban demasiado altas para poder ser apreciadas[168]. La *Oración del huerto* y el *Nacimiento* eran además nocturnos, lo que invalida cualquier asociación automática entre éstos y prácticas devocionales. Para que se diera tal era necesaria la voluntad de su propietario. En el Alcázar, Felipe II sí empleó con fines devocionales nocturnos bassanecos, pero para ello, tan importante como el tema o la apariencia de las obras era el "despliegue escenográfico" que las arropaba, al presentarse en un oratorio privado cubiertas con cortinas de tafetán, lo que permitía al soberano descubrir en cada ocasión únicamente la imagen ante la que quería orar[169].

El uso dado a cada obra en cada momento proporciona por tanto el único indicio para saber la actitud de su propietario hacia ella, pues las pinturas por sí solas no son sacras o profanas. Lázaro y el rico Epulón fue uno de los temas más populares de los Bassano, cuya prolija recreación de la lujosa casa del avaro, con sus enseres de cobre y cristal, su cocina y servidumbre, sedujo a numerosos coleccionistas españoles incluyendo al propio Felipe IV. Pero que estas pinturas se apreciasen sobre todo por su naturalismo no excluye que pudieran servir también a propósitos más elevados. Bastaba para ello seguir a Alonso de Villegas, quien en la segunda parte de su *Flos Sanctorum* (Toledo, 1588), uno de los textos de devoción más difundidos de la época, dedicó cuatro capítulos a la parábola de Lázaro, recordando al lector que Dios recompensa a quien sabe sufrir pacientemente la pobreza y la enfermedad, y la importancia de las obras de misericordia para ganar el cielo[170], reflexiones ilustradas con un notable grabado de Pedro Ángel[171].

v. A Modo de Colofón: La Galería del Palacio Arzobispal de Sevilla

He querido concluir este ensayo con la Galería del Prelado del Palacio Arzobispal de Sevilla, que acoge el único conjunto de pinturas bassanescas que no ha modificado su disposición desde el siglo XVII. El techo de la galería, decorado con lienzos encastrados a la manera veneciana, compendia mucho de lo expuesto en páginas precedentes, al proporcionar un magnífico

---

[166] CHECA, 1992, pp. 337-344.
[167] BAROCHI, II, p. 388 (Paleotti), y III, p. 43 (Borromeo).
[168] SIGÜENZA, 1986, p. 374.
[169] Sobre las prácticas devocionales de Felipe II véase GONZÁLEZ GARCÍA, 1998, pp. 185-201.
[170] VILLEGAS, 1588, fols. 433r y ss.
[171] ROTETA, 1985, pp. 125-128.

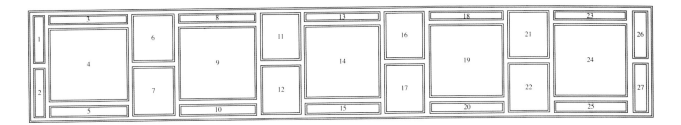

1.–*Orla con melocotones.*
2.–*Orla con melocotones.*
3.–*Orla con decoración vegetal y cartela.*
4.–*Bodegón con escena de cocina.*
5.–*Orla con decoración vegetal y cartela.*
6.–*Alegoría del Otoño.*
7.–*Alegoría del Invierno.*
8.–*Orla con pepinos y peras.*
9.–*Alegoría del Aire.*

10.–*Orla con peras y uvas.*
11.–*La construcción del Arca de Noé.*
12.–*El sacrificio de Noé.*
13.–*Orla con decoración vegetal y cartela.*
14.–*Alegoría de la Tierra.*
15.–*Orla con decoración vegetal y cartela.*
16.–*Alegoría del Verano.*
17.–*Alegoría de la Primavera.*
18.–*Orla con ciruelas y peras.*

19.–*Alegoría del Agua.*
20.–*Orla con lechuza y jilguero.*
21.–*La entrada de los animales en el Arca.*
22.–*El Diluvio Universal.*
23.–*Orla con decoración vegetal y cartela.*
24.–*Alegoría del Fuego.*
25.–*Orla con decoración vegetal y cartela.*
26.–*Orla con membrillos.*
27.–*Orla con membrillos.*

Techo de la Galería del Prelado del Palacio Arzobispal de Sevilla, h. 1604. Esquema de ALBERTO OLIVER y ALFONSO PLEGUEZUELO

ejemplo del modo como se propagó la pintura de los Bassano en la España del Seiscientos y de los distintos usos que recibió.

Fechado hacia 1604, siendo arzobispo el cardenal Fernando Niño de Guevara, el techo de la Galería del Prelado lo integran trece lienzos enmarcados por una orla con decoración vegetal cuyo eje lo ocupan representaciones de los cuatro elementos y un bodegón, entre los que se intercalan cuatro episodios de la historia de Noé y otros tantos con las estaciones. Valdivieso y Serrera postularon un origen veneciano para las pinturas, catalogando como copias de Jacopo Bassano las escenas del Diluvio y de Leandro las de las cuatro estaciones, y pensando en un anónimo pintor flamenco activo en Venecia para los lienzos de los elementos y el bodegón[172]. Posteriormente, Falcón Márquez las consideró todas españolas sin razonarlo[173], teoría que ha sido rechazada por Fernández López[174].

A excepción del *Bodegón con cocinera*, de pasable calidad y probable origen flamenco, las restantes pinturas son discretísimas copias hispanas de originales venecianos. Lo que me interesa es determinar cuales eran esos originales y dónde estaban en 1604, para analizar después el modo como llegaron a la ciudad hispalense. La corte es la referencia ineludible. Las pinturas del ciclo de Noé copian literalmente "aquellos cuatro cuadros del Diluvio, tan celebrados por la invención y la multitud y variedad de animales" de Jacopo Bassano citados por Sigüenza en la celda del Prior en el Escorial, una serie de éxito pues el propio Sigüenza citaba una copia en la Galería de la Infanta del monasterio[175]. Las estaciones no son tales, sino réplicas de cuatro de los doce meses de Francesco Bassano que envió a España Ferdinando de Medici, conocidos en Sevilla por las copias que Bartolomé Carducho hizo para Melchor Maldonado. Guevara o quien proyectase el

[172] VALDIVIESO-SERRERA, 1979, pp. 75-79.
[173] FALCÓN MÁRQUEZ, 1997, pp. 257-261.
[174] FERNÁNDEZ LÓPEZ, 1999, pp. 159-171.
[175] Las series de Noé de El Escorial en LUNA, 1971, pp. 321-336.

techo se limitó a elegir los meses que mejor simbolizan las estaciones: *Mayo/Géminis* la Primavera; *Junio/Cáncer* el Verano; *Noviembre/Sagitario* el Otoño, y *Diciembre/Capricornio* el Invierno. También los cuatro elementos son copias de una serie que probablemente estuviera entonces en la corte, pues el Museo del Prado conserva dos de los originales, procedentes de la antigua colección real: *El Aire* (n. 5.229) y *El Fuego* (n. 3.594). Aunque catalogados como "escuela de Bassano", los creo más próximos a Paolo Fiammingo (ca. 1540-1596), lo que corroboraría la intuición de Serrera y Valdivieso al sugerir un pintor flamenco activo en Venecia. Conviene igualmente señalar que ninguna de las copias se pintó expresamente para la ocasión, alterándose unas ya existentes para adecuarlas a los espacios de la techumbre. La manipulación es especialmente evidente en los lienzos de las estaciones, recortados en la parte superior y los laterales, o en los del ciclo de Noé, todos los cuales presentan añadida una franja inferior.

El techo de la Galería del Prelado ha sido objeto de una complicada lectura iconográfica, según la cual, el propósito de sus promotores fue transmitir la idea de un dios generoso con la humanidad. En torno a Noé, precursor de Cristo, se articularía un mensaje de salvación donde los Elementos y las Estaciones aludirían a la composición y ritmo de la Naturaleza, cuyo dominio por el hombre habría quedado asegurado con la alianza entre Dios y el Patriarca tras el Diluvio. En esta línea, el bodegón visualizaría la promesa recogida en *Génesis 9,3*: "Cuanto vive y se mueve os servirá de comida; y así mismo os entrego toda verdura"[176]. Sin negar credibilidad a esta teoría, carente no obstante de referentes doctrinales[177] y un tanto sofisticada para un espacio de tránsito como la Galería del Prelado, habría que considerar también móviles artísticos y de prestigio. En la Sevilla de 1604, los Bassano y los pintores flamencos de elementos, estaciones y "cocinas" encarnaban una modernidad a la que no debía ser insensible alguien procedente de Toledo como el Cardenal Niño de Guevara, quien tampoco puede descartarse que quisiera seguir en el Palacio Arzobispal las pautas artísticas en boga en la corte, pues ni él ni los sevillanos ignorarían que aquellas copias reproducían originales de la colección real o de la del muy poderoso Duque de Lerma.

---

[176] JORDAN-CHERRY, 1995, p. 20.
[177] FERNÁNDEZ LÓPEZ, 1999, p. 169.

CATÁLOGO*

"Gloriavasi Iacopo da Bassano d'haver ottenuto dal Cielo quattro figliuoli, ciascun di loro dotato di qualche particolar gratia nella Pittura: Francesco, ch'era il maggiore, attivo alle inventioni, Gio. Battista e Girolamo, pratici nel far le copie delle sue pitture, e Leandro il Cavaliere (...) particolarmente eccellente ne'ritatti".

RIDOLFI, *Le maraviglie dell'arte, Ovvero.*
Le vite degli illustri pittori veneti e dello Stato, Venecia, 1648.

* Aunque se incluyen todas las pinturas de los Bassano en el Museo del Prado, la exposición la integran los números 1, 2, 4, 5, 6, 7, 8, 9, 11, 13, 17, 18, 19, 20 y 28.

Pese a los trabajos de Ballarin y Rearick en las últimas décadas, la catalogación de las pinturas de la familia Bassano sigue planteando obstáculos formidables al persistir notables divergencias respecto a autorías y cronología, no siendo difícil encontrar opiniones contrarias en una misma publicación. Excepto la obra de Jacopo anterior a 1560, bien documentada, el resto encierra interrogantes derivados de la propia situación familiar (sus cuatro hijos fueron pintores)[1], y de su enorme éxito en Venecia tras esa fecha, que modificó la forma de trabajo de la "bottega", con Jacopo cediendo a sus hijos amplios márgenes de participación y reservándose cada vez más tareas de diseño, corrección y acabado. A medio plazo, el incremento de la demanda obligó a una completa reorganización de la empresa familiar, que quedó dividida entre Bassano del Grappa, donde permaneció hasta su muerte Jacopo, y Venecia, a la que se trasladaron sucesivamente Francesco (1578), Leandro (1588) y Girolamo (1595).

No todos los hijos de Jacopo mostraron idéntica aptitud. Girolamo y Giambattista carecieron de talento y el éxito de Leandro debió también mucho a la perpetuación de los modelos paternos si exceptuamos su labor como retratista. Francesco fue el único que entabló con su padre una relación bidireccional, y de hecho, algunos de los productos más populares de la "bottega" surgieron de la colaboración de ambos en la década de 1570. Aún así, el gran activo del negocio familiar fueron los modelos y diseños paternos, a los que todos acudían en mayor o menor medida, circunstancia que no escapó al propio Jacopo, quien al testar los legó a sus hijos menos dotados: Giambattista y Girolamo, porque Leandro y Francesco eran "pratichi et pronti nelle inventioni"[2].

La dependencia de unos mismo modelos, disponibles en distintos formatos, soportes y estados de ejecución, desde el pastel a modo de "schizzo" al dibujo más perfilado, explica la cansina repetición de figuras que caracteriza la producción bassanesca. Esta reiteración acarreó además una descontextualización de las mismas, pues aunque muchas surgieran en contextos específicos, como la "figura reclinada de recepción" estudiada por Berdini, acabaron convertidas en "figuras-comodín" susceptibles de incluirse en cualquier composición[3]. Los perniciosos efectos de esta práctica no escaparon a los críticos, y ya Francisco Pacheco señaló que "(...) todas sus figuras siguen un traje, y éste es moderno y sirve en todas las historias, como sirven también las figuras, porque el viejo, el mancebo, el niño, la mujer, es una figura mesma introducida en todos los actos de sus historias"[4].

Las pinturas aquí estudiadas son todas posteriores a 1560 –la mayoría también a 1575–, y reproducen los temas más solicitados a la "bottega" Bassano en el último cuarto del siglo XVI: viajes del Antiguo Testamento, "cocinas", noturnos y series con los meses y estaciones del año o la historia de Noé. La diferencia de calidad entre ellas es a menudo abismal, pues junto a obras maestras del último Jacopo encontramos otras realizadas al alimón con sus hijos y discretos productos de taller. Dadas estas circunstancias y el carácter unitario de la producción bassanesca más allá de la identidad concreta de su autor o las comentadas diferencias cualitativas, he optado por estructurar temáticamente el catálogo.

---

[1] Francesco (Bassano, 1549-Venecia, 1592); Giambattista (Bassano, 1553-Bassano, 1613); Leandro (Bassano, 1557-Venecia, 1622) y Girolamo (Bassano, 1566-Venecia, 1621).

[2] ALBERTON VINCO DA SESSO-SIGNORI, 1979, p. 163. Ya Verci aludió en su *Notizie intorno alla Vita e alle opere de' Pittori, Scultori, e Intagliatori della Città di Bassano* (1755) a las "teste, mani, piedi, e figure interne, y suoi modelli coloriti in carta, dipinti e disegnati a chiaro scuro, così anco di tutti gli animali, frutti, paesi, e quanto di più si vede espresso nelle sue opere" que albergaba el obrador de Jacopo a su muerte en 1592; cito por ARSLAN, 1960, I, pp. 126-127.

[3] BERDINI, 1997, pp. 36-59; véase también BIALOSTOCKI, 1978, pp. 169-172.

[4] PACHECO, 1990, p. 414.

I
Viajes del Antiguo Testamento

Desde inicios de la década de 1560, Jacopo Bassano empezó a extraer sus temas cada vez con más frecuencia del Antiguo Testamento. El resultado fueron composiciones, como el *Viaje de Jacob* en Hampton Court, ambientadas en vastos escenarios naturales poblados de figuras humanas y animales cuyo significado ha intrigado a los historiadores. Para Bialostocki, estas pinturas reflejaban la subordinación del hombre a Dios y a la Naturaleza: el fin del estilo heroico del Renacimiento y el advenimiento del "stilus humilis" de la Contrarreforma[5], mientras Rearick percibía en su abundancia de detalles naturalistas la afinidad de Jacopo con ideales reformistas[6]. La explicación más convincente la ha proporcionado recientemente Muraro al conectar estas composiciones con la conflictiva situación religiosa y política de la "terra ferma" veneciana en el segundo tercio del siglo XVI, marcada por el recrudecimiento del antagonismo entre campo y ciudad y los ecos de la Reforma protestante. Jacopo habría sabido plasmar las aspiraciones espirituales de las comunidades campesinas para las que trabajaba en estas obras donde la Naturaleza ocupaba el lugar de la Historia y el campesino, tradicionalmente excluido o ridiculizado por la alta cultura, cobraba dignidad como figura elegida por Dios[7], presentado con esa "humile pastoral simplicità" de la que hablara Boschini a propósito de una Natividad de Jacopo Bassano[8]. Esta dignificación del campesinado es perceptible también en textos como la *Rhetorica ecclesiastica* de Agostino Valier (1570), con su valoración de las tareas rurales, que no debía ser más consideradas "labore servili, sed honesta omini voluptate"[9].

Paradójicamente, el éxito de estas pinturas en Venecia alteró su contenido, convirtiéndose, sobre todo con Francesco y Leandro, en escenas de género para coleccionistas urbanos y los campesinos en personajes "de gusto". Como señalara Muraro, en unas pocas décadas los campesinos, destinatarios de las obras primeras de Jacopo, acabaron convertidos en protagonistas de unas pinturas que no consumían[10].

JACOPO BASSANO, *Viaje de Jacob*, h. 1560. Hampton Court. Royal Collection.

[5] BIALOSTOCKI, 1978, pp. 169-173.
[6] REARICK, 1978, pp. 331-342.
[7] MURARO, 1992, pp. 45-51.
[8] BOSCHINI, 1660, p. 175.
[9] BERDINI, 1997, pp. 19-20.
[10] MURARO, 1992, pp. 50-51.

1 JACOPO BASSANO

Los israelitas bebiendo el agua milagrosa, h. 1563-65
Óleo sobre lienzo, 146 × 230 cm
Madrid, Museo Nacional del Prado, n. 6.312

INSCRIPCIONES: "757" en ángulo inferior izquierdo.
PROCEDENCIA: Colección Real. Se cita en 1636 en el Alcázar de Madrid, en la "Tercera pieça sobre los arcos del Jardín, que es la primera como se entra de la grande"[1]. Aunque no es individualizada en inventarios posteriores, debe tratarse de una de las siete pinturas con historias del Antiguo Testamento atribuidas a "Basán el Viejo", que colgaron en la "pieça donde S. M. Dormía en 1666, 1686 y 1700". Estuvo depositado en el Museo de Murcia entre 1882 y 1969.
CATÁLOGOS E INVENTARIOS: 1834: n. 477; 1843-1858: n. 757; 1872: n. 25; 1910-1969: n. 6.312.
BIBLIOGRAFÍA: Madrazo, 1872, p. 25 (Jacopo); Pérez Sánchez, 1965, p. 552 (taller de Bassano); Ballarin, 1990, p. 145 (Jacopo); Rearick, 1991, p. 7 (Jacopo y Giambattista); Rearick, 1992, p. CLXII (Jacopo y Giambattista); Vittoria, 1992, pp. 108-109 (Jacopo); Checa, 1994, p. 299 (Jacopo); Ballarin 1995, p. 291 (Jacopo).
EXPOSICIONES: Bassano del Grappa, 1992, n. 39; Barcelona, 1997-1998, n. 34.

La pintura, que Ballarin incluye entre las obras bíblico-pastorales realizadas por Jacopo en el bienio 1566-1568, ilustra dos episodios no estrictamente contemporáneos del *Éxodo*. En un plano intermedio en el centro de la composición, Moisés y Aarón dirigen a los israelitas hacia la Tierra Prometida. El grupo se mueve de izquierda a derecha, guiado por el resplandor solar con que Jacopo ha sustituido la columna de fuego que orientó a los judíos (*Éxodo 13: 21-22*). En primer plano ajenos al viaje, hombres, mujeres y animales sacian su sed en la fuente que Moisés había hecho brotar previamente de la roca de Horeb (*Éxodo 17: 1-7*).

La propuesta de Ballarin no es aceptada por Rearick, que distingue la mano de Giambattista en partes del paisaje, el caballo y la figura a su derecha, y que considera que ciertos motivos proceden de los frescos de Cartigliano de 1575 y del *Verano* de Francesco en la Galleria Borghese, fechado hacia 1577, por lo que pospone su realización una década. Cree también que el *Estudio de Paje* (Cambridge, Fitzwilliam Museum cat. 101) es un dibujo preparatorio de Jacopo para la figura que ofrece de beber al anciano a caballo[2]. Romani se ha pronunciado posteriormente de forma parecida a Ballarin, rechazando cualquier relación entre el dibujo de Cambridge y la pintura

Radiografía, Museo del Prado, Gabinete Técnico

JACOPO BASSANO, *Viaje a la tierra prometida*, h. 1573
(Dresde, Gemäldegalerie).

[1] "Un lienço al olio de tres varas de largo poco más o menos, con la moldura que es dorada y negra, es de mano del Basán y está algo maltratada; y es la historia de Moisén y Arón en el desierto y en lo cerca se ve caer agua de una peña y una muger que está veviendo y otra que tiene las manos puestas en una herrada y la otra hincada de rodillas vestida de amarillo, que tiene con las dos manos una escudilla un niño a las ancas= esta pintura estaba en la pieça de las furias de donde se trujo a ésta"; INVENTARIO 1636, cito por versión mecanografiada en biblioteca del Museo del Prado.
[2] REARICK, 1992, p. CLXII.

de El Prado al existir más diferencias que semejanzas entre las figuras, y tras comparar ésta con la obra homónima de Dresde (Gemäldegalerie, inv. 273), fechada hacia 1573 y autógrafa de Jacopo, restituye a éste la completa autoría de la de El Prado, proponiendo unas fechas en torno a 1563-1564.

Aunque aceptando la teoría de Ballarin/Romani, no debe excluirse la intervención de algún ayudante, pues ciertas zonas poseen una calidad que desmerece del conjunto, como la cabeza del caballo o el paje que, tras él, carga un barril sobre sus hombros. Tampoco el estado de conservación es el idóneo –ya en 1636 estaba "algo maltratada"–, lo que acaso explique estas diferencias. La capa pictórica está muy gastada y la radiografía revela pérdidas en el rostro y cuerpo de la mujer a la derecha y del personaje calvo y barbado a la izquierda, así como en la espalda de la mujer arrodillada en primer plano.

Aikema ha querido explicar esta pintura atendiendo a la religiosidad veneciana de la segunda mitad del siglo XVI, caracterizada por una creciente ortodoxia y un control cada vez mayor de las artes figurativas, perceptible en el recelo inquisitorial a la inclusión de elementos profanos en pinturas de tema sacro. Este clima explicaría los cambios introducidos por Jacopo respecto a obras anteriores de similares características como el *Viaje de Jacob* en Hampton Court, encaminados a revestir de contenido moral elementos propios de la pintura de género para alejar cualquier atisbo de heterodoxia. Así, tras las aparentemente inocuas figuras humanas y animales que sacian su sed en primer plano, subyacería una grave advertencia a la debilidad "homo carnalis", siempre presto a sucumbir a los placeres inmediatos, mientras la presencia de Moisés y Aarón al frente de su pueblo reflejaría el énfasis puesto por la Contrarreforma en la jerarquía social[3].

[3] AIKEMA, 1996, pp. 87-88.

2 JACOPO y FRANCESCO BASSANO
Partida de Abraham con su familia y ganados a la tierra de Canaan, h. 1573
Óleo sobre lienzo, 162,5 × 206,5 cm
Patrimonio Nacional, Real Monasterio de El Escorial

INSCRIPCIONES: "461" y "52" en blanco en el ángulo inferior derecho y "44" en papel en el inferior izquierdo.
PROCEDENCIA: Se trata del cuadro enviado por Guzmán de Silva a Felipe II en enero de 1574 como *Historia de Jacob.* Sigüenza lo cita en
1605 en la Galería del Palacio, localizándose en 1764 en la Galería de la Infanta, en 1820 en el claustro principal alto, y en
1857 en las Salas Capitulares siempre en El Escorial.
BIBLIOGRAFÍA: Sigüenza, 1605, p. 483 (atribuido a Veronese); Ximénez, 1764, p. 134 (dudoso entre Veronese y Bassano); Bermejo, 1820, p.
233 (dudoso entre Veronese y Bassano); Poleró, 1857, p. 113 (Bassano); Rotondo, 1864, p. 119; Arslan, 1960, pp. 137-138 y
257; Ruiz Gómez, 1991, pp. 191-193.

El lienzo recrea prolijamente un breve pasaje del *Génesis 12. 6:* "Tomó, pues, Abraham a Sara, su mujer, y a Lot, su sobrino, y todo lo que habían ganado y el personal de su familia y la hacienda y ganados que en Jarán habían adquirido, y salieron en dirección de la tierra de Canaan y llegaron a ella". La "bottega" Bassano produjo al menos quince versiones de este tema en la década de 1570, teniéndose como la de mayor calidad la del Museo de Berlín-

JACOPO y FRANCESCO BASSANO, *Partida de Abraham
a la tierra de Canaan,* Museo de Berlín-Dahlem.

Dahlem (n. 4/60)[1], de la que se conocen réplicas de Jacopo (Colección Metheuen en Corsham Court, Wiltshire), Francesco (Amsterdam, Rijksmuseum n. 434 D1)[2], y alguna de muy discreta calidad (Padua, Musei Civici, inv B. 2.485). Existe otra versión firmada por Jacopo y Francesco (Bassano del Grappa, colección particular), que fue retomada por Francesco (Viena, Kunsthistorisches Museum n. 1.550)[3]. El ejemplar de El Escorial pertenece a esta segunda variante, y como el firmado en Bassano del Grappa, difiere del de Berlín en algunos detalles del paisaje y ciertos cambios en los personajes. Entre éstos destaca la sustitución en el lateral derecho del joven atando unos fardos por una mujer que se dispone a cargar sobre sus hombros unas cestas, y el mayor protagonismo de Yavhé; por su mayor tamaño y por señalar con el brazo derecho la ruta hacia Canaan, gesto menos explícito en la versión berlinesa. Existe un grabado de Pietro Monaco, fechado en 1763, que reproduce un ejemplar, entonces en la colección Savorgnam de Venecia, distinto a cualquiera de los conservados pero afín tipológicamente al de Berlín[4].

Rearick y Ballarin fechan la invención de la composición hacia 1576-1577, señalando que, aunque ciertos elementos iconográficos estaban presentes en el *Encuentro de Joaquín y Ana* (Civezzano, Santa Maria Assunta), especialmente el grupo central, Jacopo demostró su originalidad en el modo como introdujo los personajes en un paisaje presidido en la lejanía por el omnipresente Monte Grappa, cuya profundidad sugería mediante una sutil progresión cromática. Para la figura de Sara a caballo, que Sigüenza celebrara en

---

[1] Firmada "JAC. ET FRANS./FIL. P", es de menor tamaño (93 × 116 cm) que la conservada en El Escorial; REARICK, 1968, p. 245. Aunque Rearick concedía la invención a Jacopo, atribuía a Francesco buena parte de su ejecución, especialmente perceptible en el ropaje de Abraham, la testa del asno, el caballo, el paisaje, y la figura de Yavhé.

[2] ARSLAN, 1960, II, n. 270 como Leandro. Para REARICK, 1992, p. CLIV, un dibujo de la mujer a caballo en la E. B. Crocker Art Gallery de Sacramento sería un "ricordo" de Francesco de la figura de Amsterdam.

[3] REARICK, 1992, p. CLIV. El ejemplar en colección particular de Bassano del Grappa mide 134 × 183 cm y está firmado: "JAC. A PONTE/ ET FRANC.S FILIUS. P."

[4] PAN, 1992, p. 128.

1605 como la "cosa más natural del mundo"[5], Jacopo monumentalizó y trajo a primer plano la que aparecía tras Moisés y Aarón en la anterior obra de este catálogo.

Sin embargo, de aceptarse la identificación de la versión de El Escorial con el lienzo enviado por Guzmán de Silva en 1574, debería adelantarse la cronología al menos un par de años. Dicha identificación se fundamenta en varias circunstancias. A la muerte de Felipe II no se inventarió una pintura con dicho título en ninguna residencia real y tampoco en El Escorial; donde consta sin embargo el ingreso, el 8 de julio de 1593, de un "lienço al ollio de Abraham quando sale de la tierra de los Caldeos, de mano del Bassano, en su

marco con moldura: tiene de alto bara y çinco sesmas y de ancho dos baras y terçia". Como señala Rearick, la confusión entre la "Partida de Abraham de Canaan" (*Génesis 12.6*) y "El retorno de Jacob a Canaan" (*Génesis 31, 17-18*) es habitual y compresible al no haber elementos que permitan distinguir taxativamente un tema de otro, admitiendo su arbitrariedad al adoptar como criterio la presencia de Yavhé, que la Biblia cita en la historia de Abraham e ignora en el de Jacob[6]. Constan de hecho antiguas e ilustres confusiones, pues el *Viaje de Jacob* de Jacopo Bassano en Hampton Court fue descrito como *Viaje de Abraham* en el inventario de Carlos I de Inglaterra, su primer propietario conocido.

[5] SIGÜENZA, 1986, p. 374.
[6] REARICK, 1992, p. CXLII, n. 255.

3 FRANCESCO BASSANO
Viaje de Jacob
Óleo sobre lienzo, 155 × 257 cm
Museo Nacional del Prado, n. 3.172. Depositado en el Museo de Bellas Artes de Granada

INSCRIPCIONES: Anverso 730 (en naranja), en el ángulo inferior izquierdo.
PROCEDENCIA: Colección Real, se cita en 1686 en el Alcázar de Madrid, en la "Pieza inmediata de las bóvedas que cae debajo de la del despacho de verano"[1], desde donde se trasladó en 1700 a la "pieza donde su Magestad comía en cuio techo está pintada la noche". En 1772 se inventaría en la "Antecámara de S. M" del Palacio Real Nuevo de Madrid, dónde continuaba en 1794, esta vez en el dormitorio del rey.
CATÁLOGOS E INVENTARIOS: 1821-1824: n. 459; 1834: n. 452; 1843-1858: n. 730; 1872-1907; n. 38; 1972-1996: n. 3.172.
BIBLIOGRAFÍA: Arslan, 1960, I, p. 344.

Como señalara Arslan, se trata de la mejor versión conocida de la *Partenza per Canaan* (Venecia, Palazzo Ducale; 150 × 205 cm), que Jacopo Bassano pintó para el patricio veneciano Jacopo Contarini, y que su descendiente Bertucci Contarini donó a principios del siglo XVIII al Palazzo del Governo de Venecia, donde se cita en 1733[2]. El original, fechado hacia 1579, es la última y la más grandiosa redacción de un tema muy querido por Jacopo desde que lo abordara por primera vez hacia 1560. En esta ocasión retomó el esquema de una composición de similares características: el *Retorno de Tobías* de hacia 1573 (Dresde, Gemäldegalerie), pero otorgándole una amplitud panorámica (en ninguna obra cobra tanto protagonismo el paisaje respecto a los personajes), y potenciando su tono crepuscular. La pintura ilustra la marcha de Jacob hacia Canaan (*Génesis 31, 17-18*), y Jacopo acertó al plasmar esa sensación de partida mediante la distribución zigzagueante de la comitiva, que se aleja progresivamente del espectador y del plano pictórico hacia un destino marcado por la prominente roca de Galaad en la lejanía[3].

La versión del Prado, que reproduce puntualmente el original, es sin embargo más apaisada, probablemente por haber sido cortada en su parte superior, pues el inventario del Alcázar de Madrid de 1686 le otorga una altura de dos varas, unos 22 centímetros más que en la actualidad. Con todo, la mayor diferencia estriba en la iluminación. El tono crepuscular que Jacopo imprimió al original ha desaparecido por completo y con él lo ha hecho también el acusado contraste entre el fondo iluminado y una zona intermedia de penumbra, rico en sugerencias al visualizar el viaje como una peregrinación en busca de la salvación.

La autoría de esta excelente réplica debe atribuirse a Francesco, cuya impronta resulta evidente en el tratamiento del paisaje y el carácter menos desecho de las figuras. Aunque pudiera haberse servido para su ejecución de un "schizzo" coloreado (Spilimbergo, colección particular)[4], la semejanza con el original es tal que debió tenerlo presente.

JACOPO BASSANO, *Partida hacia Canaan*, h. 1579 (Venecia, Palazzo Ducale)

---

[1] "Otra pintura de tres varas de ancho y dos de alto, marco negro, de diferentes figuras y una muger con una cesta y unos corderos, de mano del Basán"; INVENTARIO 1686, cito por versión mecanografiada en biblioteca del Museo del Prado.
[2] ARSLAN, 1960, I, pp. 177-178.
[3] BERDINI, 1997, p. 82.
[4] REARICK, 1992, p. CLXIX.

II
COCINAS

Hacia 1576-1577, Jacopo y Francesco firmaron conjuntamente diversas pinturas que ilustraban parábolas y pasajes del Nuevo Testamento. Algunos de los temas tratados, como *Cristo en casa de Marta y María* (Sarah Campbell Blaffer Foundation de Houston, inv. 79.13) o *La vuelta del hijo pródigo* (Roma, Galleria Doria Pamphilj), eran novedosos para Jacopo; otros como *La Cena de Emaús* (Crom Castle, colección Conde de Erne) o *Lázaro y el rico Epulón* ya los había tratado previamente, pero serán transformados ahora de forma sustancial. Todas las obras se ajustan al mismo patrón, emplazando el asunto religioso en un segundo plano y otorgando el protagonismo a la animada recreación de un interior doméstico donde, en torno a una cocina, aparecen servidores, criados, animales y toda la parafernalia propia de estos ambientes.

Que las obras muestren simultáneamente pero en ámbitos distintos un episodio evangélico y una escena de género, y que ésta relegue a la teóricamente principal a un segundo plano, explica que los historiadores las hayan comparado con las realizadas por flamencos como Pieter Aertsen o Joachim Beuckelaer[1]. Existen no obstante diferencias. En las pinturas de los Bassano no se da una oposición de comportamientos antitéticos, ni el despliegue de alimentos y objetos domésticos excede lo ordinario. Tampoco encontramos un contraste radical entre los dos ámbitos, percibiéndose un movimiento progresivo que conduce de uno a otro, aunque ello redunde en la incoherencia espacial de unas composiciones, acertadamente definidas como "interiores en un paisaje"[2]. Más aún, Jacopo jamás recurre a un doble lenguaje figurativo, tratando con idéntica dignidad a sirvientes y personajes sacros (tipos físicos perfectamente intercambiables), y revela un interés constante por efectos estrictamente pictóricos con su énfasis en los fuegos domésticos y el modo como su luz altera las superficies.

¿Qué sentido tienen estas obras? Tras décadas en las que se entendieron como escenas de género donde el referente bíblico era una excusa para la recreación de situaciones cotidianas, Rearick advirtió contra la minusvaloración de su alcance religioso, al señalar que los elementos realistas en primer plano contribuían a hacer accesible al gran público su mensaje evangélico[3]. Los estudios sobre "cocinas" flamencas publicados desde 1970 han aportado nuevas perspectivas para la interpretación de las de Bassano, a las que Aikema ha hecho extensible el contraste entre materialismo y espiritualidad ("volupta" vs. "virtus"; vida activa vs. vida contemplativa) presente en aquellas[4]. De gran interés, para éstas obras en particular y la supuesta pintura de "género" de los Bassano en general, ha sido la importancia otorgada por Berdini al espectador para determinar cuánto de sacro y cuánto de profano hay en una imagen, negando la existencia de una oposición absoluta entre ambos elementos, y afirmando que las imágenes seculares podían servir de vehículo de experiencias religiosas y viceversa. A propósito de estas "cocinas", Berdini trae a colación las parábolas evangélicas que muchas de ellas ilustran. Como éstas, las escenas de género son una forma de apropiación de la realidad por parte del cristianismo, y como en éstas, la oposición entre lo profano y lo sacro sólo puede ser resuelta por el espectador. Pero a diferencia de la parábola, la escena de género no exige al espectador que metaforice lo que ve para descubrir su sentido religioso, porque éste se muestra explícito. No se trata por tanto de descubrir, sino de valorizar lo religioso para que, a través de lo secular, el espectador pueda llegar a él[5].

---

[1] Lomazzo fue quien primero comparó a Jacopo Bassano con Joachim Beuckelaer, conocido en inventarios italianos del XVII como "Gioachino Bassano fiamengo"; BORTOLLOTTI, 1999, pp. 153-155.

[2] BERDINI, 1997, p. 95-96.

[3] REARICK, 1978, pp. 331-343.

[4] AIKEMA, 1996, pp. 82-83.

[5] BERDINI, 1997, p. 101.

4 JACOPO Y FRANCESCO BASSANO

Cena de Emaús
Óleo sobre lienzo, 153 × 207 cm
Patrimonio Nacional, Real Monasterio de San Lorenzo de El Escorial

INSCRIPCIONES: "463" en blanco en ángulo inferior izquierdo, y "59" también en blanco en el derecho.
PROCEDENCIA: Ingresó en El Escorial el 8 de julio de 1593[1]. En 1773, identificado como un "Convite del Fariseo de Basán", en la habitación anterior a los Oratorios Reales. En 1820, Bermejo la cita en el zaguán de los Capítulos, donde seguía en 1857 (Poleró) y 1864 (Rotondo). En 1960, en la Sala del Cuerpo de Guardia (Arslan).
BIBLIOGRAFÍA: Bermejo, 1820, p. 197; Rotondo, 1864, p. 119; Arslan, 1960, I, p. 339 (seguidor de Bassano); Ruiz Gómez, 1991, pp. 202-203.

Cuenta *Lucas 24, 13-35* que caminaba con Cleofás hacia Emaús cuando se les apareció Cristo, a quien no reconocieron hasta que, al compartir la cena, procedió a la "fractio panis", repitiendo el gesto de la Última Cena. Jacopo visualizó varias veces este pasaje desde 1537/38, cuando lo pintó para el altar mayor de la catedral de Citadella. Esta primera

JACOPO BASSANO, *Cena de Emaús*, h. 1537-38 (Citadella, Catedral)

versión respondía a los intereses concretos de su cliente, el arcipreste Pietro Cauzio, quien la concibió como alegato a favor de la ortodoxia de la teoría de la transubstanciación frente a las ideas heréticas propagadas en la ciudad por Pietro Speziale, quien en sus *De gratia Dei* otorgaba a la hostia un valor meramente simbólico[2]. La fisonomía y postura del posadero (cuyos rasgos derivan del célebre *Vitelio* de la colección del Cardenal Grimani), los gestos de sorpresa de Lucas y Cleofás y la complejidad espacial de la pintura de Citadella, remiten a la obra del mismo tema realizada por Bonifacio de Pitati hacia 1535 para el Palazzo dei Camerlenghi de Venecia (Milán, Brera)[3]; derivación lógica pues Jacopo trabajaba entonces como asistente de Bonifacio, habiéndose conjeturado incluso con su participación en la *Cena de Emaús* de éste[4]. Aunque cuando Jacopo retomó este asunto en la década de 1570 la transubstanciación seguía siendo un tema candente tras su defensa por el Concilio de Trento, no parece que las versiones salidas entonces de la "bottega" fueran concebidas con un deliberado propósito doctrinal. Para esta segunda aproximación al tema, Jacopo recurrió al esquema interior/exterior ya comentado. La mitad izquierda del cuadro muestra la cocina de una hostería, mientras en la derecha, a media distancia y bajo una pérgola, tiene lugar la cena. El hostelero aparece sentado en la divisoria de ambos ámbitos, marcando así la transición entre el espacio exterior y el interior.

Se conserva una versión firmada conjuntamente por Jacopo y Francesco en poder del Conde de Erne en Crom Castle[5], y varias más salidas de la "bottega" de Francesco, como la de la Pinacoteca Brera de Milán (Reg. Cron. 344)[6]. Raphael Sadeler (1561-1628) grabó en 1593 una tercera com-

---

[1] "lienço al ollio de Christo nuestro Señor como se apareçio a los discípulos que yban al castillo de Emaus y en el cortar el pan le conoçieron, de mano del Bassano, en su marco con molduras doradas y negras"; ZARCO CUEVAS, 1930, I, p. 655.
[2] MURARO, 1992, pp. 29-30; AIKEMA, 1996, pp. 7-14.
[3] Proximidad entre ambas obras en SIMONETTI, 1986, pp. 108-109.
[4] COTTRELL, 2000, p. 664.
[5] "JAC ET/FRANC FIL" (95 × 124 cm); REARICK, 1968, p. 245, fig. 12.
[6] NOÉ, 1990, pp. 24-25.

posición que no coincide con las conservadas. La de El Escorial, de gran calidad pese a que una antigua intervención
muy agresiva eliminase las veladuras, difiere de las demás de
manera más notoria a como éstas lo hacen entre sí, al situar
la Cena sobre una plataforma elevada sobre seis escalones, lo

que libera un espacio en primer plano ocupado por dos criados ausentes en otras versiones. Al situar la escena bíblica en
un plano más elevado, la composición de esta *Cena de
Emaús* se aproxima a las de otras "cocinas" de Bassano como
Cristo en casa de Marta y María o *La vuelta del hijo pródigo.*

5 JACOPO Y FRANCESCO BASSANO
La vuelta del hijo pródigo
Óleo sobre lienzo, 147 × 200 cm
Museo Nacional del Prado, n. 39

INSCRIPCIONES: "1861" y "1835" en rojo en el ángulo inferior izquierdo.
PROCEDENCIA: Colección Real. Regalo del Duque de Medina de las Torres a Felipe IV, se cita en el Alcázar de Madrid de 1636, en la "Tercera pieça sobre los arcos del jardín"[1]. Aunque no se individualiza en los inventarios de 1666, 1686 y 1700, se cita en 1734 entre "las pinturas que se hallaron en las Bóvedas de palacio" tras el incendio del Alcázar. En 1747 figuraba en el Buen Retiro, con las "pinturas entregadas en dichas Casas Arzobispales a don Santiago de Bonavia".
CATÁLOGOS E INVENTARIOS: 1834: n. 471; 1872-1907: n. 45; 1910-1996: n. 39.
BIBLIOGRAFÍA: Rearick, 1992, p. CLVI (Leandro).

Visualización de la conocida parábola del Nuevo Testamento (*Lucas, 15: 11-32*) que ilustra el arrepentimiento del pecador y la bondad del perdón. La ambientación

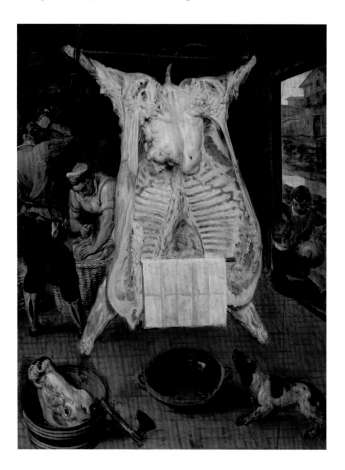

encuentra su justificación en el banquete ofrecido por el padre para celebrar el retorno del hijo, en el que según el relato evangélico, se sirvió un becerro bien cebado. El pintor optó por recrear el carácter festivo del encuentro ignorando la airada protesta del primogénito (identificado a menudo con el pueblo judío) ante la acogida dispensada al pródigo benjamín (símbolo de los gentiles). En su plasmación, Jacopo siguió el esquema interior/exterior antes descrito, y dio muestras de su conocimiento del arte flamenco al incluir motivos habituales en aquel como el buey desollado, el niño hinchando la vejiga, o el gato atacando al perro; elementos presentes en el *Buey desollado* de Marten van Cleve de hacia 1566 (Viena, Kunsthistorisches Museum, inv. 1970), en un grabado de Philipp Galle reproduciendo precisamente una *Vuelta del hijo pródigo* de Marten van Heemskerck de 1562, y en otro de Hyeronimus Cock del *Otoño* de Hans Bol de 1570[2]. Más cuestionable es dilucidar si, al adoptar estos motivos, Jacopo asumía la dimensión satírica que poseían en origen. Sullivan, por ejemplo, ha relacionado recientemente el buey desollado que aparece en pinturas flamencas con el proverbio de Erasmo "*matar un buey*", que encerraba una velada crítica a quienes gastaban por encima de sus posibilidades[3], mensaje inapropiado para la obra que nos ocupa, pues equivaldría a censurar como pródigo al padre en lugar del hijo.

MARTIN VAN CLEVE, *Buey desollado,* h. 1566 Viena
(Kunsthistorisches Museum).

[1] "Un lienço al olio, con moldura dorada y negra, de ocho pies de largo poco más o menos, que es la historia del hijo pródigo que le recibe su padre a la puerta de su casa y él hincado de rodillas sobre las gradas de ella y en lo cerca está un hombre vestido de colorado, mangas verdes, desollando una ternera, y otras muchas figuras y cosas de comer: es del basan y la dio el duque de Medina a su magestad"; INVENTARIO 1636, cito por copia mecanografiada en biblioteca del Museo del Prado.
[2] ROSSI, 1994, pp. 57-64.

Como las demás "cocinas", ésta conoció un éxito considerable. Monaco grabó en el siglo XVIII una versión en la colección Savorgan de Venecia y la Galleria Doria Pamphilj de Roma conserva la única firmada ("*JAC.S ET /FRANC.S/FILIUS. P.*"), de menor tamaño que la del Prado (100 × 124 cm), y que se ha emparejado con *Cristo en casa de Marta y María* (Sarah Campbell Blaffer Foundation de Houston, inv. 79.13) por sus similares dimensiones (98 × 126 cm). Ballarin atribuye a Francesco una réplica subastada por Sotheby's New York el 10 de octubre de 1991.

La notable calidad de la versión del Prado, y la evidencia visual de la participación de al menos dos pintores en su ejecución, respondería a la forma de trabajo de la "bottega" Bassano, con Francesco ejecutando grandes áreas (suyas serían las figuras en primer plano a la izquierda) y Jacopo reservándose algún motivo (como el del reencuentro entre padre e hijo), y la corrección y acabado general. Los retoques de Jacopo explicarían el abundante craquelado de la superficie pictórica, especialmente llamativo en los rostros de los personajes, la parte más delicada del conjunto. Según Rearick, el Louvre conserva un "ricordo" de esta obra[4].

[3] SULLIVAN, 1999, p. 253.
[4] REARICK, 1992, p. CLVI.

6 LEANDRO BASSANO
Lázaro y el rico Epulón
Óleo sobre lienzo, 150 × 202 cm
Museo Nacional del Prado, n. 29

INSCRIPCIONES: "33" y "620" en rojo en el ángulo inferior izquierdo.

PROCEDENCIA: Colección Real. Regalado por el Duque de Medina de las Torres a Felipe IV antes de 1636, cuando se cita en la "Pieça nueva del quarto bajo delante del dormitorio de su magestad que mira al Cierço" del Alcázar de Madrid[1]. Inventario Alcázar de Madrid de 1734, entre las "pinturas que se llevaron a la casa donde vivió el Marqués de Bedmar"; en 1747 en el Palacio Real Nuevo de Madrid "En la primera sala de este oficio [sic]"; en 1794 en el "dormitorio" del mismo edificio.

CATÁLOGOS E INVENTARIOS: 1834: n. 461; 1843-58: n. 620; 1872-1907: n. 32; 1910-1996, n. 29.

BIBLIOGRAFÍA: Berenson (Leandro, comunicación oral); Pérez Sánchez, 1965, p. 551 (Leandro); Heinemann, 1973 (Girolamo, comunicación oral).

La parábola de Lázaro (*Lucas, 16: 19-31*) ha sido objeto de múltiples interpretaciones: apología de las obras de misericordia, contraposición entre salvación y perdición, entre gentiles (Lázaro) y judíos (Epulón), e incluso se ha querido ver en los perros que lamen las llagas una alusión a los predicadores dominicos que curan con milagros. Aikema ha aducido ejemplos más próximos extraídos de sermones y textos de la época donde la parábola de Lázaro era invocada para alentar la fundación de hospicios para pobres o para oponer a la riqueza aparente de los poderosos la verdadera riqueza espiritual de los siervos de Dios[2]. En realidad, Bassano visualizó únicamente los tres versículos iniciales de la parábola, no muy ricos en elementos descriptivos, que se limitan a comentar los banquetes diarios del rico, ataviado con púrpura y lino, frente al desamparo del pobre Lázaro, echado en el portal y cubierto de úlceras lamidas por perros.

Jacopo abordó este asunto en dos momentos de su carrera. La primera aproximación, fechada a mediados de la década de 1550 (The Cleveland Museum of Art, inv. 39.68), se limita a los elementos y personajes imprescindibles para hacer reconocible la escena: Lázaro y los perros de un lado, y Epulón, un músico y una meretriz del otro. La única figura extraña al texto bíblico, aunque ciertamente fascinante, es el niño que separa ambos grupos. La segunda, veinte años posterior, refleja un modo muy distinto de concebir el tema. Como en las restantes "cocinas", el asunto principal ha cedido protagonismo visual a un abigarrado conjunto de personajes y situaciones de difícil justificación en el relato evangélico.

Esta segunda versión conoció gran éxito a tenor del número de versiones conservadas y/o documentadas. Ridolfi citó tres en Venecia: la de Iacopo Pighetti y dos de los Contarini[3], y a ellas añadió Boschini una cuarta en la colección Bonfadini[4]. Hay testimonio gráfico de dos versiones más, las grabadas hacia 1593 por Jan Sadeler, y en el siglo XVIII por Jackson de la que poseía el cónsul Smith en Venecia. Ballarin advierte de la inexistencia de un original firmado por Jacopo, pero cree enteramente autógrafa una pintura en colección particular inglesa (117,5 × 164,5 cm)[5] subastada por Christie's Londres el 17 de diciembre de 1999 (n. 43). Existe una réplica de la "bottega" en Praga (Galería Nacional inv. n. 02952), que Arslan atribuyó a Jacopo y Francesco[6], y otra atribuida a Leandro en Viena (Kunsthistorisches Museum, inv. 1.547).

Respecto al original citado por Ballarin, muy próximo a la versión grabada por Sadeler, el ejemplar del Pardo posee menor calidad, tratándose de un producto típico de la "bottega", donde figuras y motivos han sido ensamblados con correcto pero notable automatismo. Se perciben también ciertos cambios en la composición. En el original y la versión grabada, el centro lo ocupa un grupo integra-

---

[1] "2867.- El otro es la historia del Rico avariento y junto al pedestal de una coluna, San Lázaro sentado con una calabaza colgada de la cintura y dos perros manchados que le están lamiendo la pierna izquierda y al otro lado una muger que tiene diferentes cosas de volatería sobre una mesa verde y en ella un plato y un cuchillo y un gato sobre un banquillo está mirando a un mono="; INVENTARIO 1636, cito por copia mecanografiada en biblioteca del Museo del Prado.

[2] AIKEMA, 1996, p. 113.

[3] RIDOLFI, 1648, I, p. 395.

[4] BOSCHINI, 1660, p. 317.

[5] BALLARIN, 1992, p. CXCIII.

[6] ARSLAN, 1960, I, p. 221.

do por una joven con un almirez, una mujer sentada ante una mesa con un turbante, y un niño arrodillado ante ella. En la pintura del Prado, el niño ha sido sustituido por un gato, ha desaparecido la mujer con turbante (reemplazada por una joven), y aparecen un paje de espaldas y en primer plano dirigiéndose con una bandeja a la mesa de Epulón, y un sirviente desollando un conejo. Hay también una pequeña diferencia iconográfica, pues la versión grabada incluye en la lejanía al rico envuelto en llamas suplicando el perdón de Abraham y Lázaro, motivo que no aparece ni el original atribuido por Ballarin ni en la versión del Prado.

III
EXPULSIÓN DE LOS MERCADERES DEL TEMPLO

El pasaje evangélico de la expulsión de los mercaderes del Templo (*Mateo 21: 12-17; Marcos 11: 15-18; Lucas 19: 45-48; Juan 2: 13-25*)[1] fue objeto de diversas interpretaciones por la familia Bassano desde 1535, cuando Jacopo y su padre Francesco Bassano "el viejo" (c. 1475/78-1539), pintaron al fresco "la istoria del Flaggelo de Christo che chazò fora del templo queli che vendeva et comprava" en la iglesia parroquial de Cartigliano[2]. De las versiones conservadas, la más temprana es la realizada por Jacopo hacia 1569 (cat. expo. n. 7). Jacopo retomó varias veces más el tema en décadas sucesivas asistido por Leandro (Bassano del Grappa, colección particular) y Girolamo (Venecia, mercado de antigüedades), hasta concluir hacia 1583/85 con la *Expulsión de los mercaderes del Templo* (Londres, National Gallery cat. 228), de la cual partió Francesco para la obra del Prado.

Al comparar la primera versión con la última de Londres o su réplica en el Prado, se aprecian las modificaciones introducidas por Jacopo en el tratamiento del tema. Común a todas es su emplazamiento en el interior del Templo de Jerusalén, algunos de cuyos elementos arquitectónicos permanecen inalterables, como la escalinata de la izquierda o la puerta a la derecha. Se percibe no obstante un progresivo abigarramiento de la escenografía con la aparición de cortinajes enlazados en los fustes de las columnas, y un mayor dinamismo a medida que las líneas horizontales (como la arcada al fondo en la primera versión, cuyo vano central sirve de punto de fuga a la composición) son sustituidas por diagonales. El mayor cambio radica sin embargo en el protagonismo que adquiere el asunto central del cuadro: la cólera de Cristo al ver el Templo convertido en un mercado. En la primera versión, la minúscula figura de Cristo al fondo de la composición genera problemas de claridad expositiva y verosimilitud narrativa. Aunque los mercaderes en primer plano se disponen a desalojar el Templo, la ubicación de Cristo en la lejanía resta credibilidad a cuanto acontece, dándose el paradójico resultado –apuntado por Rearick– que la simpatía del espectador esté más con los mercaderes que con Cristo[3], defecto subsanado por Jacopo en versiones posteriores.

Aikema sugiere una ligazón entre la visualización por Jacopo de este pasaje evangélico y la lectura que se hacía de él en la Europa católica de la segunda mitad del siglo XVI, y en concreto, su supuesto mensaje contrarreformista al aludir la expulsión de los mercaderes a la necesidad de "limpieza" de la Iglesia. Ahondando en esta dirección, cree percibir en Jacopo el influjo de la *Vita Christi* de Ludolfo de Sajonia, el manual de espiritualidad más difundido en los siglos XV y XVI, reeditado por Francesco Sansovino en Venecia en 1570. Dos serían las enseñanzas extraídas del comentario de Ludolfo a este pasaje: la distinción entre lo espiritual y las cosas materiales (aunque estas últimas no sean consideradas perniciosas "per se", sólo cuando se utilizan en el lugar y momento inadecuados), y la necesidad de reforma del clero[4].

[1] Aunque el pasaje aparece en todos los Evangelios, el más rico en detalles y el más sugerente para cualquier pintor era el de *Juan, 14-16*, que recogía muchos de los elementos presentes en las obras de Jacopo: "Y encontró en el Templo a los vendedores de ovejas y de palomas, y a los cambistas sentados; y haciendo de cuerdas un azote los arrojó a todos del Templo, con las ovejas y los bueyes, y derramó el dinero de los cambistas, y derribando las mesas; y a los que vendían palomas les dijo: Quitad de aquí todo esto y no hagais de la casa de mi Padre casa de contratación".

[2] Muraro, 1992, p. 268.

[3] Rearick, 1992, p. CXXXIX.

[4] Aikema, 1996, pp. 109-110.

7 Jacopo Bassano
Expulsión de los mercaderes del Templo, c. 1568-1569
Óleo sobre lienzo, 149 × 233 cm
Madrid, Museo Nacional del Prado, n. 28

INSCRIPCIONES: "151" y "796" en rojo en ángulo inferior izquierdo.

PROCEDENCIA: El *Libro de entregas de El Escorial* registra, el 8 de julio de 1593, la entrada de un "lienço al olio del dicho [Bassano], de cómo Christo nuestro Señor hecha del Templo a los que compraban y vendían, del tamaño de los antes deste [alto vara y cinco sesmas; ancho dos varas y tercia] en su marco con molduras doradas y negras"[1]. Sigüenza (1605) atribuyó la pintura a Veronese y la localizó en "una galería de palacio"[2]. En 1667 figuraba entre las "Pinturas del Capítulo del Vicario"[3], y el 20 de abril de 1839 el entonces director del Museo del Prado José de Madrazo la citaba entre los cuadros llegados de El Escorial.

CATÁLOGOS E INVENTARIOS: 1843-1858, n. 796; 1872-1907, n. 31; 1910-1996, n. 28.

BIBLIOGRAFÍA: Arslan, 1960, I, p. 351 (entre Girolamo y Jacopo); Rearick, 1968, p. 242 (Jacopo); Rearick, 1992, p. CXXXIX (Jacopo).

Aunque para esta primera redacción Jacopo tomó elementos de obras tempranas como el joven que asoma tras la columna, presente ya en 1536 en *La fornace ardente* (Bassano del Grappa, Museo Civico), su mayor deuda fue hacia la *Expulsión de los mercaderes del Templo* de Stefano Cernotto (Venecia, Accademia, depósito en la Fundación Ceni). Cernotto, de origen dálmata y activo en Venecia entre 1530 y 1545, pintó su *Expulsión* en torno a 1535 para la

STEFANO CERNOTTO, *Expulsión de los mercaderes del templo,* h. 1535, Venecia, Fundazione Cini, depósito dalle Gallerie dell'Academia.

---

[1] ZARCO CUEVAS, 1930, I, p. 655.

[2] SIGÜENZA, 1605, p. 373.

[3] "La representación del Templo, es grandiosa, vense fuertes Colunas, Pilastras, Arcos, Gradas, Puertas, con tal compartimiento, y arte, que causan grandes anchuras, y distancias; y por toda la capacidad, mucha genete, que al ruido del açote se ve alborotada; unos cargando con sus lios; otros conduciendo, y guiando sus Bueyes; aquellos sus Palomas; y estos movimientos ocasionan en todos extraordinarias posiciones, y menesos, que divierten mucho. Las figuras son pequeñas, más la significación, y el trato de la Historia grande, assi no la huviera dado alguna obscuridad, que es menester gran cuydado para percibirla, y la luz que tiene aquí de las ventanas, ayuda muy poco. El quadro tiene de alto dos baras, y de largo dos y media"; SANTOS, 1667, f. 79 r y v.

sala segunda del Magistrato del Monte Nuovissimo en el Palazzo dei Camerlenghi en Venecia, donde coincidió con Jacopo, ambos asistentes de Bonifacio de Pitati[4]. La deuda de Jacopo hacia Cernotto fue enorme y duradera, siendo incluso más evidente en las últimas versiones. De Cernotto derivan el énfasis descriptivo y el gusto por lo anecdótico, así como la ambientación de la escena en un amplio interior abovedado modulado por arcos y columnas. También la apertura al exterior mediante una portada arquitrabada situada en un plano intermedio, por la que abandonan el Templo los mercaderes. Se perciben asimismo préstamos puntuales en la ubicación de la mesa del cambista a la derecha y la aparición en primer plano de elementos cotidianos, como la cesta con huevos, o el cordero. Las citas a la obra de Cernotto se multiplican en la última versión londinense: el mercader con los conejos, la postura del niño y el perro y, en la réplica de Francesco, también el óculo sobre la puerta.

El estado de conservación de la pintura es muy deficiente. Ya en 1667, el Padre de los Santos lamentaba su oscuridad, y de igual modo se manifestó José de Madrazo cuando llegó al Museo del Prado procedente de El Escorial en 1839. La National Gallery of Scotland (n. 4) conserva una copia literal de parecido formato pero peor calidad.

---

[4] COTTRELL, 2000, pp. 664-666.

8 Francesco Bassano

Expulsión de los mercaderes del Templo, c. 1585
Óleo sobre lienzo, 150 × 184 cm
Museo Nacional del Prado n. 27

INSCRIPCIONES: "632" en rojo en el ángulo inferior izquierdo, y "58" en blanco en el ángulo superior derecho.
PROCEDENCIA: Colección Real. Obsequio del Duque de Medina de la Torres a Felipe IV, se documenta por primera vez en el Alcázar de Madrid en 1636 en la "Pieça nueva del quarto bajo delante del dormitorio de su magd. que mira al Cierço"[1]. No vuelve a individualizarse hasta 1747, cuando se cita "en la tercera pieza" del Palacio Real Nuevo de Madrid. En 1772 y 1794 seguía en el mismo edificio, en la "Antecámara de Su Magestad" y el dormitorio del rey respectivamente.
CATÁLOGOS E INVENTARIOS: 1834: n. 610; 1843-58: n. 796; 1872-1907: n. 30; 1910-1996: n. 27.
BIBLIOGRAFÍA: Madrazo 1872 p. 20 (Jacopo); Arslan 1960, I, p. 351 (próxima a Jacopo, entre Francesco y Leandro); Ballarin 1966, p. 193 ("bottega" de Jacopo Bassano ¿Francesco?); Heinmann, 1973 (comunicación oral, Girolamo y Giambattista), Angulo 1979, pp. 227-228; Checa 1994, p. 299; Falomir, 1997, pp. 162-165.
EXPOSICIONES: Barcelona, 1997-1998, n. 35.

Esta réplica de Francesco del original paterno de hacia 1583-85 (Londres, National Gallery n. 228)[2], ejemplifica la transformación y adaptación en la "bottega" de las invenciones de Jacopo, a veces con resultados sorprendentes. Francesco no supo o quiso asumir la compleja estructura espacial de la obra paterna. En aquella, el espacio interno se abría al exterior en tres puntos: dos puertas arquitrabadas en el muro de la derecha, y una arcada al fondo que servía de punto de fuga a la composición. Francesco suprimió la puerta más distante al espectador, y aunque con ello alteró por completo la composición, mantuvo las mismas líneas de fuga que la versión londinense, destruyendo la coherencia espacial de ésta.

Jacopo Bassano,
*Expulsión de los mercaderes
del Templo,* h. 1583-1585,
Londres, National Gallery.

---

[1] "Tres lienços al olio, con molduras doradas y negras, que con ellas tienen a ocho pies de largo poco más o menos; que los dio el duque de Medina a su magestad: que el uno es quando Cristo echó del Templo a los tratantes judíos, en que ai uno de ellos bestido con ropa verde aforrada en pellejos que está recojiendo el dinero que tiene sobre una mesa cubierta con una alfombra y al otro lado un templo con siete gradas y en lo alto un dosel con sus cortinas donde están diferentes figuras en pie y en la postrera grada un pobre sentado=; INVENTARIO 1636, cito por copia mecanografiada en Biblioteca del Museo del Prado.

[2] BALLARIN, 1995 [1966], I, p. 77. Arslan atribuyó la pintura de Londres a Girolamo, cuya participación defiende REARICK, 1992, p. CXXXIX.

Si en la pintura de Jacopo hay una continuidad espacial, la de Francesco adolece de una completa disociación entre los primeros planos y los más alejados. La arquitectura no construye el espacio, sino que aparece como un simple telón de fondo sin ligazón con la acción. La torpeza y rapidez con que está trazada, encomendada probablemente a un ayudante, contrasta con el empeño puesto en los personajes. La profundidad que sugiere la composición debe menos a la arquitectura que al modo como Francesco supeditó el acabado de las figuras a su distancia del espectador: la rotundidad de las situadas en primer plano, los perfiles difuminados de los mercaderes que abandonan el templo, hasta terminar con los etéreos sacerdotes sobre la escalinata, resueltos con una extraordinaria libertad de pincel. El colorido contribuye igualmente a graduar el escenario, perdiendo nitidez y brillantez a medida que se aleja del plano pictórico.

Respecto a la supuesta identificación de Tiziano con el cambista barbado a la izquierda, presente en el original londinense, conviene señalar que, si bien era habitual que los pintores venecianos incluyeran retratos de sus colegas en composiciones multitudinarias, y la asociación de Tiziano con un cambista podía aludir a su conocida fama de avaro, se trata de una fisonomía bastante frecuente en la obra de Jacopo Bassano[3].

---

[3] GOULD, 1975, p. 19.

IV
CICLO DE NOÉ

La representación de los principales episodios de la vida de Noé fue inusual en la pintura italiana del Renacimiento, pudiendo apenas citarse como precedente de Bassano los frescos de Rafael en las logias vaticanas. Cada uno abordó sin embargo el tema desde premisas diferentes, y frente a la claridad del ciclo rafaelesco, donde el protagonismo visual recaía en Noé, Jacopo y tras él sus hijos priorizaron los elementos secundarios de la narración[1], lo que explica que durante tiempo se ignorase el alcance religioso de estas pinturas y fueran apreciadas únicamente como escenas de género, aunque sabemos que una *Entrada de los animales en el Arca* colgaba en la capilla mayor de Santa Maria Maggiore en Venecia.

Antes de desarrollar completa la historia del Diluvio, Jacopo abordó de modo aislado el episodio de la *Entrada de los animales en el Arca* en una obra de hacia 1570 (catálogo exposición n. 9), cuyo éxito le animaría a idear el primero de los tres ciclos cuatripartitos que diseñó en el tramo final de su carrera, al que seguirían los de las Estaciones y los Elementos. Originariamente, el de Noé lo integraban cuatro lienzos que visualizaban otros tantos episodios de la vida del patriarca: *Noé construyendo el Arca, Entrada de los animales en el Arca, Diluvio* y *Sacrificio de Noé*. Su primera redacción se fecha a mediados de la década de 1570 (hacia 1574 por Arslan y Ballarin, y 1576-1577 por Rearick), y de ella quedan la *Entrada de los animales en el Arca* (Homburg von der Höhe, Castillo), y el *Sacrificio de Noé* en Postdam (Stiftung Schlösser und Gätten Postdam-Sanssouci, inv. GKI 5265). A ésta siguieron otras versiones, caracterizadas por figuras de mayor tamaño, de las cuales sólo se conserva íntegra la del Palacio Arzobispal de Kromeriz, firmada por Jacopo pero realizada con ayuda de Francesco (Ballarin) o Leandro (Rearick) hacia 1578-1579. En fecha posterior, Jacopo agregó en colaboración con Francesco un quinto episodio: *El sueño de Noé*, aunque la escasez de versiones conservadas sugiere un éxito menor. Los antiguos inventarios reales españoles aluden también a una *Salida de los animales del Arca* emparejada con la *Entrada* y formando un conjunto autónomo respecto a los restantes episodios[2].

Aikema ha ahondado en el significado del ciclo de Noé y las razones de su éxito en el último tercio del siglo XVI. Partiendo de la tradicional asociación de Noé con Cristo y el Arca con la Iglesia, apuntaba la rotundidad con que se pronunció la Contrarreforma a la hora de excluir cualquier posible salvación sin el concurso de la Iglesia. El ciclo de Noé se erigiría así en una amarga denuncia de la impiedad del hombre y una afirmación del papel redentor de la Iglesia, mensaje que habría encontrado terreno abonado por las epidemias que azotaron entonces Italia[3].

---

[1] AIKEMA, 1996, pp. 99-100.
[2] "Otras dos pinturas, de la entrada y salida en el arca de Noé"; INVENTARIO 1666, cito por copia mecanografiada en biblioteca de el Museo del Prado.
[3] AIKEMA, 1996, pp. 102-105.

9 JACOPO BASSANO
Entrada de los animales en el Arca, h. 1570
Óleo sobre lienzo, 207 × 265 cm
Museo Nacional del Prado n. 22

INSCRIPCIONES: "703" en rojo en ángulo inferior izquierdo

PROCEDENCIA: Colección Real. Probablemente se trate del "lienço [...] original de Basan [...] del arca de noé, quando iban entrando en ella a los animales" comprada en 1634 a Juan Bautista Crescenzi[1]. Se cita en el Alcázar de Madrid en 1636, 1666 y 1686 en la "Pieza donde su magestad come en el cuarto baxo". En 1701 había pasado a la "galería del Mediodía". En 1772 se cita en la "antesala de S. M." en el Palacio Real Nuevo; de donde fue trasladado en 1794 al "Dormitorio del infante".

CATÁLOGOS E INVENTARIOS: 1821-1824: n. 450; 1834: n. 426; 1843-1858: n. 703; 1872-1907: n. 23; 1910-1996: n. 22.

BIBLIOGRAFÍA: Bettini, 1936, pp. 143-144 (Jacopo); Berenson, 1957, I, p. 23 (Leandro); Arslan 1960, I, p. 170 (Jacopo y Leandro joven); Rearick, 1968, pp. 244-245 (Jacopo y Francesco con retoque de Tiziano); Wethey, 1969, I, n. X-2; Angulo, 1979, p. 224; Rearick, 1992, pp. CXLI (Jacopo con colaboración de Francesco y Giambattista).

Se trata de la primera aproximación de Jacopo a este pasaje del *Génesis, 6. 20* y la única en la que es tratado de forma autónoma y no como parte de un ciclo con la historia de Noé[2]. Jacopo fue respetuoso con el relato bíblico en el número de personas que se salvaron: Noé, su mujer, y sus tres hijos Sem, Cam y Jafet con sus esposas, pero se tomó licencias en la representación de los animales. De algunos, como los perros, corderos y vacas, incluyó más de dos ejemplares, y tampoco respetó la prioridad de los leones al entrar en el Arca, al precederles un águila y un jabalí. La verosimilitud en la representación de los animales varía mucho dependiendo si le eran familiares o extraños, siendo muy llamativo su desconocimiento de la fisonomía de la leona, a la que mostró con melena como un león. La utilización de una rampa para acceder al Arca, habitual en Biblias ilustradas desde 1480, permitía visualizar mejor la completa variedad de especies congregadas en torno a ella. Rearick ha señalado la existencia de numerosos diseños preparatorios para los animales en Florencia (Gabinetto Disegni e Stampe degli Uffizi) y Berlín (Staatliche Museen Preussischer Kulturbesitz), siendo bastante plausible la identificación como tal de uno con una pareja de conejos (Uffizi, inv. 811)[3]. Noé y su familia adoptan en la pintura papeles diversos, y mientras los gestos del patriarca reflejan su misión como receptor y ejecutor de las órdenes de Yavhé, cuya presencia sólo se intuye, sus familiares aparecen concentrados en sus tareas y ajenos a cualquier manifestación divina[4].

Aún concediendo a Jacopo la paternidad de la invención y gran parte de la ejecución, Rearick percibía la participación de Francesco y Giambattista, circunstancia factible dada la forma de trabajo de la "bottega" y el tamaño del lienzo, aunque éste presente un acabado uniforme y armó-

DOSSO DOSSI, *Entrada de los animales en el Arca,* h. 1510, Providence, Rhode Island School of Design.

---

[1] Ver ensayo previo. La documentación de la venta fue publicada por HARRIS, 1980, p. 564.

[2] Probablemente existieran otras versiones de Jacopo, como la que vio Boschini en la colección Bonfadini de Venecia; BOSCHINI, 1660, pp. 315-317.

[3] REARICK, 1992, p. CXLI.

[4] La figura de Noé, pequeña pero imponente como la definió Rearick, fue transformada poco después en Abraham por Jacopo en un *Viaje de Abraham* (Montreal, colección privada).

nico. Algunos elementos de la composición, como la mujer que acoge al primer animal llegado al Arca, fueron retomados por la "bottega" en una mediocre versión posterior (Venecia, Palazzo Ducale).

El único precedente al tratamiento dado por Jacopo a este pasaje lo proporciona Dosso Dossi en su *Entrada de los animales en el Arca* de hacia 1510 (Providence, Rhode Island School of Design). Los dos coinciden en su gusto por lo anecdótico, aunque Dosso fue más allá en sus licencias transformando la escena en un concierto campestre. No por causalidad, ambos pintores fueron juzgados de forma similar por sus contemporáneos, pues también Dossi fue celebrado por sus gratos paisajes poblados de campesinos desarrollando actividades cotidianas[5].

La idea, mantenida hasta fecha reciente, de que Tiziano adquirió esta pintura para Carlos V, partía de una curiosa asociación de ideas. En 1648, Ridolfi señaló que Tiziano había comprado a Jacopo un cuadro con esta temática por 25 escudos[6], y puesto que la única versión autógrafa conservada es la del Museo del Prado y procede de la antigua colección real española, pareció lógico pensar que Tiziano la habría regalado a Carlos V, su más destacado patrón. Quien primero lo afirmó fue Eusebi en 1824[7], y a él han seguido numerosos historiadores. Sabemos sin embargo que el cuadro ingresó en la colección real por otro conducto, probablemente adquirido a Crescenzi en 1634, y siempre en el reinado de Felipe IV[8].

[5] Así lo hizo Paulo Giovio en 1527; BROWN, 1999, p. 105.
[6] RIDOLFI, 1648, p. 391.
[7] EUSEBI, 1824, p. 42.
[8] Ver en este catálogo mi ensayo sobre la fortuna de los Bassano en la España del Siglo de Oro.

10 TALLER DE BASSANO
Noé después del Diluvio
Óleo sobre lienzo, 80 × 113 cm
Museo Nacional del Prado, n. 23

INSCRIPCIONES: "610" en rojo en el ángulo inferior izquierdo.

PROCEDENCIA: Colección Real. Se cita en la "pieza donde está pintada la noche" del Alcázar de Madrid en los inventarios de 1666, 1686 y 1700, y entre los cuadros salvados del incendio de 1734. En 1747 se inventaría en el Palacio del Buen Retiro un "Arca de Noé dando gracias en tierra original de Basan".

CATÁLOGOS E INVENTARIOS: 1821-1824: n. 321; 1834: n. 330; 1843-58: n. 610; 1872-1907: n. 24; 1910-1996: 23.

BIBLIOGRAFÍA: Madrazo 1872, p. 18 (Jacopo); Zottmann 1908; Bottineau 1956-1958, p. 294; Arslan 1960, p. 263 (Leandro joven); Pérez Sánchez 1965, p. 549; Angulo 1979, p. 225; Checa 1994, p. 298 (Jacopo); Falomir, 1997, pp. 172-174 (Leandro).

EXPOSICIONES: Barcelona, 1997-1998, n. 38.

Respecto a la *Entrada de los animales en el Arca*, asistimos al deslizamiento a un plano intermedio de los elementos iconográficos que identifican la pintura: Noé agradeciendo a Yavhé el fin del Diluvio con un sacrificio (*Génesis 8: 20-22*), y la aparición del Arco Iris como símbolo de paz entre Dios y los hombres (*Génesis 9:1-17*)[1], mientras en primer término se recrea, prolija en detalles, la tarea de reconstrucción emprendida tras la catástrofe, lo que permite al pintor incluir un buen número de figuras y situaciones cotidianas. Aun así, Noé conserva mayor protagonismo que en otras versiones del ciclo, como la del Palacio Arzobispal de Kromeriz (República Checa).

Aunque la pintura, de mediana calidad, se ha atribuido a Leandro, probablemente sea más adecuado adscribirla a la "bottega" paterna, al no percibirse en ella ni el mayor énfasis en el dibujo de Leandro, ni su gusto por una gama cromática fría y poco matizada. La obra deriva de modelos de Jacopo y Francesco de la década de 1570, aunque no sea tanto una copia de las versiones de Postdam o Kromeriz (aunque esté más próxima a la primera), como una yuxtaposición de elementos presentes en ambas. Las figuras más próximas al espectador acusan una factura distinta a las de Noé y las mujeres en segundo plano, no tanto por su acabado, cuanto por su distinta escala, siendo la del patriarca

JACOPO BASSANO,
Sacrificio de Noé,
(Postdam, Stiftung Schlösser
und Gärten Postdam-Sanssouci).

---

[1] "Refferenato il Cielo, cessate le tempeste & il furore de'venti, vedevasi Dio, che favellava con Noé, e per segno della pace fatta con l'huomo appariva nell'aere l'arco celeste, fregiato di più colori"; RIDOLFI, 1648, I, p. 391.

notablemente más estilizada. El tratamiento del paisaje remite sin embargo al de las Estaciones de Viena, y más aún al de su réplica en el Prado.

Aunque la pintura formaría parte de un ciclo con la historia del Diluvio, cuando entró en la colección real lo hizo en solitario. La gran demanda de estas obras debió generar una fluida circulación de las mismas que propiciaría la desmembración de las series, siendo habitual encontrar en los inventarios españoles del siglo XVII refe-

rencias a composiciones aisladas del ciclo de Noé, como el perdido *Diluvio* que regaló el Duque de Medina de las Torres a Felipe IV. Hubo no obstante series completas. En El Escorial colgaron dos en época de Felipe II: una original en la celda del Prior, y otra tenida ya entonces por copia en la "galería de la infanta"[2], y el Duque de Lerma era propietario de una en 1603 que, se ha sugerido, pudiera ser la misma que poseyó décadas más tarde el Conde de Monterrey[3].

[2] El Escorial conserva una de ellas en la actualidad, la copiada a tenor de su discretísima calidad; LUNA, 1971, pp. 323-336.

[3] SCHROTH, 1990, p. 91.

V
Imágenes del Paraíso

El Paraíso proporcionaba a Jacopo una excusa para, arropado por el el texto bíblico, desplegar su aclamada maestría en la representación de animales, y de hecho, así se interpretaron durante décadas estas obras. Pero los capítulos iniciales del *Génesis* le permitían reflexionar también sobre la relación del hombre con la Naturaleza, una relación que discurría paralela a la historia de su caída y redención a través del trabajo y el sacrificio, y que fue un tema recurrente en Jacopo, presente también en las pinturas del ciclo de Noé o en los Viajes del Antiguo Testamento. En el *Génesis*, la relación del hombre con los animales es jerárquica y está marcada por la subordinación de éstos hacia aquel; superioridad que quedó reafirmada cuando obtuvo el privilegio de dar nombre a los animales, acto que El Aretino asimilaba al bautismo en *Il Genesi* (Venecia, 1538), y que otorga otra dimensión al despliegue animalístico presente en estas obras.

JACOPO Y FRANCESCO BASSANO,
La reconversión de Adán (detalle).

11 JACOPO Y FRANCESCO BASSANO

La reconvención de Adán
Óleo sobre lienzo, 191 × 287 cm
Museo Nacional del Prado, n. 21

INSCRIPCIONES: "673" en rojo ángulo inferior izquierdo.
PROCEDENCIA: Colección Real. Se cita por primera vez en el inventario del Alcázar de Madrid de 1636, en la "Pieça en que su magestad come en el quarto bajo"[1], especificándose que lo había regalado el príncipe Filiberto de Saboya a Felipe IV[2]. Se documenta en 1772 en el Palacio Real Nuevo en la "antecámara de S. M.", de donde pasó en 1794 al dormitorio del rey.
CATÁLOGOS E INVENTARIOS: 1821-1824: n. 383; 1834: n. 400; 1843-58: n. 673; 1872-1907: n. 22; 1910-1996, n. 21.
BIBLIOGRAFÍA: Frohlich-Bume, 1932 (Leandro posterior a 1592); Arslan, 1960, I, p. 170 (Jacopo y ayudantes); Heinemann (comunicación oral, 17/X/1973: Francesco), Angulo, 1979, p. 225 (Jacopo).

"Abriéronse los ojos de ambos, y viendo que estaban desnudos, cosieron unas hojas de higuera y se hicieron unos ceñidores. Oyeron a Yavhé Dios, que se paseaba por el jardín al fresco del día, y se escondieron de Yavhé Dios el hombre y su mujer, en medio de la arboleda del jardín. Pero llamó Yavhé Dios al hombre, diciendo ¿Dónde estás? Y éste contestó: Te he oído en el jardín, y temeroso, porque estaba desnudo, me escondí. ¿Y quien, le dijo, te ha hecho saber que estabas desnudo? ¿Es que has comido del árbol que te prohibí comer? Y dijo el hombre: la mujer que me diste por compañera me dio de él y comí" *(Génesis, 3: 7-19)*.

Sorprende que un pasaje de tanta trascendencia apenas cuente con representaciones pictóricas, abundantes sin embargo para el momento inmediatamente posterior de la expulsión del Paraíso. Tampoco la "bottega" Bassano lo frecuentó pese a prestarse a la exhibición de su maestría en la representación de animales, siendo ésta la única versión conocida[3]. Jacopo recreó convincentemente el momento en que Yavhé descubría la desobediencia del hombre, que acarrearía su expulsión del Paraíso. Ajustándose con fidelidad al texto, reprodujo el diálogo entre Yavhé y Adán recogido en los versículos 9-11. Adán aparece así con su ceñidor de hojas de higuera cubriéndole el pubis y Eva semioculta tras un árbol, tomándose como única libertad la ubicación celeste de Yavhé (la Biblia afirma que paseaba por el jardín), sumamente eficaz para subrayar la caída del hombre y la distancia, no sólo física, que se abría entre Dios y Adán.

La atribución de la pintura a Jacopo debe ser revisada en beneficio de una participación mayoritaria de Francesco, limitándose la paterna a la invención de la composición y al retoque de las figuras principales, sobre todo la de Adán. La gama de color fría y la pincelada más lineal y menos desecha son ajenas a Jacopo y más propias de Francesco en los años finales de la década de 1570. La diferente calidad en el tratamiento de los animales es también notoria, bastando para ello comparar los corderos con los presentes en la *Entrada de los animales en el Arca* (catálogo exposición n. 9).

Se ignora cómo adquirió Filiberto esta pintura, pero consta la temprana afición de los Saboya por Bassano. Ya Ridolfi citó al Duque Carlo, padre de Filiberto, entre los clientes de Francesco[4], y sabemos que durante su estancia en Venecia en 1582 compró al pintor tres obras: un *Mercado*, el *Rapto de las Sabinas* y la *Fragua de Vulcano*, conservadas en la Galleria Sabauda de Turín[5].

[1] "Un lienço del Basan, de quatro baras de largo, poco más o menos, con moldura dorada y negra, en que está la Creación del mundo y en lo alto Dios Padre y al lado derecho del quadro Eba asentada junto a un árbol y Adán de pie como espantado. Este lienço dejó a su magestad el Príncipe Filiberto quando murió, trajéronlo de Sicilia"; INVENTARIO 1636, cito por versión mecanografiada en biblioteca del Museo del Prado.

[2] Manuel Filiberto de Saboya (1588-1624), hijo de Carlos Manuel, Duque de Saboya, y Catalina Micaela, hija de Felipe II, fue primo de Felipe IV, que lo nombró en 1621 virrey de Sicilia; LA ROCA, 1940.

[3] Jacopo sí representó, al menos en dos ocasiones, a Adán y Eva en el Paraíso tras haber comido la manzana, en sendas obras conservadas en la Galleria Pitti de Florencia y la Doria Pamphilj de Roma.

[4] RIDOLFI, 1648, I, p. 408.

[5] BAVA, 1995, pp. 212-219.

12 TALLER DE BASSANO

El Paraíso Terrenal
Óleo sobre lienzo, 144 × 186 cm
Museo Nacional del Prado, n. 6.164, en depósito en la Embajada de España en París por Real Orden de 29 de abril de 1882

INSCRIPCIONES: "773" en rojo y "876" en blanco en el ángulo inferior izquierdo. Flor de lis en el ángulo inferior derecho.
PROCEDENCIA: Colección Real. Se inventaría por primera vez en 1746 en La Granja entre las pinturas de Isabel de Farnesio[1], donde seguía
en 1794.
CATÁLOGOS E INVENTARIOS: 1834: n. 590; 1843-1858: n. 773; 1872-1907; n. 21; 1996: 6.164.

Se trata de una pintura de muy discreta calidad para cuya realización se recurriría a varios de los "ricordi" que atesoraba la "bottega" familiar, y por citar sólo un referente cercano, el caballo y la pareja de perros a la derecha repiten puntualmente los que aparecen en similar posición en la *Reconvención de Adán* (cat. expo. n. 11) Esta yuxtaposición de modelos explica los notorios problemas de escala que afloran en la representación de los animales, como sucede con la liebre y la pareja de leones en la lejanía, de tamaño prácticamente similar.

A diferencia de la *Reconvención de Adán*, el *Adán y Eva* de la Galleria Pitti de Florencia de hacia 1562, y el *Paraíso Terrestre* de 1570-1575 (Roma, Galleria Doria Pamphilj), la obra que comentamos recrea el Paraíso antes del episodio de la manzana, como delataría el hecho que Adán y Eva aparezcan todavía desnudos. Se trata de un Paraíso idílico

TALLER DE BASSANO,
Paraíso terrenal (detalle).

[1] "Otra de lienzo de mano del Bassano la creación del mundo con Adán en compañía de Eva en cuya presencia están todos los animales de cinco pies y dos dedos de alto y seis y diez de ancho", INVENTARIO 1746, cito por versión mecanografiada en biblioteca del Museo del Prado.

y en calma presidido por un Dios complacido donde conviven en armonía el hombre y los animales.

En la Embajada de España en París se conserva una discreta réplica de esta pintura con escasas variantes: *Adán y Eva* (óleo sobre lienzo, 96 × 110 cm; Museo Nacional del Prado, n. 6.169), procedente también de la colección real. Dada su deficiente calidad, fue inventariada como copia en el Buen Retiro en 1701[2], aunque más bien parece un discretísimo producto de taller.

---

[2] "Otra de vara y tercia de largo y vara y quarta de alto con la creación del mundo y el paraíso terrenal copia de Basan"; FERNÁNDEZ BAYTON, 1975.

VI
NOCTURNOS

Los "nocturnos" fueron considerados una aportación personal de Francesco[1] hasta que Ballarin replanteó la carrera de Jacopo posterior a 1580, restituyéndole obras antes tenidas por "bassanescas", analizando el fecundo intercambio entre padre e hijo, y concluyendo que también él realizó "notturni" al final de su vida[2], tal como habían afirmado contemporáneos suyos como Lorenzo Marucini (*Il Bassano*, Venecia, 1577), quien lo celebró como "inventore de vero dipinte delle noti in tela, e sopra le pietre negre di Verona"[3]. Jacopo no "inventó" la pintura de noche, que contaba con precedentes tan ilustres en la misma Venecia como Tiziano, ni fue el primero en emplear la pizarra, soporte utilizado por Sebastiano del Piombo varias décadas atrás, pero contribuyó sobremanera a su popularización, y ya en la década de 1570, Van Mander vio numerosos nocturnos sobre pizarra de Bassano en las tiendas de marchantes de Roma[4].

Los nocturnos disfrutaron de gran predicamento en el último tercio del siglo XVI, sobre todo en la Italia septentrional, por su capacidad para satisfacer distintos propósitos, desde la experimentación con focos de luz autónomos (velas, ascuas, tizones, etc.) a la exhibición de virtuosismo del pintor, sin olvidar sus evidentes posibilidades expresivas. De la importancia de la luz en el panorama artístico italiano se hizo eco Gian Paolo Lomazzo dedicándole el libro cuarto de su *Trattato dell'arte della pittura, scultura et archittetura* (1585). Hablaba Lomazzo de luces primarias y secundarias, y dentro de las primeras distinguía un "secondo lume primario", ejemplificado por *La Gloria* de Tiziano, "[…] quello che si fa (…) da diverse apparizioni d'angeli e simili", y un "terzo lume primario", "[…] quello che dai fuochi, lucerne, facelle, fornaci e simili nasce, mostrando intorno una certa quantità di lume alle genti, secondo la forza del fuoco; si come mostrò Ticiano intorno alla craticcia dove ardeva Santo Lorenzo", cuyo efecto describía: "Questo lume distribuisce (…) i suoi raggi e dilatazioni ora più da una parte, ora da un'altra, secondo cha la fiamma avampa e si ragira, come si vede ne i fuochi, et anco secondo la materia che arde, la quale si come può essere diversa, cosí diversa ancora farà la fiamma e consequentemente la luce più gagliarda e manco a l'occhio […]"[5].

Los nocturnos bassanescos, con sus rompimientos de Gloria, sus candelas, tizones y antorchas, participan tanto del "secondo" como del "tercero lume primario", pero responden también a una estrategia del pintor para dirigir la mirada del espectador. Un nocturno no oculta nada, pues personajes y objetos serían los mismos con más luz, pero quien lo ve se siente impelido a concentrar la atención en el área iluminada. El contraste entre luces y sombras otorga mayor relieve a las figuras, convirtiéndose en una recurso expresivo de primer orden[6].

---

[1] ARSLAN, 1960, I, pp. 193-196.

[2] BALLARIN, 1995, I, pp. 39-69 [1966-67]. A parecidas conclusiones llegó un año después REARICK, 1968, pp. 246-249, quien aportó la evidencia de un nocturno firmado conjuntamente por Jacopo y Francesco, *La visión de Joaquín* (Corsham Court, Lord Methuen).

[3] GOMBRICH, 1967, pp. 62-68.

[4] Cito por BALLARIN, 1995, I, p. 67.

[5] LOMAZZO, 1974, II, pp. 187-194. Las luces secundarias serían las producidas por reflejos.

[6] BERDINI, 1997, pp. 113-120.

13 JACOPO BASSANO
Adoración de los Pastores

Óleo sobre tabla, 60 × 49 cm (tiene añadidas dos franjas laterales, la izquierda de 3,3 cm; la derecha de 2,9 cm [donde aparece n. 162], lo que da una anchura original de 42,5 cm)
Madrid, Museo Nacional del Prado, n. 25

INSCRIPCIONES: Reverso "209"; en el frontal a la izquierda "686" en rojo y "162" a la derecha.
CATÁLOGOS E INVENTARIOS: 1821-1824: n. 345; 1834: n. 410; 1843-1858, n. 686; 1872-1907, n. 27; 1910-96, n. 25.
PROCEDENCIA: Fue comprada por el Conde Fuensaldaña en lnglaterra para Don Luis de Haro[1], y en 1688, a la muerte de su hijo el Marqués del Carpio, Carlos II la incorporó a la colección real, citándose ya en 1694 en el Alcázar de Madrid: "Una tabla del Nacimiento de Nuestro Señor, de dos tercias de alto y más de media bara de ancho; original de mano de Basán el Viejo, sin marco". En 1700 figuraba entre las "Pinturas colgadas en el mismo quarto vajo en el obrador de los pintores de Camara". Se inventaría en el Palacio Real Nuevo de Madrid en 1772.
BIBLIOGRAFÍA: Fröhlich Bume, 1948, p. 169 (Jacopo); Arslan, 1960, I, p. 351 (escuela de Francesco).

Se conocen dos versiones más de esta obra en Viena (Kunsthistorisches Museum, inv. n. 1581) y en colección particular en Padua. La primera ha estado atribuida tradicionalmente a Francesco, mientras la segunda fue adjudicada a Jacopo por Ballarin, quien la fechó hacia 1575. Para Ballarin, el ejemplar de Padua es el original del que derivarían las otras versiones y la primera *Adoración de los pastores* de Jacopo ambientada de noche, iniciándose con ella una secuencia que culminaría en la gran tela para San Giorgio Maggiore en Venecia. En esta obra de Padua hace su aparición la figura del pastor con las manos abiertas en señal de sorpresa ante la contemplación de Niño,

feliz creación de Jacopo que se tornará habitual en su producción tardía. La técnica de Jacopo realza la emotividad de la escena, al fijar sobre las anatomías de los pastores con breves y vibrantes toques de pincel los reflejos que emanan del Niño, única fuente de luz de la composición[2]. De estas características participa la excelente réplica del Museo del Prado, pintada sobre tabla y de menor tamaño que el ejemplar de Padua (90 × 55 cm). Pendiente de restauración, la pintura posee una calidad innegable, y aunque su "toque" sea menos conciso que el del original, no debería descartarse la participación de Jacopo en su ejecución.

---

[1] VERGARA, 1986, pp. 27-32.
[2] BALLARIN, 1995, I, pp. 356-357.

686.

162

14 TALLER DE BASSANO
Adoración de los pastores
Óleo sobre lienzo, 128 × 104 cm
Madrid, Museo Nacional del Prado n. 26

INSCRIPCIONES: Flor de lis blanca en ángulo inferior derecho; número "641" en rojo y "85 en blanco a la izquierda.
PROCEDENCIA: Colección Real. Se cita en 1746 entre los cuadros de Isabel de Farnesio en La Granja.
CATÁLOGOS E INVENTARIOS: 1834: n. 367; 1843-1858: n. 641; 1872-1907: n. 28; 1910-1996: n. 26.
BIBLIOGRAFÍA: Madrazo 1872, p. 19 (Jacopo); Berenson (comunicación oral, Jacopo), Arslan 1960, I, p. 219 (próxima a Francesco); Angulo 1975, pp. 225-226 (Jacopo); Falomir, 1997, pp. 166-168.
EXPOSICIÓN: Ingelheim, 1987; Barcelona, 1997-1998, n. 36.

Discreto producto de la "bottega" que ilustra un pasaje del nacimiento de Cristo (*Lucas 2: 8-20*) especialmente propicio a una ambientación nocturna. Se trata de una réplica, no de la *Adoración de los pastores* realizada hacia 1590 por Jacopo para San Giorgio Maggiore en Venecia como venía señalándose, sino de la obra de igual tema conservada en el Museo del Louvre (inv. 430), enteramente autógrafa de Jacopo y fechada hacia 1575[1]. La pintura del Prado toma de la del Louvre la composición general, la ambientación en un espacio donde conviven la humilde cabaña e imponentes restos de arquitectura clásica, y la distribución de los personajes, aunque algunos hayan mudado de posición (el Niño) o fisonomía (el pastor en posición más erguida). Los focos de luz son los mismos: el Niño, el rompimiento de Gloria, la vela y el pastorcillo soplando el tizón, aunque la réplica del Prado presenta una iluminación crepuscular ausente en el original parisino. El tamaño de las pinturas es prácticamente idéntico (la del Museo del Louvre mide 126 × 104 cm), lo que sugiere que para la realización de la del Prado se seguiría un "ricordo" de la obra original.

La comparación de esta obra con la anterior (catálogo n. 13) delata su menor calidad, pero también el empleo de una técnica distinta en su ejecución. Si en la de Jacopo el "toque" jugaba un papel determinante en la recreación del efecto de la luz en las anatomías animando sus superficies; en ésta, con una pincelada más larga y menos vibrante, la consecución de tales efectos se ha confiado únicamente al color.

Aunque la *Adoración de los pastores* entró en la colección real con Isabel de Farnesio, una obra bassanesca de similares características pero inferior calidad colgaba en el claustro pequeño de la iglesia antigua de El Escorial a finales del siglo XVI[2]. Allí debió verla Francisco Pacheco (1564-1644), quien al censurar en *El Arte de la Pintura* a quienes pintaban desnudo al Niño Jesús, ponía como ejemplo la *Adoración de los Pastores* de Juan de Roelas en la iglesia de la Compañía de Sevilla, donde "imitando al Basán", mostró a Jesús de esta manera[3]. Existe copia, probablemente española, de menor tamaño (80 × 105 cm) y deficiente calidad, en el convento de Madres Mecedarias de Don Juan de Alarcón en Madrid[4].

[1] HABERT, 1998, pp. 72-73.
[2] SIGÜENZA, 1605, p. 374, alaba esta obra "oscura".
[3] PACHECO, 1990, pp. 607-608.
[4] El convento conserva también una copia muy discreta de la *Presentación en el Templo* de Francesco Bassano en la Galería Nacional de Praga; CURROS Y ARES-GARCÍA GUTIÉRREZ, 1998, pp. 185-187 y 244-246.

641.

15 FRANCESCO BASSANO
Huida a Egipto
Óleo sobre lienzo, 86 × 71 cm
Madrid, Museo Nacional del Prado, n. 40

INSCRIPCIONES: Flor de lis de Isabel de Farnesio a la derecha; a la izquierda "744" en blanco y "656" en rojo.

PROCEDENCIA: Colección Real. Se cita emparejado con el anterior en La Granja en 1746, entre las pinturas de Isabel de Farnesio. En 1774 seguía en La Granja en "la tercera pieza de azulejos", donde permanecía en 1794 y 1814.

CATÁLOGOS E INVENTARIOS: 1834: n. 382; 1843-1858: n. 656; 1872-1907; n. 46; 1910-1996: n. 40.

BIBLIOGRAFÍA: Madrazo 1872, p. 27 (Leandro); Berenson, 1936 (Leandro); Arslan, 1960, I, p. 219 (próxima a Francesco); Pérez Sánchez 1965, p. 551 (Francesco); Heinemann, 1973 (comunicación oral, Girolamo); Angulo, 1979, p. 226; Ballarín, 1995, p. 166 (Francesco); Falomir, 1997, p. 170.

EXPOSICIONES: Barcelona, 1997-1998, n. 37.

A diferencia de la adoración de los pastores, que el relato evangélico sitúa de noche, la ambientación nocturna de la huida de la Sagrada Familia a Egipto para eludir el infanticidio ordenado por Herodes fue responsabilidad del pintor, pues *Mateo 1: 13-15* narra que un ángel advirtió a San José mientras dormía del inminente peligro que se cernía sobre el Niño, pero no que la Sagrada Familia partiera de noche o prefiriera marchar a la puesta del sol. Pocos eran de hecho los precedentes pictóricos de *Huidas* nocturnas, y el mismo Jacopo había emplazado siempre de día la escena cuando se enfrentó al tema en décadas anteriores: Museo Cívico de Bassano del Grappa (1532-1537), Toledo Museum of Art en Ohio (1542), y Museo Norton Simon de Pasadena (1544-1545).

Aunque pendiente de restauración, la pintura posee una estimable calidad y parece plausible su adscripción a Francesco, autor según Ballarin de un diseño preparatorio conservado en el Louvre (Cabinet des dessins, n. 5.277).

744 656.

16 JACOPO BASSANO y TALLER
Anuncio a los pastores
Óleo sobre lienzo, 126 × 171 cm
Museo Nacional del Prado n. 24, en depósito en la Embajada de España en Buenos Aires por Orden Ministerial de 1931

PROCEDENCIA: Colección Real. En 1603 en poder del Duque de Lerma en Valladolid[1]. Pasó a la colección real en 1607 al adquirir Felipe III a su valido la Quinta Real de La Ribera, en cuyo tercer aposento se cita "[...] un lienço de dos baras y media pintado, quando apareçió El ángel a los pastores, guarneçido es de Basan original".
CATÁLOGOS E INVENTARIOS: 1821-1824: n. 476; 1834: n. 363; 1843-1858: n. 838; 1872-1907: n. 26; 1910-1996, n. 24.
BIBLIOGRAFÍA: Von Barghahn, 1986, II, p. 281; Rearick, 1992, p. CLXVIII, n. 326 (Leandro).

Se conservan unas 28 versiones de diferente calidad de esta composición, que también fue grabada por Jan Sadeler hacia 1595[2]. Que ninguna esté firmada por Jacopo (aunque sí por Francesco y Leandro), hizo pensar que no era invención suya. Existe sin embargo una excelente versión en Praga (Närodní Galerie, inv. o 9026) que, aunque no está firmada por Jacopo, fue pintada por él hacia 1575. Esta cronología convierte a *El anuncio a los pastores* en uno de los primeros nocturnos de Jacopo. Debió ser también uno de los más aclamados, como revelaría el número de réplicas conservadas o que Van Mander lo citase expresamente al hablar de los nocturnos de Jacopo que vio en Roma entre 1574 y 1576[3].

La pintura del Prado, cuya notable calidad no permite excluir totalmente la participación de Jacopo, repite puntualmente la composición de Praga, con la que coincide incluso en dimensiones (126 × 175 cm).

JACOPO BASSANO, *Anuncio a los pastores*, h. 1575 (Praga, Návodní Galerie)

JACOPO BASSANO y TALLER, *Anuncio a los pastores* (detalle),
Museo del Prado.

[1] SCHROTH, 1990, p. 142.
[2] PAN, 1992, pp. 21-22.
[3] VINCO DA SESO, 1992, pp. 149-150.

17 LEANDRO BASSANO
Coronación de espinas, c. 1590-1598
Óleo sobre pizarra, 54 × 49 cm
Museo Nacional del Prado, n. 41

INSCRIPCIONES: "717" y "9??"en rojo en ángulo inferior izquierdo, "88" en blanco en ángulo inferior derecho.
PROCEDENCIA: Colección Real. Se cita en el inventario del Alcázar de Madrid a la muerte de Felipe II en 1598[1]. En 1636 figuraba en el "oratorio de su magestad del quarto bajo de verano"[2]; donde se cita de nuevo en 1666, 1686 y 1700. No vuelve a individualizarse hasta el inventario del Palacio del Buen Retiro de 1794.
CATÁLOGOS E INVENTARIOS: 1834: n. 460; 1843-1858: n. 717; 1872-1907: n. 47; 1910-1996: n. 41.
BIBLIOGRAFÍA: Arslan, 1960, p. 269; Pérez Sánchez, 1965, p. 552; Checa, 1994, p. 303; Falomir, 1998, p. 506.
EXPOSICIONES: Madrid, 1998, n. 157.

La composición deriva de un *Cristo incoronato di Spine* realizado por Jacopo Bassano hacia 1589-1590 (Roma, colección particular), en el que Ballarin percibe nítido el

JACOPO BASSANO, *Cristo coronado de espinas,* (Roma, colección particular)

influjo del *Cristo coronado de espinas* de Tiziano (Munich, Alte Pinakothek, inv. 2.272). La Galleria Sabauda de Turín conserva una réplica de la "bottega" realizada como la del Prado sobre pizarra.

La temática de la obra, que invita al creyente a meditar sobre la Pasión, su reducido tamaño, y el dramatismo que supo imprimirle su autor, aprovechando el color de la pizarra para ambientar la escena, apenas iluminada por una antorcha y un brasero, e incluyendo una lágrima prominente en la mejilla de Cristo, justifican su inclusión entre las "imágenes de devoción" que poseía Felipe II en el oratorio privado del Alcázar de Madrid. Se inventariaron entonces dos pinturas más sobre pizarra de similares características que había "presentado" al rey el escultor milanés afincado en España Pompeo Leoni: *Cristo camino del Calvario* y *Expulsión de los mercaderes del Templo.* Dadas las similitudes (idéntico tamaño y soporte y marcos de ébano), parece lógico suponer un mismo origen a todas ellas. Las tres estaban cubiertas por una cortina de tafetán, lo que permitía al soberano descubrir sólo la imagen ante la que quería orar en cada ocasión. Finalmente, el inventario advierte que, ya en época de Felipe II, la *Coronación* estaba "hendida y pegada", circunstancias aún visibles y razón por la que sólo se tasó en 50 ducados frente a los 100 de sus compañeras. Se constatan otros problemas de conservación, con pérdidas de pintura en ciertas áreas como el manto de Cristo o el rostro del sayón en la parte superior izquierda de la composición.

Otra coronación de espinas de factura bassanesca pintada sobre pizarra, de idéntico formato (54 × 49 cm)

---

[1] SÁNCHEZ CANTÓN, 1956-59, p. 27.
[2] "Una pintura al olio, sobre piedra negra, con moldura de evano que con ella tiene dos pies y quatro dedos de ancho poco más o menos, con algunas laborcillas de oro molido en la moldura; es la coronación de espinas, de mano de el Basán donde están en lo cerca un muchacho y un brasero de lumbre y en lo alto una lamparilla"; INVENTARIO 1636, cito por copia mecanografiada en biblioteca del Museo del Prado.

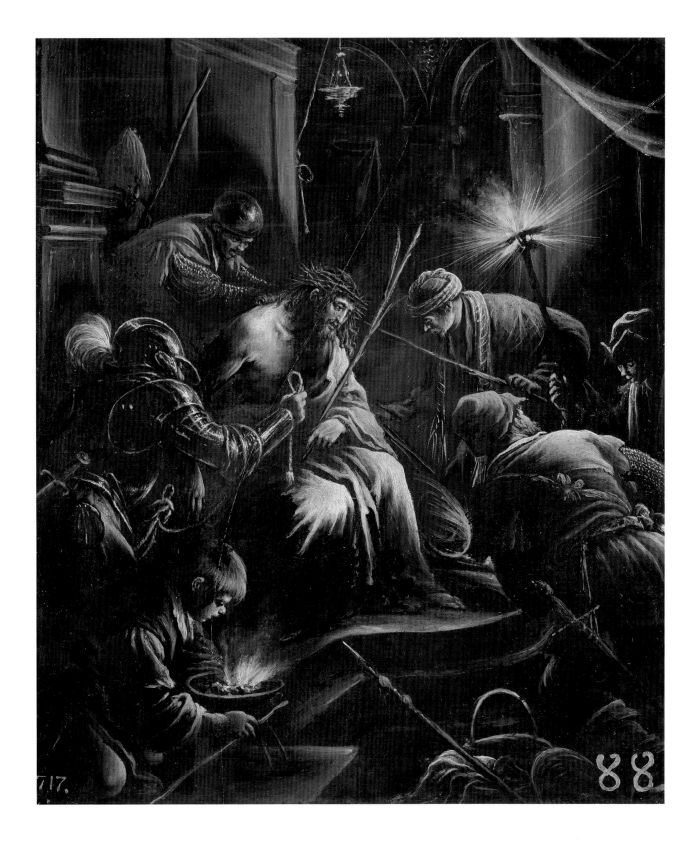

pero inferior calidad se conserva en El Escorial, y probablemente sea la citada por el Padre de los Santos en 1657 en la sacristía del Panteón. La composición está resuelta de modo similar y la arquitectura que enmarca la escena responde a un mismo modelo. La existencia de dos versiones de un mismo tema idénticas en formato y soporte constituye un perfecto ejemplo de la "industrialización" del obrador bassanesco.

VII
ESTACIONES

Las Estaciones conforman el segundo de los tres ciclos de cuatro lienzos salidos de la "bottega" Bassano en la década de 1570 junto al de Noé y el de los Elementos, y como éstos, conoció un éxito extraordinario generando múltiples réplicas. Entre 1580 y 1600, los inventarios de la magistratura veneciana del "Giudici di petizioni" citan cinco series de Estaciones y 35 más de "paesi e animali", y aunque silencian la autoría, no parece aventurado suponer que la mayoría debieron salir de los diferentes obradores de la familia Bassano[1].

Tal como lo concibió Jacopo hacia 1574-1575, el ciclo de las estaciones resultaba totalmente novedoso en el panorama italiano por no recurrir al lenguaje alegórico para su visualización, y ser la primera vez que no eran pintadas para un emplazamiento determinado. Al representarlas mediante paisajes poblados por personajes ocupados en las tareas propias de cada estación (como la caza y la recogida de flores en Primavera, la siega del trigo y el trasquilado de la lana en Verano, la siembra y la vendimia en el Otoño, o la poda y la reunión en torno al fuego en un Invierno nevado), Jacopo demostró conocer precedentes nórdicos, probablemente los grabados de Hieronymus Cock sobre diseños de Pieter Brueghel el Viejo y Hans Bol del año 1570[2].

En 1648, Ridolfi dejó una detallada descripción de cuatro lienzos con las Estaciones de Jacopo en la residencia del pintor y marchante veneciano Nicolò Renieri. Ridolfi añadía que la primera de estas series fue enviada por Jacopo a Venecia exponiéndose en la esquina de San Mosè, y que a ésta siguieron otras muchas[3]. La de más calidad, atribuida a Jacopo y Francesco, se conserva en el Kunsthistorisches Museum de Viena: *Primavera* (inv. 4.302) *Verano* (inv. 4.303) con idénticas medidas (78,5 × 110,5 cm), y *Otoño* (inv. 4.303) ligeramente menor (75,5 × 109 cm). El *Invierno* (inv. 2.869) prácticamente perdido y de peor calidad, se atribuye únicamente a Francesco y probablemente no perteneciera a la serie original.

Los lienzos de Viena incluyen en el paisaje pequeñas escenas bíblicas: la *Expulsión de Adán y Eva* en la *Primavera*; el *Sacrificio de Isaac* en el *Verano*; *Moisés recibiendo los mandamientos* en el *Otoño*, y *Cristo portando la cruz* en Invierno, ausentes en los descritos por Ridolfi en casa de Nicolò Renieri y en otras series tardías salidas de la "bottega" como la del Prado.

JACOPO y FRANCESCO, *Primavera,*
(Viena, Kunsthistorisches Museum n. 4.302)

JACOPO y FRANCESCO, *Verano,*
(Viena, Kunsthistorisches Museum n. 4.302)

[1] MASON, 1999, p. 559.
[2] AIKEMA, 1996, pp. 131-133; MASON, 1999, pp. 558-567.
[3] RIDOLFI, 1648, I, 398.

18 TALLER DE BASSANO
Primavera
Óleo sobre lienzo, 68 × 86 cm
Museo Nacional del Prado, n. 30

INSCRIPCIONES: "918" en rojo en ángulo inferior derecho.
CATÁLOGOS E INSCRIPCIONES: 1821-1824: n. 328; 1834: n. 356; 1843-1858: n. 918; 1972-1907: n. 33; 1910-1996: n. 30.
BIBLIOGRAFÍA: Berenson, 1932, 1936, 1957 (Jacopo); Arslan, I, p. 263 (muy próxima a Leandro); Ballarin, 1995, I, pp. 142-144 (Francesco).

19 TALLER DE BASSANO
Otoño
Óleo sobre lienzo, 76 × 92 cm
Museo Nacional del Prado, n. 3.917; en depósito en la Facultad de Ciencias Químicas Universidad Complutense de
Madrid por Real Orden del 15-VI-1883

INSCRIPCIONES: "600" en naranja en el ángulo inferior izquierdo.
CATÁLOGOS E INVENTARIOS: 1821-1824: n. 322; 1834: n. 331; 1843-58: n. 600; 1872-84: n. 34: 1910-1996: n. 3.917.
BIBLIOGRAFÍA: Pérez Sánchez, 1989, n. 203, p. 224.

20 TALLER DE BASSANO

Invierno
Óleo sobre lienzo, 79 × 95 cm
Museo Nacional del Prado, n. 31; en depósito en el Museo de San Telmo de San Sebastián por Orden Ministerial del 28 enero 1940

INSCRIPCIONES: "939" en rojo en ángulo inferior izquierdo.
CATÁLOGOS E INVENTAROS: 1834: n. 339; 1843-1858: n. 939; 1872-1907: n. 35; 1910-1996: n. 31.
BIBLIOGRAFÍA: Berenson, 1932, 1936 (Jacopo); Gaya Nuño, 1954, p. 108; Arslan,1960, I, p. 351 (Scuola di Jacopo); Pérez Sánchez, 1965, p. 550 (Leandro); Ballarin, 1995, I, pp. 142-144 (Francesco).
PROCEDENCIA: Colección real. Los inventarios reales registran desde inicios del siglo XVII varias series de Estaciones atribuidas a los Bassano o catalogadas como copias suyas. En 1607 se citan en la Quinta Real de la Ribera en Valladolid copias de los "cuatro tiempos del año" y de dos estaciones más sin especificar. En 1666, 1686 y 1700 se inventarían en el Alcázar de Madrid "tres tiempos del año" de aproximadamente media vara de alto y tres cuartos de ancho. En 1701 colgaba en el Buen Retiro otra serie de mayor tamaño integrada por la *Primavera*, el *Verano* y el *Otoño* (177 × 110 cm aproximadamente). A estos conjuntos hay que añadir otro de discreta factura que ingresó en la colección real con Isabel de Farnesio y que todavía se conserva en la Granja. Los cuadros del Prado deben ser los que colgaban en el Alcázar, inventariados en el Palacio Real Nuevo de Madrid desde 1747 con medidas ligeramente menores a las dadas en el siglo XVII pero más ajustadas a las de las obras conservadas ("mas de vara de largo y algo menos de vara de cayda"). Vuelven a citarse en Palacio en 1772 y 1794.

Las *Estaciones* del Prado derivan del ciclo vienés, del que toman la composición general y varias figuras concretas, como el joven cazador con tocado rojo en compañía de dos lebreles de la *Primavera*. Todas las escenas están presididas por el monumental Monte Grappa en la lejanía, lo que refuerza el carácter cíclico de la serie y permite visualizar mejor los cambios inherentes a cada estación. Las diferencias radican en su menor tamaño y en la ausencia de los pequeños episodios bíblicos en el paisaje, pero también en su inferior calidad. Si bien ambas series salieron de la "bottega", la vienesa fue ejecutada por Jacopo y Francesco, mientras en la de Madrid tal tarea correspondió a miembros menos dotados del obrador. Aunque el conjunto sea bastante efectista, son evidentes los defectos en el tratamiento de la anatomía de ciertos personajes, especialmente en las figuras femeninas agachadas.

VIII
Meses del Año y Signos Zodiacales

Aunque no se conserva un serie con los doce meses del año pintada por Jacopo, es posible que fuera él quien la concibiera. Al menos, a su muerte en 1592 se inventariaron en Bassano del Grappa bocetos de los doce meses de enero a diciembre (de algunos como Mayo o Junio dos distintos), y siete más de meses sin especificar, aunque como advierte Rearick, la "bottega" guardaba obra de todos los miembros de la familia. Ridolfi aludió en 1648 a una serie pintada por Jacopo para el emperador Rodolfo II, a quien agradaron tanto que ofreció al artista el puesto de pintor de corte. De Ridolfi parece deducirse que la serie debió ser realizada a mediados de la década de 1580, y se ha apuntado su posible identificación con una firmada por Leandro repartida entre Praga (Galería del Castillo) y Viena (Kuntshistorisches Museum)[1]. Los meses de Leandro, en los que Ballarin percibe el influjo de Paolo Fiammingo[2], incluyen sus correspondientes signos zodiacales, y como las Estaciones y los Elementos, están visualizados a través de escenas cotidianas propias de cada momento del año[3]. En realidad los meses son una simple extensión de las estaciones, muchos de cuyos elementos reutiliza, y como éstas, contaba con notables precedentes nórdicos.

La serie de meses/signos zodiacales del Museo del Prado, desconocida por los especialistas, está firmada por Francesco y adolece de los mismos problemas de conservación que la de Leandro (de hecho sólo quedan siete de los lienzos originales), pero proporciona valiosa información sobre la génesis del proyecto al delatar que varios meses de ambas series, como Mayo/Géminis u Octubre/Escorpión, derivan de una fuente común, probablemente aquellos esbozos inventariados en la "bottega" a la muerte de Jacopo[4].

[1] He seguido la identificación mes/signo zodiacal que recogen los antiguos inventarios reales españoles, en concreto los de 1701 y 1794 del Buen Retiro. Los historiadores han emparejado la serie de Leandro de forma distinta, empezando con Enero/Capicornio, y así sucesivamente.

[2] REARICK, 1992, p. CLXIII, n. 305.

[3] BALLARIN, 1995, I, pp. 35-36.

[4] AIKEMA, 1996, pp. 140-144.

FRANCESCO BASSANO
Diciembre/Capricornio
Óleo sobre lienzo, 153 × 248 cm
Museo Nacional del Prado n. 3.945, en depósito en Real Academia de Jurisprudencia y Legislación en Madrid por Real
Orden del 20-XII-1882

INSCRIPCIONES: Firma: "FRANCO/BASS. F", arriba a la derecha. "2559" en rojo en el ángulo inferior izquierdo, y "19-2" en el centro.

22 Francesco Bassano

Abril/Tauro

Óleo sobre lienzo, 153 × 248 cm

Museo Nacional del Prado n. 5.024; depositado en la Real Sociedad Económica Matritense de Amigos del País en Madrid por Real Orden del 24-IV-1883

INSCRIPCIONES: Firma: "FRANC BASS.IS F", en el borde de la mesa. "1899" en rojo en el centro.

23 FRANCESCO BASSANO
Mayo/Géminis
Óleo sobre lienzo, 152 × 245 cm
Museo Nacional del Prado n. 3.919; depositado en la Facultad de Ciencias Físicas de la Universidad Complutense de
Madrid por Real Orden del 15-VI-1883

INSCRIPCIONES: Firma: "FRANC. BASS. F.", en el borde de la mesa a la izquierda. "2528" en rojo y "555" en blanco en ángulo inferior
  izquierdo.
BIBLIOGRAFÍA: Pérez Sánchez, 1989, n. 817, p. 405.

24 Francesco Bassano
Junio/Cáncer
Óleo sobre lienzo, 146 × 240 cm
Museo Nacional del Prado n. 3.918, depositado en la Facultad de Ciencias Físicas de la Universidad Complutense de Madrid por Real Orden del 15-VI-1883

INSCRIPCIONES: Firma: "FRANC. BASS. PINGEBAT", sobre la puerta a la izquierda. "2527" en rojo y "1203" en blanco en ángulo inferior izquierda.

BIBLIOGRAFÍA: Pérez Sánchez, 1989, n. 818, p. 406.

25 FRANCESCO BASSANO

Julio/Leo

Óleo sobre lienzo, 153 × 245 cm

Museo Nacional del Prado n. 3.920, en depósito en la Facultad de Ciencias Físicas de la Universidad Complutense de
Madrid por Real Orden del 15-VI-1883

INSCRIPCIONES: "2542" en rojo y "700" en blanco en ángulo inferior izquierdo.

BIBLIOGRAFÍA: Pérez Sánchez, 1989, n. 820, p. 407.

26 FRANCESCO BASSANO
Septiembre/Libra
Óleo sobre lienzo, 153 × 246 cm
Museo Nacional del Prado n. 3.921; en depósito en la Facultad de Ciencias Físicas de la Universidad Complutense de
Madrid por Real Orden del 15-VI-1883

INSCRIPCIONES: Firma: "FRAC. BASS", en la cuba del ángulo inferior derecho. "2544" en rojo y "334" en blanco en ángulo inferior
izquierdo.

27 Francesco Bassano

Octubre/Escorpión

Óleo sobre lienzo, 153 × 246 cm

Museo Nacional del Prado, n. 3.944; depositado en la Real Academia de Jurisprudencia y Legislación en Madrid por Real Orden del 20-XII-1888

INSCRIPCIONES: Firma: "FRA...", centro a la derecha sobre una piedra.

PROCEDENCIA: Ferdinando I de Medici remitió a España en 1591 la serie completa con los doce meses, que fueron entregados al Duque de Lerma con anterioridad a 1603, cuando se inventarían en su poder en Valladolid[1]. En 1607 colgaban en la Quinta Real de la Ribera en Valladolid, pasando ese año a la colección real tras vender Lerma a Felipe III la Quinta, aunque para entonces uno había desaparecido. En 1635 debieron trasladarse junto a otras pinturas desde Valladolid al Palacio del Buen Retiro en Madrid, donde se citan once en 1701 y sólo nueve en 1794.

Tenemos constancia documental de la llegada a la corte española de estas pinturas en 1591, en uno de los periódicos envíos de regalos diplomáticos de Ferdinando I de Medici[2]. Más difícil es rastrear cómo las adquirió Ferdinando, coleccionista desde su época de cardenal de la pintura de Francesco Bassano, de quien poseyó varios ejemplares en Villa Medici en Roma. Sabemos también que, por agentes en Venecia como el obispo Annibale Rucellai, sabía de las evoluciones de los Bassano y del interés de Felipe II por ellos[3]. Por otra parte, Francesco gozaba de renombre en Florencia antes incluso de visitarla en compañía de Carletto Veronese poco antes de 1587[4]. El 25 de mayo de 1581 había escrito al patricio florentino Nicolò Gaddi (1537-1591) una carta que ha captado desde antiguo el interés de los especialistas por afirmar en ella que su padre "non disegna più, nè può operar molto con gli penelli si per la vista, come anco per esser di molti anni". Menos atención ha merecido el siguiente párrafo, donde anunciaba a Gaddi el envío de "dodici Mesi dell'anno" para adornar su palacio, lienzos de buen tamaño y grandes figuras "para mostrar l'arte a modo mio"[5]. La importancia de esta referencia es notable, pues Gaddi fue uno de los principales coleccionistas florentinos del siglo XVI y actuó también como intermediario artístico de Francesco y Ferdinando de Medici. Con estas credenciales, no parece arriesgado sugerir que Ferdinando pudo obtener los doce meses de Gaddi, suposición que avalarían tres hechos: que el del Prado sea el único ciclo de este tema realizado por Francesco Bassano, que los lienzos que lo integran sean de notable tamaño (150 × 245 cm aproximadamente), ajustándose a la descripción dada por Francesco en su carta, y sobre todo, que no se inventariasen entre las pinturas de Gaddi a su muerte en 1591[6]. Puesto que Gaddi se había desprendido de los meses con anterioridad a esa fecha, la misma en que llegaron a España, resulta razonable pensar que pudo haberlos vendido a Ferdinando de Medici.

Los avatares sufridos antes de su ingreso en el Museo del Prado, que redujeron el número de pinturas a siete, y su dispersión a finales del siglo XIX, explican las diferencias de formato y estado entre unos y otro (*Escorpión*, por ejemplo, está cortado en su parte superior y presenta serios problemas de conservación; mientras *Capricornio* tiene un añadido en el lateral izquierdo de 10 cm).

[1] SCHROTH, 1990, p. 163.

[2] GOLDBERG, 1996, pp. 535-536.

[3] Ibídem, p. 546.

[4] Probablemente fuera invitado por la Gran Duquesa Bianca Cappello. Francesco pintó entonces el *Martirio de Santa Catalina* (Florencia, Pitti) y el *Retrato de Francesco I* (Kassel, Gemäldegalerie). El prestigio de Francesco en Florencia y Roma fue ya señalado por Boschini en 1584; REARICK, 1992, p. CLXXXII, n. 376.

[5] BOTTARI-TICOZZI, 1822, 3, pp. 265-266.

[6] ACIDINI LUCHINAT, 1980, pp. 141-175.

IX
MITOLOGÍAS

El alejamiento de Venecia explica la escasa atención que Jacopo prestó a la mitología, uno de los temas más queridos por los coleccionistas de la ciudad. Sus escasas incursiones en esta temática coinciden con el traslado de Francesco y Leandro a Venecia y las demandas de una clientela acostumbrada a ella. A excepción de la primera redacción de la *Fragua de Vulcano* (catálogo 28), Jacopo se limitó a proporcionar diseños a sus hijos y, a veces, a retocar algunas figuras. El repertorio mitológico de Francesco y Leandro fue bastante reducido: *Fragua de Vulcano, Rapto de Europa, Hércules y Onfale, Muerte de Acteón, Rapto de las Sabinas,* u *Orfeo,* y en ningún momento constituyó una alternativa a sus productos tradicionales[1].

FRANCESCO BASSANO, *Fragua de Vulcano,* (Louvre, Paris, M.N.R. 258).

[1] REARICK, 1992, pp. CLXXX-CLXXXI.

28 JACOPO BASSANO
La fragua de Vulcano, h. 1577
Óleo sobre lienzo, 250 × 407 cm
Madrid, Museo Nacional del Prado, n. 5.263; en depósito en la Universidad Central de Barcelona

INSCRIPCIONES: "880" y "544" en el ángulo inferior izquierdo.
PROCEDENCIA: Colección Real, se inventaría en 1666, 1686 y 1700 en el Salón de los Espejos del Alcázar de Madrid. En 1734, se cita entre las "Pinturas que se llevaron a la casa donde vivió el Marqués de Bedmar". En 1747 se había trasladado al Buen Retiro, donde seguía en 1772 en el "salón de Coloma".
CATÁLOGOS E INVENTARIOS: 1821-1824: n. 461; 1834: n. 696; 1843-1858: n. 880; 1872-1882: n. 52.
BIBLIOGRAFÍA: Pérez Sánchez, 1965, pp. 136-137 (obra de taller, desconocida a Arslan); Alcolea, 1980, pp. 136-137 (Leandro); Ballarin, 1992, p. CXCVI (Jacopo).

Fue Ballarin quien descubrió en la Sala de Juntas de la Universidad de Barcelona, donde estaba depositada atribuida a un seguidor de Leandro Bassano, la que probablemente sea la mejor pintura de Jacopo en el Museo del Prado y una de sus más impresionantes obras tardías[1]. La pintura se antoja una refutación a escala monumental de la caracterización dada por Vasari de Jacopo en la segunda edición de sus *Vidas* (Florencia, 1568), donde lo tildó de pintor de animales y figuras pequeñas. La *Fragua*

es el fruto de una profunda meditación sobre la obra del último Tiziano, y basta la figura del joven ayudante de Vulcano situado a la izquierda de la fragua para ver en el anciano Jacopo al verdadero heredero de la pintura de manchas del cadorino.

Pocas pinturas ilustran mejor que ésta las diferencias entre Jacopo y sus colegas venecianos. A Jacopo no le interesó el tema por la ocasión que brindaba para demostrar el conocimiento del arte y la cultura clásica, y tampoco le

Radiografía, Museo del Prado, Gabinete Técnico.

[1] "Il telero di Barcellona è un grande capolavoro della vecchiaia di Jacopo, impressionante anche per le misure, che giace incompreso nella sala di Juntas dell'Università, dove il Museo del Prado lo ha depositato da un secolo. Una profonda riflessione su Tiziano e Tintoretto, evidentemente maturata nel corso di quest'anno, innestandosi sulla sua radicata inclinazione al dipingere il naturale, produce degli esiti che ora sembrano puntare su Rembrandt, ora su Chardin"; BALLARIN, 1992, p. CXCVI.

atrajeron sus posibilidades expresivas o su trasfondo eróti-co. Para Jacopo, que situó la escena en una herrería pobla-da de personajes ataviados de forma contemporánea (sólo Cupido nos advierte de su carácter mitológico), el tema era una excusa para, en torno a la fragua, realizar una exhibi-ción de cómo la luz modifica las texturas y calidades de las superficies sobre las que se proyecta, ya sean anatomías u objetos de cobre, acero, cristal o barro.

Se conocen varias versiones de este tema salidas de la "bottega" (una en el Museo del Prado)[2], siendo la de mayor calidad la conservada en el Museo del Louvre (inv. M.N.R., 258). De menor tamaño (137 × 191 cm), la versión parisina fue atribuida por Ballarin a Francesco Bassano, a quien se hacía responsable también de tres supuestos dibujos prepa-ratorios: en los Uffizi (n. 5.664), Louvre y uno vendido por Christie's Londres el 7 de julio de 1992 (n. 143). Ballarin fechaba la pintura del Louvre hacia 1577, cuando más intensa era la colaboración de Jacopo con su hijo mayor, inmediatamente antes que éste abandonara Bassano del Grappa para instalarse en Venecia[3]. El "descubrimiento" de la pintura del Prado obliga a reconsiderar algunos de estos juicios, al tener en ella al original del que derivan las res-tantes versiones, incluyendo la del Louvre. Ello no altera-ría la fecha propuesta de 1577, y de hecho, la ambientación de la escena, mitad interior, mitad exterior, remite a la de las "cocinas" contemporáneas, pero sí la valoración de los supuestos dibujos preparatorios, que o bien serían de Jaco-po, o "ricordi" de Francesco.

La radiografía de la pintura, realizada en el gabinete técnico del Museo del Prado, descubre los cambios intro-ducidos en su ejecución, localizados mayoritariamente en la mitad inferior de la composición. Las modificaciones afectan sobre todo al grupo de Cupido y el perro, situado originariamente un poco más arriba, y al joven contando monedas sobre una banqueta, que fue concebida en prin-cipio mirando a la derecha. Se perciben además pequeñas alteraciones en los contornos de Vulcano y el ayudante ves-tido de verde, y en la posición de una de las herramientas ante la banqueta. La comparación con la radiografía de la versión del Louvre permite apreciar las diferencias que sub-yacen bajo la superficie pictórica entre un original y una réplica. Más allá de la lógica inexistencia de modificacio-nes en la réplica, los cambios afloran en la técnica con que está pintada cada cual, pues mientras Jacopo aplicó directamen-te el color sin dibujo preliminar corrigiendo sobre la mar-cha, Francesco se limitó a trasladar al lienzo diseños previos.

Se desconoce la historia de la *Fragua* previa a su ingre-so en la colección real, pero el tema debió conocer cierta popularidad en España desde principios del siglo XVII. Lerma poseyó dos, una que se le inventariaba en Valladolid en 1603 de menor tamaño (unos 260 × 170 cm aproxima-damente), y otra comprada en 1608 en la almoneda del Duque de Peñaranda de la que desconocemos medidas y que bien pudiera ser la del Prado, pues otras pinturas de Bassano adquiridas por Lerma en dicha almoneda ingresa-ron en la colección real a mediados del siglo XVII, citándo-se por primera vez en el inventario de 1666, como la *Virgen en el cielo* (catálogo exposición 36). Fue Bottineau quien identificó esta *Fragua* con la que, atribuida a Bassano, col-gaba en el "Salón de los Espejos" del Alcázar de Madrid en 1666, pero al ignorar que estuviera depositada en Barcelo-na, creyó que había desaparecido tras el inventario del Museo del Prado de 1872[4]. En el "Salón de los Espejos", la *Fragua* se emparejó con *Cristo entre los doctores* de Paolo Veronese (Prado, n. 491), pinturas de difícil acomodación iconográfica/temática, lo que no ha impedido a Orso inter-pretar la que nos ocupa como: a) "Venus buscando las armas para Eneas", alusión a la necesidad del príncipe vir-tuoso de armarse espiritual y físicamente contra sus enemi-gos; o b) "Cupido y los Cíclopes forjan las flechas de Cupi-do", en cuyo caso, su vinculación con el cuadro de Veronese estribaría en el protagonismo de un niño entre adultos[5]. Sin menospreciar tales teorías, cabe recordar que el criterio más utilizado en el siglo XVII para emparejar pinturas era el tamaño, aspecto en el que la de Veronese (236 × 430 cm) y Bassano (250 × 407 cm) sí eran muy similares.

---

[2] *La Fragua de Vulcano* (catálogo n. 3.970), óleo sobre lienzo, 230 × 333 cm.
[3] HABERT, 1998, pp. 78-79.
[4] BOTTINEAU, 1958, p. 43.
[5] ORSO, pp. 101-102.

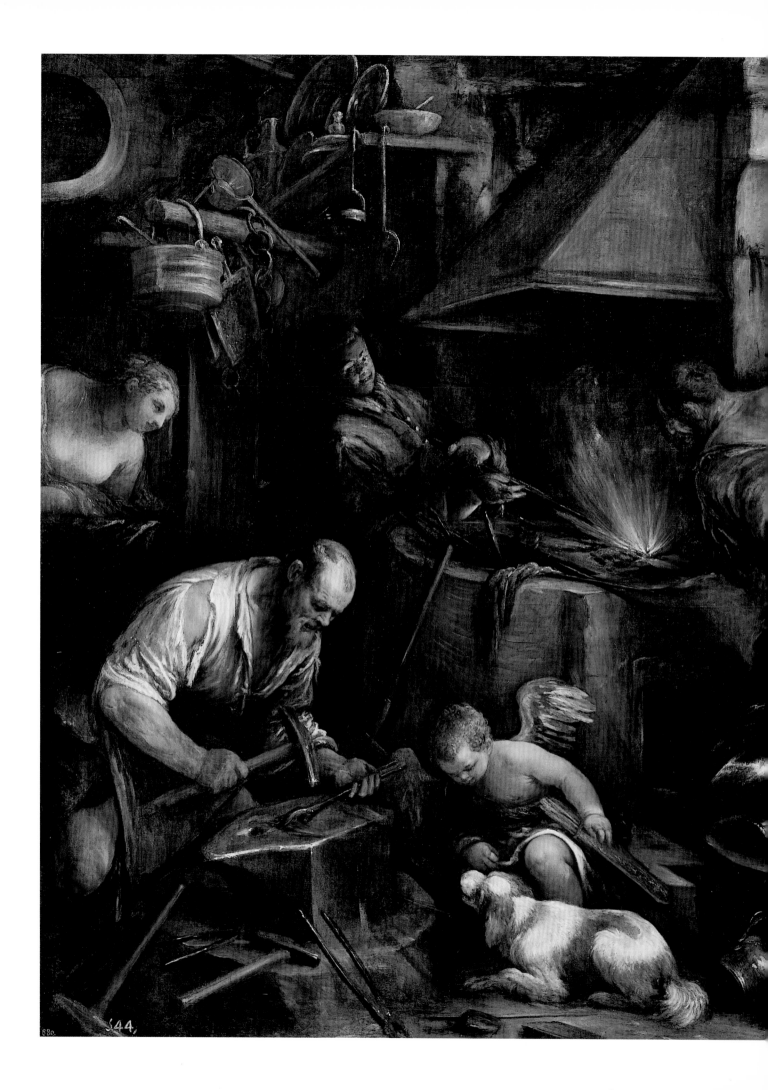

29 TALLER DE JACOPO BASSANO
La fragua de Vulcano
Óleo sobre lienzo, 154 × 212 cm (presenta añadido inferior de 10 cm, lo que daría una altura original de 144 cm)
Madrid, Museo Nacional del Prado, n. 5.120

PROCEDENCIA: Colección Real. Se cita en 1746 entre las pinturas de Isabel de Farnesio en el Palacio de La Granja, donde se inventaría de nuevo en 1774 como "oficina de calderero". En 1794 figura en Aranjuez en la "Pieza del juego". Depositado en el Museo Provincial de Burgos por Real Orden del 17 de agosto de 1882, regresó al Museo del Prado por Orden Ministerial de 21 de abril de 1986.

CATÁLOGOS E INVENTARIOS: 1834: n. 424; 1843-1858: n. 701; 1872: n. 51.
BIBLIOGRAFÍA: Berenson, 1957, p. 8.

Hacia 1576-1577 se fechan los Elementos, última de las series de cuatro lienzos ideadas por Jacopo tras la de Noé y las Estaciones. Se conocen tres series incompletas salidas de la "bottega" con distinta participación de Jacopo. De la original, con intervención predominante de Francesco, queda el *Aire* (Berlín, Kaiser Friederich Museum); de una posterior de 1578-1580, ejecutada mayoritariamente por Leandro, se conserva la *Tierra* (Baltimore, Walters art Gallery), y de la última, fechada hacia 1584-1585, sobreviven el *Agua* y el *Fuego* (Sarasota, The John and Mable Ringling Museum of Art). El *Fuego* incluye una doble representación de Vulcano: en primer plano trabajando en la fragua en compañía de Venus, Cupido y un ayudante, y en la parte superior surcando el cielo en un carro tirado por perros. El lienzo del Prado reproduce con bastante exactitud la composición de Sarasota, pero excluyendo el motivo de Vulcano en el carro.

Que los lienzos conservados de las tres series tengan todos una deidad surcando el cielo en la parte superior (Juno el *Aire*, Cibeles la *Tierra*, Vulcano el *Fuego* y Neptuno el *Agua*), y que dicho motivo falte en el del Prado,

JACOPO BASSANO, *El Fuego,* (Sarasota, The John and Mable Ringling Museum of Art).

142

sugiere que éste fue concebido como representación autónoma del episodio de Vulcano y no como parte de un ciclo de los cuatro elementos, convirtiéndose en la segunda aproximación de la "bottega" al tema tras la monumental versión anterior (catálogo exposición n. 28). La historia de la obra avalaría esta suposición, pues cuando entró en la colección real en la primera mitad del siglo XVIII, lo hizo aisladamente.

El deficiente estado de conservación de la pintura aconseja prudencia respecto a su autoría, aunque no resulta pertinente la atribución a Leandro que mantiene el catálogo del Museo. La pintura está más próxima al original de Sarasota, y en su ejecución debieron intervenir varios miembros de la "bottega", al apreciarse ciertas diferencias de calidad. Curiosamente, las figuras del Cupido y Vulcano, parecen más flojas que las restantes.

30 LEANDRO BASSANO

El rapto de Europa
Óleo sobre lienzo, 93 × 115 cm
Museo Nacional del Prado, n. 6.161. Depositado en París, en la Embajada de España, por Real Orden de 19 de abril de 1882

INSCRIPCIONES: "202" en blanco, en ángulo inferior izquierdo.
PROCEDENCIA: Colección Real. Se cita por primera vez en el inventario del Alcázar de Madrid de 1686 en la "Pieça consecutiva donde se vestía S. M."[1], donde seguía en 1700. En el Buen Retiro en 1772 en las "piezas de consulta de Muerte".
CATÁLOGOS EN INVENTARIOS: 1821-1824: n. 329; 1834: n. 340; 1843-58: n. 606; 1872-82: n. 54.

La inexistencia de una obra autógrafa de Jacopo hace pensar que la composición debió idearla Francesco a finales de la década de 1570, cuando adquirió mayor autonomía respecto a su padre y encontró en Venecia una clientela receptiva a esta temática. Se conocen dos versiones más: una en la Galleria degli Uffizi (inv. 6.219), y otra subastada en 1976 (London, Sotheby's, 12 mayo de 1976). La del Prado, como la de los Uffizi, se adscribe a Leandro, mientras la tercera se atribuye a Francesco, autor de dos dibujos preparatorios ilustrativos del modo como trabajaba la "bottega" familiar. El primero: *Mercurio con los ganados y el Rapto de Europa*, fue vendido por Christies el 2 de julio de 1993, y es un boceto preliminar en el que quedan esbozados los elementos básicos de la composición, como el número, distribución y escala de objetos y personajes. El paso siguiente, previo a la traslación de la figura al lienzo, lo ilustra un dibujo de Mercurio con los rasgos físicos y la indumentaria más perfilados (Florencia, Galleria degli Uffizi 13052F; 208 × 195 mm). La figura de Mercurio está cortada a la altura de la rodilla, allí donde en la pintura aparece un cordero[2], lo que advierte del modo como se yuxtaponían distintos dibujos a modo de "collage" hasta completar la composición. Aunque ambos diseños son afines a la pintura del Prado, existen ciertas diferencias. Respecto a Mercurio, y junto a pequeños cambios en la indumentaria, en la pintura adopta una posición más erguida. Del igual modo, el caduceo aparece en posición rígidamente vertical en la pintura, mientras en los dibujos está más en diagonal.

LEANDRO BASSANO, *El rapto de Europa* (detalle),
Museo del Prado.

---

[1] "Otro quadro de vara y quarta de largo y vara de ancho del robo de Europa de mano de Basán el mozo, marco dorado".
[2] NODARI, 1994, pp. 51-53.

X
Cenas del Nuevo Testamento

Las pinturas que recreaban episodios bíblicos en torno a una mesa (*Bodas de Caná, Última Cena, Cena de Emaús*, etc.) conocieron un éxito extraordinario en Venecia entre 1560 y 1575, de la mano principalmente de Paolo Veronese, quien gustaba de emplazarlas en vastos decorados arquitectónicos de inspiración palladiana, con multitud de personajes ataviados de forma contemporánea e incluso exótica, reservando a Cristo el eje de la composición. Este tratamiento de las "cenas" bíblicas estaba en sintonía con la estética del banquete público en Venecia, conocido por las descripciones de Francesco Sansovino. El interés por el arte de cocinar y servir la comida propició la aparición de tratados como *Il Maggiordomo* de Domenico Remoli (1560), donde el banquete se convertía en un ceremonial con reglas propias, celebrado en torno a mesas cubiertas de fina mantelería, atendido por criados capacitados, y servido en vajillas primorosas a unos comensales pertrechados con servilletas y cubiertos individuales, elementos todos presentes en las obras que comentamos a continuación, con detalles tan refinados como el joven escanciado vino en la *Última Cena*. Una interpretación tan profana de las "cenas" evangélicas despertó en 1573 el recelo del Santo Oficio, que pidió explicaciones a Veronese sobre la presencia de personajes ajenos al Evangelio como soldados alemanes o bufones en su *Cena en Casa de Leví*. Tras 1573 se percibe un tratamiento más austero de las "cenas", carentes del espectacular despliegue escenográfico anterior, y más respetuosas con el relato evangélico en la inclusión de acciones y personajes.

La estética del banquete pertenece a un ambiente refinado difícilmente asimilable en Bassano del Grappa, lo que explica que la producción tardía de Jacopo esté huérfana de este tipo de cenas y que éstas aparezcan precisamente tras el traslado de Francesco y Leandro a Venecia.

31 Francesco Bassano
Última Cena
Óleo sobre lienzo, 151 × 214 cm
Madrid, Museo Nacional del Prado, n. 34

INSCRIPCIONES: Firma (restaurada) en el pilar central: FRANC. BASS. FAC.
PROCEDENCIA: En 1746 en La Granja entre los cuadros de Isabel de Farnesio. En 1794 se inventaría en Aranjuez en la "Pieza del juego".
      En depósito en el Museo de San Sebastián entre 1940 y 1963.
CATÁLOGOS E INVENTARIOS: 1821-1824: n. 392; 1834: n. 401; 1843-58: n. 675; 1872-1907: n. 40; 1910-1996: n. 34.
BIBLIOGRAFÍA: Zottmann, 1908, pp. 52-53; Venturi, 1929, p. 1.270; Arslan, 1931, p. 230; Bettini, 1936, p. 146; Angulo, 1979, p. 230.

Aunque Bettini señalaba precedentes paternos, se trata de una interpretación personal de Francesco del pasaje evangélico. Se conocen tres versiones a él debidas, de las cuales la del Museo del Prado sería la última. La primera, fechada hacia 1585, fue subastada por Sotheby's Florencia en 1984, y de ella se conserva un dibujo preparatorio con las figuras del anciano barbado y el paje a la izquierda (Viena, Albertina, n. 1699), que Rearick puso en relación con el cuadro del Prado. La segunda fue pintada en 1586 para Santa María Maggiore en Bérgamo, y poco después, se ejecutó la del Prado[1]. Aceptando esta periodización, apenas se aprecian cambios en el tratamiento del tema más allá de los lógicos derivados de un formato apaisado u otro vertical. Respecto a la pintura de Santa Maria Maggiore[2], se repiten motivos y figuras puntualmente, pero la composición general es menos afortunada. En la realizada para la iglesia de Bérgamo, la disposición diagonal de la mesa, y con ella de los comensales, se integra perfectamente en el profundo escenario creado por una imponente arquitectura; una adecuación peor resuelta en la composición del Prado, menos dinámica y que adolece de cierta falta de espacio. El colorido poco matizado es el propio de las últimas obras de Francesco, cuando se hace evidente el influjo de su hermano Leandro.

JACOPO BASSANO, *Última Cena*, 1586
(Bergamo, Santa Maria Maggiora)

[1] NODARI, 1994, pp. 62-63.
[2] NORIS, 1987, p. 151.

32 LEANDRO BASSANO
Las bodas de Caná
Óleo sobre lienzo, 127 × 203 cm
Madrid, Museo Nacional del Prado, n. 6.985

INSCRIPCIONES: "932" en rojo en el ángulo inferior izquierdo.
PROCEDENCIA: Colección Real. Se cita en La Granja en 1746 entre las pinturas de Isabel de Farnesio[1]. De nuevo en La Granja "en el dormitorio" en 1774 y 1794. Tras ingresar en el Museo del Prado, estuvo depositada en el Museo de Bellas Artes de Bilbao entre 1913 (R.O., 31 del XII) y 1989.
CATÁLOGOS E INVENTARIOS: 1834: n. 752; 1843-1858: n. 932; 1910-1996: n. 6.985.

Existe una estampa de Pietro Monaco (1707-1772), editada por Guglielmo Zerletti en Venecia en 1763, que reproduce una pintura con las *Bodas de Caná* entonces atribuida a Jacopo en poder del abogado Giulio Crivellari[2]. En España, una composición homónima aunque de menor tamaño (112 × 84 cm aproximadamente), se

inventarió en 1711 entre los bienes del IX Duque de Medinaceli[3].

No se conserva el original, probablemente de Francesco, del que derivaría la composición, pero sí varias versiones con pequeñas variaciones: la del Museo del Louvre (152 × 214 cm), fue adscrita por Ballarin a la etapa juvenil

LEANDRO BASSANO,
Bodas de Caná,
(París, Museo del Louvre).

---

[1] "Otra en lienzo de mano del Bassano las Bodas de Caná quando Nuestro Señor convirtió el agua en vino de vara y media de alto y seis pies y seis dedos de ancho".
[2] PAN, 1992, p. 130.
[3] LLEÓ, 1989, p. 114.

de Leandro, cuando colaboraba con su padre en Bassano, aunque algunas figuras acusan una factura distinta[4]. Se conservan otras versiones muy similares a la del Louvre en Kromeriz y Vicenza (Museo Civico)[5]. El 2 de mayo de 1997, una cuarta versión (98,2 × 136,5 cm), más ajustada a la estampa y que según Rearick sería la original, fue subastada en Londres (Trafalgar Galleries). Este supuesto original y la versión de Vicenza presentan la peculiaridad iconográfica, única en la producción de Bassano y en el tratamiento de este episodio evangélico, de introducir

ángeles músicos tañendo laudes, acción que en la obra del Prado realiza un sirviente. La pintura del Prado es idéntica a la del Louvre, de la que sólo difiere por la supresión del cortinaje.

La inclusión de donantes junto a los personajes sacros, habitual desde el siglo XV en esta iconografía, sugiere que probablemente estemos ante una obra encargada con motivo de los esponsales de la pareja sentada a la derecha de la Virgen. El significado eucarístico de la Cena de Caná servía así para reafirmar el carácter sacramental del matrimonio.

[4] HABERT, 1998, pp. 84-85.

[5] ARSLAN, 1960, I, p. 273; se trataría de una de las mejores obras juveniles de Leandro (anterior a 1582), inspirada en una composición, probablemente de Francesco, hoy perdida.

XI
Retratos

33 LEANDRO BASSANO
Magistrado con un crucifijo
Óleo sobre lienzo, 98 × 80 cm
Madrid, Museo Nacional del Prado, n. 45

INSCRIPCIONES: "16" en rojo el ángulo derecho; "724" en blanco en ángulo inferior izquierdo.
PROCEDENCIA: Colección Real. Aunque probablemente entrara en ella a mediados del siglo XVII, la primera referencia segura se fecha en 1797, cuando colgaba en el Palacio Real Nuevo de Madrid.
CATÁLOGOS E INVENTARIOS: 1821-1824: ¿n. 480?[1]; 1843-1858: n. 724; 1872-1907: n. 53; 1910-1996: n. 45.
BIBLIOGRAFÍA: Berenson, 1932 (con dudas a Leandro); Arslan, 1960, I, p. 264 (Leandro); Montesa, 1967, p. 87; Pallucchini, 1981, I, p. 28 (Leandro).

[1] En el Catálogo de 1824, p. 45: "Retrato de un personaje con una pelliza y guantes en la mano. Dudoso".

Carlo Ridolfi inició en 1648 su biografía de Leandro Bassano alabando su talento para el retrato ("particolarmente eccellente ne'ritatti"), que le fue generosamente reconocido en vida y que le procuró su ennoblecimiento en 1595 por su *Retrato del Dux Marino Grimani* (Gresde Gemäldegalerie). Desde postulados iniciales próximos a Jacopo Tintoretto, Leandro evolucionó influido por modelos emilianos, principalmente de Bartolommeo Passeroti, hasta dar con un estilo propio en la última década del siglo XVI. Para Palluchini, este retrato delata el impacto de Passeroti, de quien Leandro tomó una mayor penetración naturalista y la ambientación del personaje en su entorno profesional. El del Museo del Prado, probablemente un magistrado, aparece ante un bufete con un crucifijo. El tapete que cubre el bufete delata el gusto de la época por los tejidos de Anatolia, presentes en otros retratos de Leandro como el *Caballero con la pluma en la mano* (Dresde, Gemäldegalerie).

Se ignora cuando entró este retrato en la colección real, posiblemente a mediados del siglo XVII y atribuido a Tiziano, pues ningún inventario de la misma recoge retratos atribuidos a los Bassano, a excepción de un "Cardenal vestido de púrpura" citado en Aranjuez en 1794. La primera referencia segura al retrato se fecha en 1797, cuando colgaba en el Palacio Real Nuevo de Madrid y fue incluido en una selección grabada de los mejores cuadros de la colección real. Tan extraña elección la explica la inscripción que figura al pie del grabado, por la que sabemos que se tenía entonces por un *Retrato de Tomás Moro* realizado por Tiziano: "*Tiziano Vecelli lo pintó León Bueno lo dibuxó Francisco Montaner lo grabó Md. 1797*"[2].

[2] *Estampas...*, 1984, n. 8, p. 30.

34 LEANDRO BASSANO
Retrato de Jacopo Bassano
Óleo sobre lienzo, 64 × 50 cm
Madrid, Museo Nacional del Prado, n. 32

INSCRIPCIONES: "841" en rojo en ángulo inferior izquierdo y "213" en rojo en ángulo inferior derecho.

PROCEDENCIA: Colección Real. Fue comprado por David Teniers en Inglaterra a instancias del Conde de Fuensaldañoa, quien probablemente lo entregara a Felipe IV[1], aunque no se individualiza en ningún inventario real posterior. Ingresó en el Museo en 1827 procedente del Palacio Real Nuevo.

CATÁLOGOS E INVENTARIOS: 1834: n. 657; 1843-1858: n. 841; 1872-1907: n. 36; 1910-1996: n. 32.

BIBLIOGRAFÍA: Ridolfi, 1648, II, p. 388; Madrazo, 1872, p. 22 (Jacopo); Allende-Salazar y Sánchez Cantón, 1919, pp. 94-95 (Jacopo o Leandro); Berenson 1957; Arslan 1960, I, p. 264 y 351 (seguidor de Leandro); Pérez Sánchez 1965, p. 550 (Leandro); Falomir, 1997, pp. 88-89 (Leandro).

EXPOSICIONES: Barcelona, 1997-1998, n. 12.

[1] VERGARA, 1986, pp. 27-32.

Aunque Boschini citaba en 1660 un *Autorretrato* de Jacopo Bassano en la colección Aromatario de Venecia[2], sólo se conservan réplicas atribuidas a Leandro. La del Museo del Prado es idéntica a la de la Galleria degli Uffizi

de Florencia (inv. 1825; a veces atribuido a Francesco), conociéndose una tercera versión muy similar a éstas pero de mayor interés iconográfico por mostrar al pintor con paleta, pinceles y demás instrumentos de su oficio (Viena, Kunsthistorisches Museum, n. 282).

La versiones de Madrid y Viena reflejan la imagen "oficial" de Jacopo, grabada por Giacomo Piccini e incluida por Carlo Ridolfi para ilustrar la biografía del pintor en *Le Maraviglie dell'arte* (Venecia, 1648)[3]. Resulta tan evidente el parecido con el último Tiziano de este Jacopo de edad avanzada, barba cana, pelliza y cabeza cubierta con un tocado negro, que habría que preguntarse hasta qué punto no imitó deliberadamente la imagen del pintor veneciano más célebre de su tiempo.

La inclusión de esta obra en una supuesta serie de retratos de pintores en la *Galería del Mediodía* del Alcázar de Madrid a mediados del siglo XVII carece de fundamento, pues ni resulta viable la identificación de los otros retratados con Veronese (Prado, n. 378), Marietta Robusti (Prado, n. 384), Paris Bordone (Prado n. 32) o Palma el Joven (Prado n. 375)[4], ni fueron reconocidos como tales en los inventarios de 1666, 1686 y 1700[5].

LEANDRO BASSANO, *Retrato de Jacopo Bassano,* (Viena, Kunsthistorisches Museum).

[2] BOSCHINI, 1660, pp. 314-315.
[3] PAN, 1992, pp. 61-62.
[4] ALLENDE SALAZAR-SÁNCHEZ CANTÓN, 1919, p. 99.
[5] La única de las galerías de estas características de la que tenemos constancia figuraba en la Biblioteca de El Escorial, donde junto a retratos, de santos, poetas, filósofos o emperadores, colgaban a principios del siglo XVII los de Miguel Ángel, Rafael, Leonardo, Tiziano, Durero, Tadeo Zuccaro, Bramante, Sofonisba y Lavinia Fontana; DE ANDRÉS, 1965, p. 156.

XII
OTROS TEMAS

35 Francesco Bassano
Adoración de los Magos
Óleo sobre lienzo, 86 × 71 cm
Madrid, Museo Nacional del Prado, n. 33

INSCRIPCIONES: Firma: "FRÂCESCO DA PONTE FAC.", en el segundo escalón; "43" en blanco y "654" en rojo en ángulo inferior izquierdo. Flor de lis blanca de Isabel de Farnesio en ángulo inferior derecho.

PROCEDENCIA: Colección Real. Se cita por primera vez en La Granja en 1746 entre las pinturas de Isabel de Farnesio[1]. De nuevo en la Granja en 1774 en la "tercera sala de los azulejos", donde seguía en 1794 y 1814.

CATÁLOGOS E INVENTARIOS: 1834: n. 380; 1843-1858, n. 654; 1872-1907, n. 39; 1910-1985, n. 33.

BIBLIOGRAFÍA: Arslan 1960, I, p. 219 (Francesco); Angulo, 1979, p. 230.

[1] "Dos en lienzo de mano del Bassano: la una la Adoración de los Reyes descubriéndose en lo alto la estrella que los guía un paje vuelto de espaldas y inmediato a él un perro que le mira. La otra la huida a Egipto nuestra señora sobre un jumento y un perro siguiendo a vara y dos dedos de alto tres quartas de ancho".

Versión "comprimida" y en formato vertical de la *Adoración de los Magos* de la Galleria Borghese de Roma (inv. 150), pintura de dudosa atribución que Arslan creía de Francesco y Rearick de Leandro, pero que Ballarín restituyó a Jacopo fechándola hacia 1576[2]. La menor calidad de la pintura del Prado, firmada por Francesco, avalaría las tesis de Ballarín. Se perciben además diferencias derivadas del menor tamaño de la versión del Prado (86 × 71 cm frente a 126 × 140), lo que obligó a Francesco a suprimir el espacio y los personajes entre el paje de Baltasar y el camellero a la izquierda, y en la posición del Niño, que Jacopo pintó mirando a María y Francesco prestando atención al ofrecimiento de Melchor. La mayor modificación estriba sin embargo en la acentuación por Francesco de la iluminación crepuscular, que acrecienta los contrastes entre unas figuras y otras, potenciando el grupo de la Virgen y el Niño.

[2] BALLARIN, 1992, p. CXCII.

36 FRANCESCO BASSANO
Virgen en el Cielo
Óleo sobre lienzo, 175 × 140 cm
Madrid, Museo Nacional del Prado, n. 43

INSCRIPCIONES: Número 877 en rojo en ángulo inferior izquierdo.

PROCEDENCIA: Colección del Duque de Peñaranda. Tras su muerte en 1608 lo compró el Duque de Lerma, en cuyo poder se cita en 1611[1], y 1617 en su celda del convento de San Blas en Lerma[2]. En fecha indeterminada ingresó en la Colección Real, inventariándose atribuida a "Vassan el moço" en la "Pieça donde comía su magd" del Alcázar de Madrid en 1666, 1686 y 1700. Tras el incendio del Alcázar en 1734, figura entre las "pinturas que se llevaron a la casa donde vivió el Marqués de Bedmar". En 1772 se cita en la "pieza Anteoratorio" del Buen Retiro, y en 1794, en la "pieza de paso al dormitorio" del Palacio Real Nuevo.

CATÁLOGOS E INVENTARIOS: 1834: 429; 1843-1858: 877; 1872-1907: n. 49; 1910-1996: n. 43.

BIBLIOGRAFÍA: Zottmann, 1908, p. 61; Berenson, 1932, 1936, 1957 (Leandro); Arslan, I, p. 219 (obra tardía de Francesco); Pérez Sánchez, 1965, p. 551.

[1] "[...] otra pintura de bassan de dos varas de la gloria que se compró en dicha almoneda [del Duque de Peñaranda] en ochenta ds"; SCHROTH, 1990, p. 300.

[2] "una pintura de una imagen, en lienzo, del Basan, que tiene encima a Dios padre, Nuestro Señor y Nuestra Señora, y debajo otros santos, y alrededor, en unos obalos, santos, con marco dorado"; CERVERA VERA, 1969, p. 117, n. 2.

Variación del cuadro pintado por Jacopo hacia 1580 para el altar mayor de la iglesia de los Capuchinos de Bas-

sano del Grappa (Museo Civico, inv. 18), obra gran tamaño (237 × 155 cm) con más de 50 figuras que constituye "una sorta di compendio di tutte le positure fatte da Jacopo Bassano per le sue opere"[3], y para la que se inspiró en *La Gloria* de Tiziano (Madrid, Museo del Prado n. 432), que conocería por la estampa de Cornelius Cort[4]. La composición fue adoptada varias veces por sus hijos. Francesco lo hizo en la Chiesa del Gesù de Roma[5], y Leandro en un *Juicio Final con Santos en el Paraíso* (Alabama, Birmingham Museum of art. 61.114)[6], del que se conoce una versión anterior (Londres, Trafalgar Galleries). Aunque partiendo del modelo paterno, Francesco y Leandro introdujeron cambios en la composición y en algunas figuras. La versión del Prado está más próxima a Francesco (su factura y su colorido más apagado la alejan por completo de las firmadas por Leandro), aunque su discreta calidad y sus desigualdades probablemente deban mucho a la intervención de ayudantes. Se trata de una simple reducción del original de Jacopo, destacando únicamente por la inclusión de un novedoso marco arquitectónico y el efecto de trampantojo creado por el libro sobre el alfeizar, que parece salir de la composición ofreciéndose al espectador.

Jacopo Bassano, *La gloria del paradiso,* h. 1580 (Bassano del Grappa, Museo Civico n. 18).

[3] Marini, 1992, p. 298.
[4] Rearick, 1992, p. CLXXIII.
[5] Arslan, 1960, II, n. 261.
[6] Firmado "LEANDER A PONTE BASS.EQUES F."; Steel, 1994, 90-95.

37 LEANDRO BASSANO
Embarco del Dux de Venecia
Óleo sobre lienzo, 200 × 597 cm
Madrid, Museo Nacional del Prado, n. 44

INSCRIPCIONES: Firma: LEANDER APONTE BASS.is AEQUES F.
PROCEDENCIA: Colección Real. En 1666 en el Alcázar de Madrid en la "Pieça inmediata que es donde come su magestad", donde seguía en 1686. En 1700 había sido trasladado a la "Pieza donde S. M. comía", y en 1734 se cita entre "las pinturas que se hallaron en las Bóvedas de palacio". En 1747 en el Palacio Real Nuevo de Madrid en la "tercera pieza", y en 1772 en el "cuarto del infante D. Antonio". Ingresó en el Museo en 1827.
CATÁLOGOS E INVENTARIOS: 1821-1824: 485; 1834, n. 724; 1843-58: n. 910; 1872-1907: 50; 1910-1996: n. 44.
BIBLIOGRAFÍA: Peltzer, 1924, p. 151 (con dudas Pozoserrato); Berenson, 1932, 1936, 1957 (Leandro); Menegazzi, 1957, p. 211 (Leandro); Arslan, I, pp. 263-264, (Leandro); Pérez Sánchez, 1965, pp. 548-549; Angulo 1979, p. 229.

Pintura también conocida como *Embarco del Dux en la Riva degli Schiavoni*, se fecha tras 1595, año en que Leandro fue ennoblecido, por hacer constar la firma su condición de caballero. En el siglo XVII llegaron a España dos obras de esta temática con características similares, hoy conservadas en el Museo Nacional del Prado y la Real Academia de Bellas Artes de San Fernando (n. 546). Ambas tuvieron como primer propietario conocido en España al Duque de Lerma y, dadas sus similitudes, el tamaño es el único criterio fiable para distinguirlas en la documentación antigua. La de la Real Academia de San Fernando, de menores dimensiones (209 × 362 cm), fue identificada por Pérez Sánchez con la inventariada en 1607 en el *Tercer aposento* de la Quinta Real de La Ribera en Valladolid: "Y más una pintura de la *plaça de Beneçia*, de tres baras y media de largo y dos de alto, guarnecido, original de Leandro Baçan", y con los *Desposorios del Dux con el mar* que figuró en la colección Godoy, de donde pasó a la Real Academia.

La del Museo del Prado probablemente sea la "[...] pintura grande de diez pies de alto y veintitrés de ancho [...]

LEANDRO BASSANO, *Embarco del Dux de Venecia* (detalle),
Museo del Prado.

LEANDRO BASSANO, *La Riba dei Schiavoni en Venecia,* (Madrid, Academia de San Fernando)

de las fiestas que se hacen en Venecia el día de San Marcos a la elección del dux", en poder de Lerma en 1611[1], de donde pasaría, como la *Virgen en el cielo* (catálogo 36) y otras obras de igual procedencia, a la colección real a mediados del siglo XVII, pues se cita en 1666 en la "Pieça inmediata que es donde come su magestad" del Alcázar de Madrid. Tras el incendio del edifico en 1734, debió pasar al Palacio del Buen Retiro, donde figuraba en 1794: "Una vista de la Señoría de Venecia de dos varas y tercia de alto y siete varas de largo"[2].

Las dos pinturas son de similar calidad y sus diferencias derivan del menor tamaño de la de la Real Academia, que obligó al pintor a comprimir la composición y suprimir algunos elementos, circunstancia que podría avalar la primacía cronológica de la del Prado. Las vistas de ciudades eran especialmente apreciadas por los coleccionistas españoles de principios del siglo XVII, tanto las de carácter topográfico como las que recreaban acontecimientos. En la tasación en 1618 de la colección del Cardenal Bernardo Sandoval y Rojas, Arzobispo de Toledo y tío del Duque de Lerma, la pintura más valorada fue precisamente una "[…] grande en que está pintada Venecia"[3].

[1] SCHROTH, 1990, pp. 303-304.
[2] INVENTARIO 1686, cito por copia mecanografiada en biblioteca del Museo del Prado.
[3] BURKE, 1984, I, p. 21.

THE BASSANOS AND NOAH'S ARK
PROLOGUE TO AN EXHIBITION

In the prologue to the second edition of his *Painting in Sixteenth-Century Venice. Titian, Veronese, Tintoretto* (1ST edition, 1982), published in 1997, David Rosand admitted he had considered the possibility of completely rewriting the book to include Jacopo Bassano "(...) one of the truly great painters of the late Renaissance"[1]. Rosand thus pondered the importance the painter has acquired over the past decade, particularly since the commemoration of the fourth centenary of his death in 1992[2]. The retrospective exhibition *Jacopo Bassano c. 1510-1592*, held successively at Bassano del Grappa (Museo Civico) and Fort Worth (Kimbell Art Museum) in 1992/93, was accompanied by other smaller but scientifically very interesting shows on prints[3] and documents[4], which have contributed to our knowledge of the painter's life and oeuvre[5]. Since then, incessant research has been conducted on Jacopo Bassano, and acclaimed specialists such as Ballarin, Rearick and Muraro, who have published conclusive contributions in recent years, have been joined by new generations of historians with different concerns. Jacopo's new found prestige has opened up unexpected doors to the painter, and perhaps nothing reflects his new status better than the fact that publishing houses of considerable academic prestige and international renown have produced two books on the religious background of his compositions[6]. This growing interest in Jacopo Bassano soon led his works to increase in value, and two of them, acquired by the National Gallery in Washington (*The Miraculous Draught of Fishes*) and the Kimbell Art Museum in Fort Worth (*Franciscan Friar*), were even included by the magazine *Apollo* among the best acquisitions of 1997[7]. That same year, the Louvre organised the exhibition *Bassano et ses fils dans les musées français* with the aim of reassessing the works of the Bassanos in French public collections in the light of the new historiographic developments; it has provided an effective model for the exhibition presented in this catalogue. Indeed, things have come a long way since 1957, when the first major exhibition on Jacopo Bassano (Venice, Palazzo Ducale) aroused scant interest from the public, as Rodolfo Pallucchini regretted, although it was acclaimed by critics[8].

[1] ROSAND, 1997, p. XIV.

[2] An excellent assessment of the activities commemorating the fourth centenary of the death of Jacopo Bassano in BORTOLOTTI, 1992, pp. 163-194.

[3] *Jacopo Bassano e l'incisione. La fortuna dell'arte bassanesca nella grafica di riproduzione dal XVI al XIX secolo*, Bassano del Grappa, Museo Civico, 1992.

[4] *La famiglia di Jacopo nei documenti d'archivio*, Bassano del Grappa, 1992.

[5] Of the publications listed in the bibliography, mention should be made of *Sulla tracce di Jacopo Bassano* (exhibition catalogue edited by L. Alberton Vinco da Sesso y V. Romani), Bassano del Grappa, 1994; and the interesting monographic issue of *Venezia Cinquecento*, 1999, IX, n. 18.

[6] AIKEMA, 1996; BERDINI, 1997.

[7] *Apollo*, December, 1997, pp. 9 and 10.

[8] PALLUCCHINI, 1958, pp. 97-118.

Now that Jacopo Bassano enjoys a sound reputation after experiencing periods of fortune and oblivion[9], it seemed appropriate to study the works by Jacopo and his sons at the Prado in greater depth. Specialists have not paid much attention to this large but varied set of works, probably because, as Lafuente Ferrari pointed out several decades ago, the institution that houses them has not always done so itself[10]. The relationship between Jacopo Bassano and the Museo del Prado has not been idyllic, largely because the museum opened when the artist's prestige was at its lowest. Although Jacopo Bassano has always drawn criticism, it became particularly intense during the latter third of the 18TH century and early decades of the 19TH century as classicism gained ground in artistic theory and practice. It was then that objections were raised regarding the weakness of his drawing and his inability to transcend reality and represent emotions, though these defects did not detract from his ever-acknowledged mastery of colour. Within this context, the Museo del Prado opened its doors in 1819, with thirteen paintings attributed to the Bassanos hanging in its galleries, according to the first catalogue, drawn up by Eusebi in 1821. Eusebi provides a good idea of the general feeling towards the Bassanos, which can be described as total indifference. In the 1824 edition of the catalogue, the first to include critical comments, Eusebi merely praised the "colorido admirable" of Francesco's *Last Supper* (catalogue 31). He was equally laconic in his *Ensayo sobre las diferentes escuelas de pintura* (Madrid, 1822), citing the Bassanos together with Veronese, Pordenone and Tintoretto as examples of those who "perpetuaron con sus obras el exquisito gusto del colorido peculiar de esta Escuela [Venetian]"[11]. Eusebi's lack of interest is less surprising if we bear in mind that he ended his *Ensayo* with a long chapter devoted to the classical ideal of beauty.

This indifference explains why, when the best paintings at the Escorial were moved to the Prado in 1839, none by the Bassanos was included in the first and main consignment, even though the monastery houses magnificent examples of their works. It was only in the second that José de Madrazo, the director of the Museum at the time, included the *Expulsion of the Merchants from the Temple* (catalogue 7), "Un Jacobo Basano muy estropeado, pero tan bello, tan ricamente colorido y tan animado, que estoy por decir que ha dejado atrás a Ticiano"[12]. Pedro de Madrazo included this and other new additions to the Prado's holdings in the 1842 *Catálogo de los cuadros del Museo del Prado*, which records a total of 27 works by the Bassano family: fifteen by Jacopo, four by Francesco and eight by Leandro. In the *Catálogo del Museo del Prado* (Madrid, 1872), Madrazo expanded Eusebi's definition of Jacopo Bassano, acknowledging the artist as "el iniciador de la pintura de género en Venecia", and praising his sense of colour, though confessing his displeasure at the finish of Bassano's works: "en su primera época manejó el color con gracia y con dulzura y con movimientos parmesanescos; mas luego su pincel, del todo emancipado, golpeó el lienzo con extraordinaria energía y llaneza, y a fuerza de naturalismo se hizo un tanto rústico, como las composiciones en que fatigaba. Así, pues, el toque de Bassano no es fino, pero sus colores, principalmente el verde y el carmesí, tienen un esmalte singular. También carece, como pintor de género, de la intención y chiste que hoy se busca como dote principal en los que le

[9] The critical fortune of the Bassanos in ARSLAN, 1969, I, pp. 295-323; also MARINI, 1992, pp. XLVIII-LV.

[10] After an epigraph entitled "Pintura bassanesca en el Prado", he wrote: "Se me permitirá que titule así este apartado; por singular paradoja, la pintura de los Bassano, que tanta aceptación tuvo en España y que habría de influir singularmente en la pintura posterior, concretamente en nuestra escuela, aunque no carece de representación en el Prado, no está suficientemente clasificada desde el punto de vista atribucionístico, y acaso el propio Museo tenga alguna responsabilidad en ello por no haber querido contribuir a la Mostra veneciana de Jacopo Bassano de 1957"; LAFUENTE, 1970, p. 199.

[11] EUSEBI, 1822, p. 16.

[12] MADRAZO, 1945, pp. 176-177.

cultivan"[13]. By that time, the Prado had come to house 36 Bassano paintings: sixteen by Jacopo, eight by Francesco, eleven by Leandro and one "próxima al estilo" of Leandro.

This increase in number failed to secure greater respect for their painting and indeed, with the exception of José de Madrazo's aforementioned enthusiasm for Jacopo's *Expulsion of the Merchants*, and the praise they earned from the Frenchman Louis Viardot[14], the overall impression is that the Bassanos were insignificant for 19TH century visitors to the Prado. Their presence in the Sala de la Reina Isabel, which housed the masterpieces of the collection, was symbolic and limited to the two versions of the *Expulsion of the Merchants* (catalogue 7 and 8), and *The Journey to the Promised Land* (catalogue 1). More significant than the number of works is the fact that they are mentioned in only one of the many descriptions of the galleries, the one given by Clément de Ris in 1859[15]. It is therefore hardly surprising that many of the Bassano paintings were included among the works the Museum began to distribute on a permanent loan basis to other institutions in the 1880s. Eighteen of their paintings were deposited at embassies, universities and other representative buildings between 1881 and 1883, and one each in 1913, 1915, 1941, 1940, 1944, 1951 and 1970. This phenomenon was reflected in the 1910 *Catálogo del Museo del Prado*; no record of the deposits appeared in the catalogue, and the number of paintings attributed to the Bassanos had dwindled to 24: ten by Jacopo, six by Francesco, and eight by Leandro. It is only since the 1960s that some of these deposited works have been retrieved, a process which is due to be completed shortly.

Given the circumstances described in the previous paragraphs, we should not be surprised at critics' lack of interest in the Prado's Bassanos[16]. Leaving aside foreign specialists such as Bettini, Arslan, Rearick and Ballarin, Spanish historiographers have scarcely paid any attention to them[17]. This exhibition is intended to fill this gap and pursues a three-fold aim. First, it sets out to show the Prado's Bassanos, which are little known and rarely studied (this is the first time many of them have been published in colour), appropriately, taking advantage of the occasion to restore them. It also attempts to compile a provisional catalogue of these works, although the difficulties inherent in dealing with the attributions of the vast "Bassanesque" production are aggravated in the case of the Prado's pictures because of the scarcity of specific bibliography. Lastly, the exhibition seeks to provide an answer to Bernard Aikema's question regarding the extent to which Spanish 17TH century naturalism is indebted to Venetian Renaissance painting and what the specific responsibility of the Bassanos was in this process[18]. The question has been approached from a more ambitious perspective that is not limited to naturalism, so as to examine the different aspects of the reception of the Bassanos' painting in Golden Age Spain, when the artists enjoyed the favour of public and collectors alike[19]. Despite the current lack of interest in the Bassanos, we should not forget that no Italian painter with the exception of Titian was so well represented in

[13] MADRAZO, 1872, p. 16.

[14] VIARDOT, *Les Musées d'Espagne, d'Anglaterre, de Belgique* (1843), cited in PORTÚS, 1994, p. 37.

[15] GEAL, "La sala de la Reina Isabel", *Boletín del Museo del Prado*, 37, 2001 (in press). My thanks to the author for allowing me to consult this work before its publication.

[16] The scant critical reception of the existing Bassano paintings in Spain dates back centuries, and Ridolfi, in his account of Jacopo's life, omitted to mention Philip II and the Spanish royal collection in connection with the princes who asked him for paintings and the galleries where they hung; RIDOLFI, 1648, I, pp. 399-400.

[17] Studies are in fact limited to the pages devoted to the Bassanos in the doctoral thesis of PÉREZ SÁNCHEZ, 1965, pp. 547-554, although owing to the chronological scope of his study, he mentions only the members of the family who worked in the 17TH century: Leandro and Gerolamo; and an article by LUNA, 1971, pp. 323-336.

[18] AIKEMA, 1996, p. 170.

[19] The best study about the "Bassano phenomenon" in the Spanish Golden Age in CHERRY, 1997, pp. 32-34.

the former royal collection. During that period, Bassano paintings were copied, imitated, collected, praised and even criticised, and for a quarter of a century, between 1590 and 1615, they were the perfect embodiment of pictorial modernity, which earned them the recognition of literati such as Lope de Vega and Suárez de Figueroa. Indeed, in a sense, in no other European country, not even Venice itself, did the Bassanos enjoy such prestige as they attained in 16TH and 17TH century Spain.

The *Animals Entering the Ark* (catalogue 9) is probably the best known and studied of the Prado's works by Jacopo Bassano, and one of the few that are always on display. Its popularity is greatly due to its high quality but, above all, to the fact that it epitomises all the features any spectator expects to find in a painting by Bassano: a vast natural setting, people performing everyday tasks, and a huge array of animals and objects depicted with purposeful realism. The metaphorical identification of Jacopo Bassano with a Noah who filled his canvases with as many animals as the patriarch did the ark has been a recurrent idea since the 16TH century. While criticism of such a simplistic description of his painting has never been lacking, it is unfortunately this idea which has prevailed and continues to do so among the general public, despite the efforts made by specialists in recent decades. To show the painting of the Bassanos as something more than a huge Noah's ark is the aim of this exhibition, which has been possible with the help of collaborators, relatives and friends. I would like to express my gratitude to Angel and Luisa Elena Alcalá, Jonathan Brown, Margarita Cuyás, John Elliott, Noelia García, Carmen García-Frías Checa, Jose Manuel Matilla, Javier Portús, Leticia Ruiz, Gracia Sánchez, Andrés Úbeda and Alejandro Vergara.

THE BASSANOS IN GOLDEN AGE SPAIN (1574-1746)

In his *Vitta del pittore Luca Giordano* (c. 1713-1721), Francesco Saverio Baldinucci narrates that when the painter arrived in Spain, he found Charles II painstakingly seeking a pendant for "un bellisimo quadro del Bassano" which hung in the Alcázar in Madrid. Eager to please the monarch, the following day Giordano purchased an old Venetian canvas of the same size from a merchant, painted it in the manner of Bassano and aged it artificially using a "mestura de filiggine stemperata a seconda d'un suo segreto". Then, with the help of a nobleman, he hung the painting next to the original and the whole court hailed it as a new Bassano, until Giordano himself confessed to the ruse, which merited him an effusive "Long live Don Luca Giordano!" from the Spanish monarch[1]. We do not know how much truth there is in Baldinucci's narrative, the purpose of which was to extol the virtues of Giordano as an emulator of the great masters, or how much of it is commonplace[2], for although the painter gave ample proof of his skill in this field during his sojourn in Spain, we lack examples or testimonies of paintings executed "a la manera de Bassano"[3]. Whatever the case, Baldinucci's account illustrates several of the themes addressed in this essay: the prestige the Bassanos attained in Golden Age Spain, their prominence in the royal collection, and the very ease with which these painters' works were copied. But above all, it tells us that a written or spoken reference to the word "Bassano" immediately brought to mind an unmistakable type of painting, there being no need to specify which of the painters who bore this surname was the author, or what subject matter was depicted.

I. Mass Collecting

The relationship between Spain and the painting of the Bassano family commenced on a specific date: 21 January 1574, when Diego Guzmán de Silva, ambassador to Venice between 1569 and 1578, mentioned in one of his customary dispatches to Philip II that he was sending 18 crates of relics and a canvas with the *Story of Jacob* by Jacopo Bassano, whom he described as an artist

---

[1] *Zibaldone Baldinucciano*, II, pp. 434-435.

[2] Some of the data supplied by Baldinucci is glaringly untrue, such as the assertion that Velázquez was painter to Charles II. On this passage and Giordano's activity as emulator of great masters, see FERRARI-SCAVIZZI, 1992, pp. 138-139. These authors' suggestion that the painting by Giordano "a la manera de Bassano" to which Baldinucci refers can be identified as the one deposited by the Prado at the Academia de Jurisprudencia makes no sense, since this work clearly imitates the manner of the painter Pedro Núñez de Villavicencio.

[3] FERRARI-SCAVIZZI's monograph includes several works by Giordano displaying Bassanesque elements, such as *Winter* (n. 417), or *Annunciation to the Shepherds* (n. 426), though in my view none can be classified as painted "a la manera de Bassano".

"que en lo que toca el pintar al natural animales y otras cosas es muy estimado". On 19 April 1574, the sovereign thanked Guzmán de Silva for the consignment and praised Bassano's painting: "el quadro de la historia de Jacob: también he visto y me ha contentado mucho"[4]. This brief exchange of correspondence marks the beginning of Bassano's critical reception in Spain, which was to reach a peak in the second half of the 17TH century when his paintings hung beside those of Titian, Velázquez, Rubens, Van Dyck, Tintoretto and Veronese in such an emblematic site as the Hall of Mirrors of the Alcázar in Madrid.

1.1. *Philip II*

Although history has linked the names of Titian and Philip II, other Venetian painters worked for the Spanish sovereign even before the painter from Cadore died in 1576. In fact, all the talented Venetian painters contributed in some way or another to the decoration of El Escorial, which, at the time of the monarch's death, housed works by Jacopo Tintoretto, Paolo and Carletto Veronese, Palma il Giovane, Michele Parrasio and several members of the Bassano family. Philip II's interest in Jacopo Bassano, which has been understated by historiographers and predates the interest shown by the monarch in Jacopo Tintoretto or Paolo Veronese[5], should be understood within this context in general and, more specifically, as a reflection of the "discovery" of his painting outside Veneto starting in the 1570s. The Farneses in Rome, the Medicis in Florence, the Savoy in Turin, the Gonzagas in Mantua and Federigo Borromeo in Milan are among the first Italian collectors of Jacopo and his sons, whose works were soon sought after by the rest of Europe. The vast production of the family workshops in Venice and Bassano del Grappa enabled them to meet this demand and afforded their oeuvre a matchless social and geographic diffusion, to which Van Mander (1604) bears testimony when he points out their presence both at the French court and in bourgeois residences in the Netherlands[6].

Returning to Philip II, the favourable impression caused by the canvas sent by Guzmán de Silva prompted the arrival of more Bassano paintings at the Spanish court. Most were for El Escorial, and different literary and documentary sources inform of their number and subject matter. On 8 July 1593, the record books of the monastery register the arrival of three paintings attributed "al Bassano": *The Departure of Abraham* (catalogue exhibition n. 2), which, as we shall see, should be identified as the *Story of Jacob* sent by Guzmán de Silva, a *Supper at Emmaus* (catalogue exhibition n. 4) and an *Expulsion of the Merchants from the Temple* (catalogue exhibition n. 7)[7]. In 1605, in *La fundación del Monasterio de El Escorial*, José de Sigüenza gave an account of other works "Del Basán, que por otro nombre se llama Jacopo Ponte, que tiene buen lugar entre los valientes maestros, aunque también de la escuela del Tiziano", dwelling on two series of four canvases of the *Flood* (an autograph painting by Jacopo in the prior's cell and another, a copy of

---

[4] CHECA, 1992, p. 286; MANCINI, 1998, pp. 386 and 189.

[5] The first reference to Jacopo Tintoretto dates to 1577, when he and Alonso Sánchez were commissioned to purchase colours for El Escorial, and it was not until 1584 that his first works came into the hands of Philip II, around the same time as those of Paolo Veronese; FALOMIR, 2000, pp. 24-32.

[6] Quoted by BALLARIN, 1995, I, pp. 67-68.

[7] "Otro lienço al ollio de Abraham quando sale de la tierra de los Caldeos, de mano del Bassano, en su marco con moldura: tiene de alto bara y çinco sesmas y de ancho dos baras y terçia (..) "Otro lienço al ollio de Christo nuestro Señor como se apareçió a los discípulos que yban al castillo de Emaus y en el cortar el pan le conoçieron, de mano del Bassano, en su marco con molduras doradas y negras. Otro lienço al ollio del dicho, de cómo Christo nuestro Señor hecha del Templo a los que compraban y vendían, del tamaño de los antes deste en su marco con molduras doradas y negras"; ZARCO CUEVAS, 1930, I, p. 655.

the latter, in the gallery of the Infanta)[8], and two paintings by Francesco in the small cloister of the ancient church: a *Christ on the Mount of Olives* and an *Annunciation*[9]. Sigüenza's knowledge of the Bassanos was peculiar, as although he was able to distinguish between Jacopo and Francesco, and even between copies and originals, he mistakenly attributed two of the paintings acquired in 1593 to Paolo Veronese: *The Departure of Abraham* and the *Explusion of the Merchants from the Temple*[10], which was to confuse subsequent chroniclers of the monastery[11] and diminish the interest modern art historians have shown in these works.

Other royal buildings housed works by the Bassano family as well. Among a number of works expressly described as "pinturas de devoción", the inventory of the Madrid Alcázar drawn up after the death of Philip II cites three done on slate; it does not mention the authorship of these paintings, which subsequent documents attribute to Bassano: a *Christ Crowned with Thorns* (catalogue exhibition n. 17), an *Expulsion of the Merchants from the Temple*, and a *Christ Carrying the Cross*. The inventory states that the last two were presented "a su magestad" by "Pompeo León"[12]. This reference to Pompeo Leoni (1530-1608), a Milanese sculptor who had settled in Spain, raises a further question: how did the first Bassano paintings find their way into the royal collection? Several arrived directly via Spanish diplomats and, indeed, in view of the success of the initial dispatch, it seems logical that Guzmán de Silva and his successors at the Venetian embassy would have sent more. There is some indirect evidence that this was the case, such as the letter sent on 8 September 1584 by Bishop Annibale Rucellai, the Venice-based agent of Ferdinando de Medici, then a cardinal, informing his superior that Jacopo Bassano was working on 15 paintings commissioned by the king of Spain[13]. This was not the only channel, and Pompeo's known activity as an art dealer leads us to assume that any self-respecting art dealer considered paintings by the Bassanos indispensable. When he died in 1609, Pompeo Leoni possessed several anonymous paintings of similar characteristics to those presented to the king[14], which were attributed to Bassano in an inventory taken in 1613[15]. The quasi-industrial production of the Bassano family's workshops in Venice and Bassano del Grappa would have facilitated the availability of paintings. Van Mander (1604) reports that at the home of an art dealer when he

---

[8] "En particular, aquellos cuatro cuadros del Diluvio, tan celebrados por la invención y la multitud y variedad de animales que puso en ellos, en que tuvo singular gracia; unos están de su propia mano, en la celda del Prior, tan altos que no se gozan; otros están copiados en la galería que llaman de la señora Infanta, que se les ve bien la diferencia"; SIGÜENZA, 1986, p. 374.

[9] "Están aquí otros dos cuadros, en un claustro pequeño de la iglesia antigua, a los treinta pies: el uno es la *Oración del huerto* y el otro el *Nacimiento*; entrambos, oscuros, muy bien compartidos e historiados, propio colorido y de aquella extraña manera de movimiento que él usaba. Algunos dicen que son de Francisco Bassano, su hijo; a mí y otros parecen dignos del ingenio y manera del padre, porque hay cosas excelentes en ellos"; Ibid.

[10] "En una galería de Palacio hay dos cuadros suyos [of Veronese]; el uno *cuando salió Abrahán de su tierra* y de sus parientes por mandato de Dios; va la santa matrona Sara en una yegua blanca, que no hay cosa más natural en el mundo. El otro es cuando *Cristo echó del templo* a los que compraban y vendían, y otro de la *Creación del mundo*; piezas por extremo bellísimas; las figuras son menos la mitad que el natural"; Ibid., p. 373.

[11] In 1764, Padre Ximénez wrote of the so-called "Galería de la Infanta" in El Escorial: "[...] y los otros tres, la Historia de Abraham, quando por mandato de Dios salió de su tierra con Sara: donde se ve a la Santa Matrona en una Yegua blanca de buena imitación: la Creación del Mundo; y cuando Cristo echó del Templo a los que compraban, y vendían en él: todos tres de bastante variedad, y estudio, de mano de Paulo Veronés, si bien el estilo y manera parece del Basán"; XIMÉNEZ, 1764, p. 164.

[12] SÁNCHEZ CANTÓN, 1956-1959, p. 27; RUIZ MANERO, 1994, pp. 199 and 215.

[13] GOLDBERG, 1996, p. 536. There is no information available which identifies or confirms the arrival of these works in Spain. In any case, the inventories of Philip II do not list such a large number of works by Jacopo Bassano.

[14] "Dos cuadritos chicos, uno del Señor con la cruz a cuestas y el otro cuando lo azotaron, con sus marquitos negros y dorados con sus cortinas: 300 reales"; SALTILLO, 1934, p. 109.

[15] ESTELLA MARCOS, 1994, p. 47.

lived in Rome (1571-1577), he saw small paintings on slate depicting Passion scenes in a night-time setting[16], which must have borne an extraordinary resemblance to the ones owned by the Spanish sovereign in his oratory at the Alcázar.

1.2. *Beyond the Court (1590-1621)*

In September 1590, Ferdinand I (Ferdinando de Medici), grand duke of Tuscany, included among the gifts he periodically sent to the Spanish court twelve canvases with the months of the year and their signs of the zodiac, which were attributed to "Bassano". These works remained at the Florentine embassy in Madrid until 1601, when the legation moved to Valladolid, the new seat of the court. In August that year they were given to the all-powerful Duke of Lerma and in 1606 passed into royal ownership after Philip III acquired the Huerta de la Ribera estate from his favourite[17]. Through his diplomats in Madrid and his agents in Venice, such as the aforementioned Bishop Rucellai, Ferdinand would have been familiar with the Spanish court's taste for the Bassanos` painting, and this, together with his own penchant for their oeuvre[18], led him to send a set of the months of the year. The interest of these works, of which seven, signed by Francesco Bassano, are housed in the Museo Nacional del Prado (catalogue exposition nn. 21-27) lies not so much in their quality, which is varied and in no way outstanding, as in their decisive contribution to spreading the taste for Bassano paintings beyond the court, for they became widely known in different Spanish towns and cities through copies. In 1593, Francisco de Mercado y Peñalosa of Segovia commissioned Diego Pérez de Mexía to copy the twelve paintings of the twelve months which Petro de Medici possessed at the Madrid court. The contract specified that they should be copied from the originals and not from other copies, and that they should be as good as the ones Mexía had done for Francisco de Eraso[19]. Three years later, on 20 April 1596, Melchor Maldonado, *veinticuatro* (a local government post) in Seville and treasurer of the Casa de Contratación, the central trading house and procurement agency for the New World, paid Bartolomé Carducho (1560-1608) 4,000 reales in Madrid for "los doze meses del Basán y otras pinturas" purchased from the Florentine artist in February that year[20]. Although the document does not specify that they were copies, they were described as such in the inventory taken after Maldonado's death: "los doce meses del hijo de vasanes copias del carducho"[21]. We will analyse the impact of these paintings on Sevillian circles below; at this point it is sufficient to note that Maldonado owned a further six originals by Bassano[22], which were praised by Pacheco[23]. He may also have acquired these from Bartolomé Carducho, whose activity as an art dealer was well known. Similar to the case of Maldonado is that of Juan de Saavedra, the *alguacil mayor* of the Holy

---

[16] Quoted by BALLARIN, 1995, I, p. 67.

[17] GOLDBERG, 1996, pp. 535-536.

[18] CECCHI, 1991.

[19] CHERRY, 1997, p. 33. Pietro de Medici (1554-1604), Ferdinand's younger brother, spent his whole adult life at the Spanish court.

[20] PÉREZ PASTOR, 1914, p. 69.

[21] CHERRY, 1997, p. 33.

[22] CHERRY, 1997, pp. 32-33.

[23] PACHECO, 1990, p. 517. In the 18TH century, Gregorio Mayans misinterpreted this passage in his *Arte de pintar*, since after stating that Bassano excelled at painting animals, he mentioned another painter: "Don Melchor Maldonado expresó escelentemente un gato maullando sobre las aguas del diluvio"; quoted by SÁNCHEZ CANTÓN, vol. V, 1941, p. 169.

Inquisition in Seville, who on 8 June 1610 purchased from Antonio de Ulloa in Madrid "Diez lienços copias del vasan bien copiados con sus marcos en 4.400 reales tasados y baluados"[24], which he presumably took with him when he returned to the Andalusian city.

Indeed, it was through copies rather than originals or prints that Bassano paintings spread across the Iberian peninsula, even if they were as modest in quality as the *Parable of Lazarus and the Rich Man* (Valencia, Museo del Patriarca n. 209) which Juan de Ribera, archbishop and viceroy of Valencia, purchased from Antonio Ricci in Madrid on 30 April 1592[25]. Probably no better were the ones executed by Diego Pérez de Mexía or those of four "lienços del tiempo del bassan", which Alonso de Perea entrusted to painter Bartolomé Sanz in Madrid in 1620[26], though we should not forget that among those who copied Bassano were prominent names from the Spanish art scene in the first third of the 17TH century, such as the aforementioned Bartolomé Carducho, Juan Sánchez Cotán[27] and Luis de Carvajal[28]. The statistics bear out the magnitude of the phenomenon: four percent of all the attributed paintings recorded in the Spanish inventories of the Getty Provenance Index are copies of works by the Bassano family[29].

As pointed out earlier, the set of months by Francesco Bassano which Bartolomé Carducho copied for Melchor Maldonado accompanied the Florentine legation on its move to Valladolid in 1601, where it was given to the Duke of Lerma. Lerma's association with Bassano and Carducho was not limited to this ocassion. In 1603, Bartolomé Carducho and his brother Vicente took an inventory of Lerma's paintings, the results of which speak for themselves. At the time, Lerma owned 488 paintings in Valladolid, of which 191 were given attributions. Bassano paintings, of which he owned 22 originals and 13 copies, were particularly well represented, outnumbering those by Titian (one original and 19 copies, Bosch (five originals), Raphael (19 copies), Veronese (three copies) and Correggio (two copies)[30]. Lerma never ceased to buy works by the Bassanos[31] –in 1608 he acquired seven from the auction of the Duke of Peñaranda[32]–, and his inventories mention as many as 29 originals and 17 copies, some of which he donated to the religious foundations of which he was patron, such as the convent of San Pablo in Valladolid, which received four copies in September 1609[33], and that of San Blas in Lerma, where *Virgin in Heaven* (catalogue exhibition n. 36) was inventoried in 1617[34]. Like any collector of his time, Lerma held his collection of works by Titian, Raphael and Bassano to be a status symbol, as his apologist Francisco Fernández de Castro pointed out in the *Discurso* composed on the occasion of the dedication of the collegiate church of Lerma:

---

[24] A.H.P.M., Protocolo 1337, fol. 655; cited by MORÁN-CHECA, 1985, p. 235.

[25] BENITO DOMÉNECH, 1980, pp. 141-143 and 309. Antonio Ricci (c. 1560-1632), from Ancona, came to Spain with Federico Zuccaro and was the father of Juan and Francisco, also painters.

[26] CHERRY, 1997, p. 34.

[27] Several copies of Bassano's works were inventoried in Toledo; CAVESTANY, 1936-1940, pp. 126-138.

[28] The death inventory, dated 8 October 1607, included "Otro quadro de la oraçion del güerto copiado del vasano" and "Otro quadro del nacimiento de san juan copiado de vasano"; DE ANTONIO, 1987, p. 1.094.

[29] CHERRY, 1997, p. 33.

[30] SCHROTH, 1990, pp. 25-35.

[31] SCHROTH, 1990, pp. 37-93. See also CERVERA VERA, 1967, pp. 27-29 on the palace of Lerma in 1617.

[32] SCHROTH, 1990, pp. 69 and 71.

[33] "[...] yten otra pintura del Hijo pródigo con su marco de oro y negro que tiene cinco pies de largo y quatro de alto copia de Basán [...] yten otra pintura de la aparición de los Angeles a los Pastores de cinco pies de largo y cuatro de alto con su marco de oro y negro copia de Basán [...] yten otra pintura sin marco que es la aparición del Angel a los Pastores de cinco pies de largo y quatro de alto, copia de Basán [...] yten otra pintura de la Presentación de Nuestra Señora sin marco de cinco pies de largo y quatro de alto copia de Basán"; GARCÍA CHICO, 1946, pp. 385-387.

[34] One of them, *Virgin in Heaven*, was later to end up in the royal collection; SCHROTH, 1990, p. 83.

"Hay un cuarto en el palacio que confina con el monasterio, con tribuna a la iglesia, que le llama su Excelencia su celda, aderezado de ricas colgaduras y pinturas de Tiziano, Bassano y Tintoretto, que exceden lo vivo y parecen divinas, dando admiración y eternidad a la fama de sus artifices"[35].

Lerma is the epitome of a Bassano collector in the first decades of the 17TH century, though similar conclusions can be drawn from other inventories of that period: that the Bassanos generally outnumbered any other artist, in both copies and originals, and that they were often the only artists to be attributed works, which signifies the ease with which their name was associated with a certain type of painting. Proof of this is the inventory of Juan de Soto, which was drawn up in Madrid in 1611 and lists a total of 147 paintings, many of which form series: portraits of illustrious men and women (68), countries (4 and 13) or hermit saints (14). The only painter to be identified was Bassano (the inventory does not specify which one), who is cited as the author of eight canvases: "Anunciación de los pastores", "Arca de Noé con los animales", "Bulcano", "Diluvio", "una yegua con una muger encima", "Nacimiento", "Prendimiento de Cristo" and "Cristo con la cruz acuestas y muchas figuras"[36]. Soto, like the most advanced collectors of his day, owned Italian and Flemish genre scenes, for after mentioning the Bassano paintings, the inventory lists several paintings whose description suggests they were of Nordic origin, such as "Una mesa llena de fruta con un cenador e medio y unos hombres que estan sirviendo a la mesa", "una plaça con variedad de frutos y aves que se están vendiendo", and, in particular, "tres mujeres con un quarto de carnero trasero y otras cosas de cocina", in which the prominent quarter of mutton immediately brings to mind Pieter Aertsen and his *Christ in the House of Mary and Martha* (Vienna, Kunsthistorisches Museum).

The Bassano paintings arrived in Spain in the first two decades of the 17TH century via two routes. Although there is no documentary evidence of their being sent directly from Venice, we known from Ridolfi that the clientele of Leandro Bassano, who perpetuated the family saga until his death in 1622, included Spanish nobles and prelates who sat for him, captivated by his international reputation as a portraitist. This was the case of Cardinal Francisco de Castro, Count of La Torre, who was portrayed armed, and Alonso de la Cueva, Marquis of Bedmar, ambassador to Venice between 1606 and 1618[37]. However, most of the "Bassanos" arrived via Florence, either as diplomatic gifts or on the initiative of dealers who were aware of the prestige they enjoyed in Spain, where they relied on qualified collaborators like Bartolomé Carducho or Pompeo Leoni to sell them. These artists' influence at the court and the example set by Lerma and other aristocrats of that milieu explain the increase in the number of Bassano paintings in the royal collection at that time, as evidenced by the accounts of the redecoration of the Pardo palace after the 1614 fire, which included "siete lienços del baçan originales todos de un tamaño, los seis de la historia de abraham, y el otro de Orfeo"[38].

Philip III's reign was, in fact, the golden age of the Bassanos in Spain, a circumstance due less to the number of works that arrived than to the prestige they achieved. Throughout the rest of the 17TH century, the Bassanos continued to be favoured by collectors and lovers of painting but were stripped of the aura of modernity with which they had been associated so far. The success of the Bassanos between 1590 and 1620 stemmed from the fact that they were synonymous with modern painting and were hailed as such by writers of treatises and literati.

---

[35] Quoted by HERRERO GARCÍA, 1943, p. 42.
[36] A.H.P.M., Protocolo 2109, fols. 253 rev.-254 rev. Quoted by MORÁN-CHECA, 1985, p. 237.
[37] RIDOLFI, 1648, p. 408: PÉREZ SÁNCHEZ, 1965, p. 548.
[38] AZCÁRATE, 1992, p. 788.

Even in 1599, Lope de Vega linked Jacopo Bassano to Titian as the champion of modern painting: "No eran de pincel moderno/del Basán o del Ticiano", stated a character in the second canto of *El Isidro*[39], while in 1615 Suárez de Figueroa included Jacopo Bassano among the "modernos insignes en pintura" in his *Plaza universal de todas ciencias y artes*[40]. The allusions to the Bassanos found in the works of Lope de Vega are probably the best indication of their popularity in the early decades of the 17TH century. After paying him this initial tribute in 1599, Lope de Vega again sung the praises of Bassano in 1629 in his *Isagoge a los Reales Estudios de la compañía de Jesús*

"Esta pintura hermosa
que del pincel divino
en la tabla del mundo
miró desde su esfera luminosa
recién nacido el Sol, cuyo camino
apenas retrataba el mar profundo,
más digna del primero Protoplasto
fuera de ningún humano ingenio
aunque presuma de Bassán Teofastro"[41].

And even in *La Vega del Parnaso*, published posthumously in 1637, he cited him, together with Rubens and Bosch, as an example of a refined painter who is devoid of coarseness:

"Al tres veces heroico lusitano
gran Duque de Verganza, aunque con tosco
pincel, que no de Bosco
de Rubens o el Bassano
pinté aquel monte, que en valor compite
con cuantos bañan Febo y Anfitrite"[42].

1.3. *An Inevitable Presence (1621-1700)*

When Philip IV (1605-1665) ascended to the throne in 1621, Jacopo Bassano and his sons enjoyed a solid reputation and, with the exception of Titian, their works outnumbered those of any other Venetian or Italian painter in the royal collection, the most important in Europe. This did not mean to say that during his reign no further additions were made to the collection, which, at the time of his death, comprised 15 originals by "Basan el viejo", 11 by "Basan el Mozo" and four more copies of "Basan el viejo" in the Madrid Alcázar alone.

It is not difficult to reconstruct the manner in which most of these paintings were incorporated into the royal holdings. The Spanish court's known interest in the Bassanos made their works valuable items for anyone wishing to please the monarch. Indeed, some of the best examples found their way into the collection as gifts, particularly in the first third of Philip's reign. We know from the 1636 inventory of the Madrid Alcázar that Philip IV had inherited from his nephew Emanuel Philibert of Savoy (1588-1624)[43] *Adam Being Reprimanded* by Jacopo Bassano

[39] HERRERO GARCÍA, 1943, p. 121.
[40] SUÁREZ DE FIGUEROA, 1615, p. 305.
[41] HERRERO GARCÍA, 1943, pp. 63-64.
[42] SÁNCHEZ CANTÓN, V, 1941, p. 426.
[43] Son of Charles Emanuel, duke of Savoy, and Catherine Micaela, Philip II's daugher; he was appointed viceroy of Sicily by Philip IV in 1621, and from there invited Van Dyck to paint his portrait; LA ROCA, 1940.

(catalogue exhibition n. 11)[44]; and had received gifts from the Duke of Medina de las Torres, who, undoubtedly motivated by self-interest, presented him with six paintings by the Bassanos. Three are housed in the Prado: *The Expulsion of the Merchants from the Temple* (catalogue exhibition n. 8), *Lazarus and the Rich Man* (catalogue exhibition n. 6) and *The Return of the Prodigal Son* (catalogue exhibition n. 5), and the other three have been lost, though it is not difficult to imagine what they were like, given the detailed description: *Moses's Journey*, *The Flood*, and an *Annunciation to the Shepherds*. The first two canvases were hung in the *Pieça en que duerme su magestad en el quarto bajo de verano*, and while that of Moses must have been similar to the painting with the same title housed in the Prado (catalogue exhibition n. 1)[45], the scene of *The Flood*, located in the *Pieça nueva del quarto bajo delante del dormitorio de su magestad que mira al Cierço*, would have borne an extraordinary resemblance to the painting depicting the same subject matter at the Archbishop's Palace in Kromeriz, which was executed by Jacopo Bassano around 1578-79[46]. How did Medina de las Torres come by these works? The gifts predate 1636, and I believe it is plausible to assume they were made in 1626, when the sovereign bestowed the title of duke and Grandee of Spain on him and also appointed him to the highly coveted position of *sumillier de corps*[47]. In the 1630s, we only have one reference to Medina de las Torres's fondness for painting: the one made by Vicente Carducho in the *Diálogos de la pintura* (1633). However, Carducho provides a clue to the possible origin of Medina de las Torres's Bassano paintings when he points out that the aristocrat owned works by the poet and painter Juan de Jaúregui (1583-1641), a Sevillian who had taken up residence in Madrid and was a friend of Pacheco[48]. This Sevillian connection allows us to conjecture that the paintings may have been acquired from Melchor de Maldonado, who died around 1618, or from his heirs. Several pieces of information back this hypothesis, such as Maldonado's readiness to part with paintings (he sold several Titians to the Count of Aula)[49], or Pacheco's assertion that, when he wrote his *Arte de la Pintura*, completed in 1639 and published posthumously in 1649, Maldonado no longer owned the Bassanos. But above all, there is a surprising similarity between Maldonado's originals and those which Medina de las Torres presented to Philip IV as a gift: both sets comprise six canvases, and the subject-matter of five coincide: *The Expulsion of the Merchants from the Temple, Lazarus and the Rich Man, The Return of the Prodigal Son, Moses's Journey* and *The Flood*, while only one painting is different, the *Annunciation to the Shepherds*. Whatever the case, Medina de las Torres does not appear to have

[44] The painting, which in 1636 hung in the *Pieça en que su magestad come en el quarto bajo*, was described as "Un lienço del Basan, de quatro baras de largo, poco más o menos, con moldura dorada y negra, en que está la Creación del mundo y en lo alto Dios Padre y al lado derecho del quadro Eba asentada junto a un árbol y Adán de pie como espantado. Este lienço dejó a su magestad el Príncipe Filiberto quando murió, trajéronlo de Sicilia"; *Inventario de los cuadros del Alcázar de Madrid en 1636*, Archivo de Palacio, Secc. Adm., Leg. 738. Quoted from a manuscript copy at the Museo del Prado library.

[45] "Dos lienços de dos baras y media de largo, con molduras doradas y negras, de mano del Basan, que el uno es de Arón y Moisén caminar por el desierto, y ba una mujer a caballo por un desierto con un muchacho a las ancas = El otro, de unos pastores en que ai uno durmiendo: estos dos lienços son de los que dio el duque de Medina de las Torres a su magestad para esta pieça"; Ibid.

[46] "El otro es del Diluvio en que está en lo cerca una muger que quiere tapar a un niño que está en carnes y junto a ella una cesta con asa y dos pollos y más atrás un hombre que por una escalera sube a un niño en una cuna y al otro lado un viejo abrazado con un lio de ropa metido en el agua y otras varias figuras ahogadas y otras vivas: son de mano del Basán"; Ibid.

[47] STRADLING, 1976, pp. 1-31; ELLIOTT, 1990, pp. 302-303.

[48] The relationship between Medina de las Torres and Jaúregui must have been close. Both men belonged to the circle of the Count-Duke of Olivares (Medina de las Torres's father-in-law), who secured them important positions at the court.

[49] Quoted by CHERRY, 1997, p. 32.

been a lover of Bassanos, as he did not own any of their works at the time of his death. This indicates that he must have acquired the paintings in question solely to satisfy the monarch[50].

These are not the only new additions of Bassano paintings recorded in the 1636 inventory of the Alcázar. In the same dining room hung with the *Adam Being Reprimanded* bequeathed by Emanuel Philibert of Savoy, it lists "Otro lienço, original de Basan, más pequeño, con moldura dorada y negra y es más angosto, del arca de Noé, quando iban entrando en ella los animales", which has been identified as the Prado's *Animals Entering the Ark* (catalogue exhibition n. 9). I believe it is reasonable to assume this was the "*Arca de Noé* de Bassan" which Giovanni Battista Crescenzi (Rome, 1577-Madrid, 1635) sold to the crown in 1634 for 700 silver reales "para el adorno de Buen Retiro de las fiestas de San Juan y San Pedro"[51]. Although this and other paintings supplied by Crescenzi did indeed depict the celebration of the feasts of St John and St Peter at the Buen Retiro palace, this does not mean that once the festivities were over they would all have become permanent features of the decoration of the building. Indeed, none of the subsequent inventories of the Buen Retiro mentions a *Noah's Ark* attributed to any of the Bassanos.

The fact that the *Noah's Ark* purchased from Crescenzi did not finally hang in the Buen Retiro does not mean that no other works by the Bassanos graced its walls. The first inventory taken of the palace in 1701, when it had scarcely undergone any alterations since it was built in Philip IV's time, lists a total of 19 paintings (five copies, four originals by Jacopo, and 12 by Francesco)[52]. Some had been purchased expressly for this location, and many others were brought from Valladolid in 1635, such as the twelve months of the year which Ferdinando de Medici presented to the Duke of Lerma[53]. The fact that Bassano enjoyed more than merely a token presence at the Buen Retiro is borne out by poet Manuel Gallegos, who, in his *Obras varias al Real Palacio del Buen Retiro* (Madrid, 1637), refers to him, together with Veronese, Titian and Nardi, as one of the great painters whose works adorned the building.

> "Al fin todas las salas,
> galerías, retretes, corredores
> deste edificio hermoso
> con un matiz vistoso,
> con países, con mar, con resplandores,
> con plumajes, con galas
> y con varia espesura
> gallardamente adorna la pintura.
> Angelo, Veronés, *Baçán*, Ticiano
> Cajes, Ribera, el único Marino,
> Vicencio el peregrino
> Y aquel insigne Palma veneciano
> Aquí el mundo acrecientan…"[54]

Returning to the St John and St Peter festivities of 1634, Crescenzi was not the only person to supply paintings for the occasion, and the same document goes on to list those sold by

[50] BURKE, 1989, pp. 132-136.
[51] B.N.M, mss 7797, fol. 119 rev; transcribed by HARRIS, 1980, p. 564. See also BROWN-ELLIOTT, p. 126.
[52] FERNÁNDEZ BAYTON, 1975, II, pp. 278-351.
[53] BROWN-ELLIOTT, p. 118.
[54] SÁNCHEZ CANTÓN, V, 1941, p. 467.

Velázquez. In addition to works by Velázquez himself, such as *Joseph's Coat* and *The Forge of Vulcan*, the list includes "un original de Bassan", which he may have acquired during his Italian sojourn (1629-1630)[55]. The purpose of purchasing paintings by the great masters for the royal collection was, in fact, the argument employed by Velázquez to justify to Philip IV his second trip to Italy twenty years later, and according to Jusepe Martínez, Jacopo Bassano was one of the painters the Sevillian cited[56]. Owing to lack of documentation, information on Velázquez's purchases in Italy, and specifically in Venice, is incomplete and ambiguous, and limited to the data provided by Boschini (1660) and Palomino (1724), neither of whom cite Bassano. It is difficult to ascertain what Velázquez thought of Bassano's oeuvre other than his general admiration for Venetian painting. In the absence of other testimonies, we must resort to his activity as chamberlain of the palace and his responsibility of reorganising the paintings at El Escorial and the Alcázar in Madrid. In the case of the former, he simply ignored Bassano and his sons and did not include any of their works in the rooms he worked on[57]. However his activities at the Alcázar provide more information. He afforded Jacopo's *Forge of Vulcan* (catalogue exhibition n. 28), which was incorporated into the royal holdings around that time though there is no record of its provenance, a privileged position in the Hall of Mirrors, the most symbolic room in the building, hanging it as a pendant to Paolo Veronese's *Christ Among the Doctors* (Prado n. 491) surrounded by masterpieces of Titian, Rubens, Van Dyck and Tintoretto[58]. This deference is understandable bearing in mind the outstanding quality of this painting in which the elderly Jacopo proved his mastery of the technique of "patches" that characterised Titian's late works. Velázquez's other contribution, which is more interesting from a proto-museological point of view, was to create a "Bassano room", though this is a delicate issue as no mention of it is found in any official document. It is cited by Cosimo de Medici, who, on his travels around Spain in 1688, referred to a room devoted to Bassano paintings on the lower floor of the Alcázar[59], which was probably the *Pieça donde S. M. comía*, in which the 1686 inventory recorded as many as 14 paintings by the Bassanos out of a total of 19[60]. The grouping together of Bassano paintings in a single area can, in fact, be traced back to the Duke of Lerma's Valladolid residence. Its inventory, taken in 1603, lists consecutively 11 works by the Bassano[61]. There were other examples in the latter half of the 17TH century as well, both in Spain (I will come back to the "Bassano

[55] HARRIS, 1980, p. 564.

[56] "yo me atrevo señor (si V. M. Me da licencia), ir a Roma y a Venecia a buscar y feriar los mejores cuadros que se hallen de Tiziano, Pablo Veronés, Basan, de Rafael Urbino, del Parmesano y de otros semejantes"; MARTÍNEZ, 1988, p.196.

[57] Although the origin of the aesthetic opinions expressed by Padre Francisco de los Santos in his *Descripción breve del monasterio del Escorial* (Madrid, 1667) is unanimously attributed to Velázquez, De los Santos scarcely mentions the Flood series: in the Prior's cell "del Bassan, siempre celebrado" (fol. 86 rev.), and when he states that in the Gallery of the Infanta "Los [cuadros] del Basan son copias de los del Diluvio, unos; otros Originales famosos" (fol. 90 rev.)

[58] For this room of the Alcázar see ORSO, 1986, pp. 74-87.

[59] He does not specify the exact location, but after describing the *Golden Room* he mentions many paintings, including Dürer's *Adam and Eve*, Titian's *Eleven Caesars* [sic]: "una disputa de Cristo entre los doctores, con figuras de tamaño natural, de Pablo Veronés; una caza en grande, del Tintoretto, con otras piezas del mismo; varios retratos de los mejores, de la manera lombarda; una Venus, del Carracci, de tamaño natural; varios cuadros grandes y pequeños, del Bassano, de los cuales hay, particularmente en el piso de abajo, una estancia llena; la Atalanta e Hipómenes, del Guido, que no merece ni con mucho la fama que ha obtenido; cuatro cuadros muy bellos del Pablo Veronés y otros del Tintoretto y, finalmente, una cantidad grandísima de cuadros de Rubens, que constituyen una gran parte del adorno de aquellas salas. Todos los cuadros están sin distinción en marcos de madera negra"; MEDICI, 1933.

[60] The rest were attributed to Veronese, Rubens, Titian and Bronzino; BOTTINEAU, 1956-1958, pp. 293-294.

[61] SCHROTH, 1990, pp. 142-146. Although the inventory does not list the paintings according to their location, the fact that items 53 through 64 were Bassano paintings suggests that they were hung in the same room.

room" of the Admiral of Castile later on) and in France, where Louis XIV set aside a hall for them at Versailles[62].

Most of the Bassano paintings that found their way into Philip IV's Spain were purchased at the sales of Charles I of England (Commonwealth sale) and the Earl of Pembroke between 1649 and 1653[63]. Two men were responsible for these acquisitions: Alonso de Cárdenas and Alonso Pérez de Vivero, the Count of Fuensaldaña. Although Cárdenas did not acquire any Bassano paintings, probably because those available lacked the quality he sought, Fuensaldaña purchased several through David Teniers, who acted as his agent in England. In all, Fuensaldaña sent 44 paintings to Spain: eight for the king, 22 for Don Luis de Haro, one for the Admiral of Castile and 12 whose destination is unknown. The chosen works were in keeping with the taste of the Spanish court and accordingly comprised mainly paintings by Titian (5), Veronese (8), Tintoretto (9) and Van Dyck (9). They included four paintings by Jacopo Bassano, three of which were for Don Luis de Haro: *Adoration of the Shepherds*, *Annunciation to the Shepherds* (there was one with this title in Charles I's collection) and a *Martyrdom of St Stephen*. The fourth, whose destination is not documented, was a *Self-Portrait* of Jacopo Bassano, probably the *Portrait of Jacopo Bassano* executed by his son Leandro which was incorporated into the royal holdings at the time (catalogue exhibition n. 35)[64]. These purchases are the best testimony of the prestige Jacopo Bassano continued to enjoy among the most sophisticated European collectors in the mid-17TH century. Indeed, Teniers himself gave expression to this in *The Archduke Leopold William in his Picture Gallery in Brussels* (Prado n. 1.813), which depicts the painter, the Archduke and Fuensaldaña surrounded by paintings of great masters, including Jacopo Bassano.

Charles II (1665-1700) merely maintained the royal holdings. They grew only slightly in 1688, when on the death of the Marquis of Carpio, 43 paintings were incorporated from his collection in payment of the debt which his father, Don Luis de Haro, owed the Crown. These paintings, valued by Claudio Coello at 348,200 *reales*, included six original Bassanos, some acquired by Don Luis in England: "una tabla del Nazimiento de noche de poco mas de tres quartas de Alto del Bazan en 7.700 reales"; "otro lienzo de vara de la huida a Egipto y Santa Cathalina Arrodillada del Bazan en 6.000 reales"; "otro quadro de *nolime tangere* con El sepulcro original del Vazan de vara de caida y vara menos media quarta de ancho en 3.300 reales", "Un quadro del mismo tamaño que el de arriba del Castillo de Maus original del vazan en 3.500 reales", "Un quadro de nuestro señor original del Vazan de vara de caida y vara menos media quarta de ancho en 3.300" and "Un quadro de la Coronazión de Espinas de nuestro señor original del Vazan de vara de caida y vara menos quarta de ancho en 3.300 reales"[65]. Of these, the "Nacimiento" is probably the *Adoration of the Shepherds* which hangs in the Prado (catalogue exhibition n. 14), whereas the *Noli me tangere* and the *Supper at Emmaus* were for El Escorial, where they are mentioned in 18TH century descriptions[66] and are housed to this day.

By the time Charles II died in 1700, the royal holdings included the largest collection ever of Bassano paintings 67 originals and copies, distributed among different royal palaces and estates. The Alcázar in Madrid housed 29, of which seven were attributed to "Bassan", 10 to "Bassan el

[62] The "Bassano room" at Versailles in HABERT, 1998, pp. 50-56.
[63] Spanish participation in the Commonwealth sale in LOOMIE, 1989, pp. 257-267, and BROWN, 1995, pp. 59-94.
[64] VERGARA, 1986, pp. 127-132.
[65] FERNÁNDEZ TALAYA, 1999, pp. 137-141.
[66] In 1764, Padre Ximénez gave the following description in the *Primera sala de los aposentos reales*. "A la izquierda hay dos Quadros del Basán, compartidos cada uno en dos Historias: en el primero Christo aparecido á la Magdalena junto al Sepulcro, donde se ven dos Angeles, y el convite del Fariseo"; XIMÉNEZ, 1764, p. 172. For these paintings see RUIZ GÓMEZ, 1991, pp. 196-197 and 204-205.

Viejo", 10 to "Bassan el Moço", and two were expressly described as copies. The inventory of the Buen Retiro palace listed 19 paintings: five copies, four originals by Bassan and 12 by Francesco Bassano. Six hung in the Pardo palace, all of them copies; 12 in El Escorial, in the part used as a palace: seven "del Bassan" and five copies, and lastly, one "original del Bassan" at the Casa Real de La Ribera in Valladolid[67]. In order to gauge the significance of these figures, it is worth remembering the great collectors of the 17TH century, such as Cardinal Richelieu, who possessed nine Bassano paintings, or Lord Arundel and Louis XIV, who came to own 15[68].

Indeed, the Bassano family were omnipresent in 17TH century collections, even in those whose owners were less inclined to Italian painting, such as Nicolás de Omazur, a Fleming based in Seville and fervent admirer of Murillo[69]. No collection of any import lacked Bassano paintings, as Juan Pérez de Montalbán pointed out in 1633 in *Al cabo de los años mil*: "[…] y sobre todo encareciendo algunos lienzos particulares que yo tengo, por ser aficionado a la pintura, del Tiziano, del Bassan, del Mudo y de Alberto Durero, y otros insignes pintores"[70]. Their presence furthermore spanned the whole social spectrum, though the examples that graced the great collections of the aristocracy were logically superior in quantity and quality. In that of the Count of Monterrey, which numbered 265 works in 1653, Bassano was the best represented artist after Ribera with seven paintings[71], while the Marquis of Carpio was recorded as owning eight in the Rome inventory taken in 1682[72], and 29 when he died in Madrid in 1688[73]. The Duke of Medinaceli possessed three Bassano paintings in Seville in 1711[74], while the tenth Admiral of Castile devoted a room to them in his Madrid palace, a privileged reserved only for them and Raphael, Titian, Tintoretto, Rubens and Orrente[75]. With the exception of those that went into the royal collection, most of the paintings amassed by the nobility have disappeared. Only a few of those donated to religious institutions by the nobility have been preserved, such as the *Crucifixion* signed by Francesco Bassano ("FRANCUS. BASS. F.L.") that the Count of Monterrey gave to the convent of Augustinian nuns in Salamanca and which is described in a 1676 inventory as a "Santo Cristo del Basan, para el crucero"[76].

1.3. *An Eighteenth-Century Epigone. The Collection of Isabella Farnese (1700-1746)*

The Spanish sovereign who came to behold the most Bassano paintings was not a Habsburg but Philip V, the first Bourbon. His rooms at Versailles, where he resided as Duke of Anjou, were located next to the "Bassano room"[77], and when he eventually acceded to the Spanish throne, he

---

[67] FERNÁNDEZ BAYTON, 1975.

[68] HABERT, 1998, pp. 47-48.

[69] Omazur only owned works by three Italians, one of whom was Bassano; KINKEAD, 1986, pp. 132-144.

[70] PORTÚS, 1999, p. 73.

[71] These were "Quatro quadros iguales de la historia del Arca no Noé echa de baçan" valued at 9,900 *reales*; an engraving "del Arca de Noé, echura del baçan", and "un lienço chico de mano de franco. Bazan que es de Quando nro Sr. Entró en casa Laçaro, con su marco dorado", which was valued at 1,300 *reales*; PÉREZ SÁNCHEZ, 1977, pp. 438, 442 and 456. The Staatliche Gemäldegalerie in Kassel owns a canvas signed by Francesco Bassano depicting *Christ in the House of Mary and Martha* (n. 514); though its size is considerable (131 × 182 cm), there is no record of any Spanish origin; VOGEL, 1958, p. 198.

[72] BURKE, 1984, II, p. 318. They were nonetheless outnumbered by Titian (35), Tintoretto (53) and Veronese (23).

[73] BURKE-CHERRY, 1997, I, pp. 815-968.

[74] LLEO-CAÑAL, 1989, pp. 108-132.

[75] BURKE-CHERRY, I, pp. 905-906.

[76] MADRUGA REAL, 1983, p. 161.

[77] "Felipe V experimentará por las obras de estos artistas [los Bassano] una atracción que quizá tenga aquí su origen"; BOTTINEAU, 1986, p. 125.

inherited Charles II's impressive collection, which he was to expand further in 1722 with works from the collection of the painter Carlo Maratta he purchased[78]. However, scholars of Philip V and his second wife, Isabella Farnese, have shown very little interest in the Bassanos, probably because they have focused more on the aspects in which they broke away from their predecessors rather than on those in which they continued with tradition. This oblivion is particularly painful in the case of Isabella Farnese, as the 20 paintings attributed to the Bassanos she owned in 1746 at the palace of La Granja outnumbered those by any other Italian painter, ancient or modern, in her collection. Despite the modest quality of these paintings (none is attributable to Jacopo, though several are signed by Francesco), they are interesting in that they were the last to be incorporated into the royal collection, shortly before the Bassanos became the target of more intense criticism.

II. THE CRITICAL RECEPTION OF THE BASSANOS IN SEVENTEENTH-CENTURY SPAIN

Although systematically ignored by specialists, Spanish artistic literature devoted special attention to the Bassanos in the same way as collectors did to their works. The fact is that in no other European country –including Italy itself– did the Bassano family attract such attention from literati and writers of treatises. In general, it can be said that the paintings of the Bassanos drew both support and criticism, which in both cases echoed opinions expressed by their Italian admirers and detractors. Critics and authors of treatises were concerned with two questions: the Bassanos' ability or inability to transcend reality and the finish of their painting.

If there is anything on which everyone who wrote about Jacopo Bassano –and by extension his sons– agreed, it was his masterful depiction of animals and inanimate objects. This was acknowledged by his first Italian critics, such as Giorgio Vasari (1568)[79], Rocco Benedetti (1571)[80] and Raffaello Borghini (1584)[81], and similar opinions were expressed by their Spanish counterparts starting with Guzmán de Silva and his aforementioned letter to Philip II in 1574. But Jacopo Bassano's masterful rendering of nature was not necessarily considered praiseworthy and also allowed for a negative interpretation, since his dependence on reality could be regarded as a sign of his inability to transcend it. This was how El Greco (1541-1614) read Vasari's comment, which he reacted against in the notes he scribbled in the margins of his copy of the second edition of the *Lives* (1568). In his notes, El Greco praised Jacopo's sense of colour –which matched that of Titian himself– and his skill at painting animals, particularly in small scale works. He also responded to the dismissive treatment Bassano received from Vasari, who scarcely spared him a few lines in his biography of Titian, by pointing out that "todo el mundo pretende imitarle". He went on to conclude that Jacopo enjoyed great prestige and that "[...] se va descubriendo la verdad con mengua de los embaiadores como el Vasari"[82]. El Greco's opinion is interesting because he

---

[78] At the time of his death in 1712, Maratta owned several works by Bassano: a *Martyrdom of St Lawrence*, two overdoors and a painting depicting different animals; BERSHAD, 1985, pp. 73-84. The arrival in Spain of the Maratta collection in BOTTINEAU, 1986, p. 475.

[79] Vasari wrote of Jacopo Bassano that his works were sought after "[...] e massimamente per cose picole, et animale di tutte le sorte"; VASARI, 6, 1906, pp. 455.

[80] Benedetti described him as "miracoloso in pingere cose pastorali" in a manuscript account of the celebrations held in Venice in 1571 after the battle of Lepanto; GOMBRICH, 1967, p. 64.

[81] "[...] le cose per lui dipinte paiono naturali, e specialmente gli animali, e le varie masseritie della casa"; BORGHINI, 1584, p. 563.

[82] DE SALAS-MARÍAS, 1992, pp. 115-116.

probably met Jacopo Bassano in Venice between 1567 and 1570 –some art historians support the hypothesis that he spent some time at Bassano's *bottega*, which would justify certain formal similarities–[83], but in particular because his reactions to this same passage of Vasari echoed the opinions expressed by the Carracci and Cardinal Federigo Borromeo around the same time[84]. All three criticised Vasari's restrictive characterisation of Bassano and defended the painter's ability not only to give expression to reality but also, as Borromeo pointed out, to represent the "afetti", thus questioning the supremacy of the theoretical model championed by the Tuscan. El Greco gave his copy of the *Lives* to his follower Luis Tristán (c. 1585-1649), who made his own marginal notes, expressing a similar opinion though adding his personal testimony, which is valuable for gauging the prestige that Jacopo Bassano enjoyed in Rome when Tristán lived there between 1606 and 1611: "en mi tiempo tenía el sobrino de el papa Paulo 5 un cuadro de el Basan en un salón lleno de todos los mayores y con todo este (tachado) traba reçebido por el mejor quadro de todos y estos a boz de todos los de la academia del dibujo"[85].

The opinion of Jacopo Bassano as merely a dull imitator of nature nonetheless emerges in José de Sigüenza´s *La fundación del Monasterio de El Escorial* (1605). This is logical, bearing in mind its overall dependence on Vasari's text and that the person who provided the information on Bassano was Peregrino Tibaldi (1527-1596), a follower of Zuccaro at the service of Philip II between 1586 and 1596: "Vivió mucho tiempo el Basán (según me refirió Peregrino) en una de aquellas aldeas junto a Venecia, y gustó de pintar cuanto en las casas de aquellos labradores había: la yegua, el asno, el buey, el gallo, la gallina, los ánades, los calderos y cazos y cuanto en casa de un labrador puede verse, con tanta propiedad y gracia que hace reir y recrea mucho la vista"[86]. Like Vasari, Sigüenza praised Bassano's ability to paint animals and household objects, but these words imply two negative connotations: that he was unable to paint anything unless it was in front of him and, consequently, that the results were pleasant rather than sublime, amusing rather than significant.

Pacheco expressed a similar opinion in his *Arte de la pintura* (1649), recommending Jan van der Stratet, Antonio Tempesta and Rutilio Grazi as models for painting horses, while for "Los demás animales, perros, corderos y otros que se ofrecen, podrá ver quien quisiere en el autor de quien nos hemos valido, y cuando no hallare el natural para imitarlos, se aprovechará los del Baçán, que los pintó excelentísimamente"[87]. In another passage, he again cited Bassano as a model for an animal painter, even preferring him to nature as he is "[...] tan excelente, que, a veces, es más seguro imitar sus animales que el natural, por tenerlos reducidos a una manera fácil y práctica"[88].

While Bassano's "realism" sparked a controversy in its own right, the question of the finish of his paintings falls within the context of the broader 17TH century debate between advocates of colour versus drawing – which was more theoretical than real considering the clear preference

---

[83]   Several of El Greco's works from his Italian period were attributed until recently to Jacopo Bassano or to one of his sons, such as *Christ Healing the Blind* (Dresden, Gemaldegalerie), the *Youth Blowing on a Burning Coal* (Naples, Museo Capodimonte), or the *Flight into Egypt* (Private collection).The motif of the boy blowing on the burning coal has been cited as one of El Greco's possible "borrowings" from Bassano; HARASZTI-TAKÁCS,1983, pp. 67-68. For an excellent account of Jacopo's possible influence on El Greco see ÁLVAREZ LOPERA, 1999, pp. 35-38.

[84]   For the Carracci see DEMPSEY, 1986, pp. 72-76; for Federico Borromeo see JONES, 1993, pp. 112-113. Despite stressing his ability to represent emotions, Borromeo believed that, as a painter of animals, Bassano was inferior to Jan Bruegel.

[85]   DE SALAS-MARÍAS, 1992, p. 142.

[86]   SIGÜENZA, 1986, p. 374.

[87]   PACHECO, 1990, p. 384.

[88]   PACHECO, 1990, p. 517.

shown by the public for the former as opposed to the latter[89]. Indeed, if we may speak of a debate, it related to the divide between a public drawn by the sensuality of colour, and theoreticians who supported a more intellectualist conception of painting, according to which "disegno" was the basis of painting. Although Titian embodied colourist and sensualist painting, the writers of treatises were extraordinarily respectful towards him, aware of the high standing he enjoyed at the court. This was not the case with Jacopo Bassano; his prestige did not shield him from the theorists' criticism, and he became the target for poisoned arrows that were probably meant for Titian. Several decades before André Félibien or Roger De Piles, Sigüenza criticised the weakness of his drawing: "[...] sin duda que si los pintores venecianos" he wrote, referring to Jacopo, "hubiesen puesto tanto estudio en el dibujo como en la pintura y colorido, que pudieran competir con los más valientes de Florencia y de toda Italia"[90], though it was Pacheco who went into greater depth. When addressing the subject of relief, "tercera parte del colorido", in his treatise, he referred to "muchos valientes pintores" who lacked beauty and delicacy but not relief, citing "el Basan, Michel Angelo Caravacho y nuestro español Jusepe de Ribera; y aun también podemos poner en este número a Dominico Greco"[91]. He went on to criticise the highly applauded "pintura de borrones", and those who claimed "[...] que es valentía pintar mucho y ser largos sin tantas fatigas y que los venecianos siguen este modo, y entre ellos hay muchos valientes, y particularmente el Basán que tiene facilidad y que sus borrones valen más que lo muy acabado de otros"[92]. This type of painting was, in Pacheco's view, fast and effortless and therefore easy to imitate, which in his opinion explained Bassano's success: "Además, que en la facilidad o dificultad del copiar la pintura de otros hay gran diferencia; porque la del Basán y de los otros que siguen su camino, muchos, en cualquier estado que estén, la imitan fácilmente, o al menos, lo que hacen parece bien; que el dibujo no les hace allí falta, que casi sin él se les pega aquel modo sin mucho trabajo, y valga en prueba de esto la experiencia"[93].

Leaving aside these questions, Pacheco went further and proved to be a shrewd critic once he had shed his theoretical prejudices. Writing a century and half before Giambattista Verci, he condemned the tedious repetition of characters and poses one finds in Bassano's works: "(...) todas sus figuras siguen un traje, y éste es moderno y sirve en todas las historias, como sirven también las figuras, porque el viejo, el mancebo, el niño, la mujer, es una figura mesma introducida en todos los actos de sus historias"[94]. As a painter, Pacheco was aware of the extent to which this repetition was due to the need to adapt the pace of work at the *bottega* to rising demand: "[...] no sólo tenía [Jacopo Bassano] hecho estudio en toda suerte de animales, aves y peces, pero de las calderas de cobre y diferentes vasos y también de las figuras del muchacho, de la mujer, del varón, y del anciano y destas usaba en todas sus historias, como se ha dicho otra vez, aunque fuesen varias, en lo cual no le habemos de seguir"[95].

I do not wish to to end this brief examination of Golden Age art theory without pointing out the scant attention which Vicente Carducho paid to Jacopo Bassano in his *Diálogos de la pintura* (1633). Carducho mentions Jacopo Bassano only once, including him, together with Raphael, Correggio, Tintoretto, Titian and Palma, among the famous painters whose works grace the major

---

[89] DARST, 1985, pp. 19-27; PORTÚS, 1999, pp. 51-54.

[90] SIGÜENZA, 1986, p. 374.

[91] PACHECO, 1990, p. 404.

[92] Ibid., p. 414-415.

[93] Ibid., p. 415.

[94] Ibid., p. 414. The work by Verci was his *Notizie intorno alle vite e alle opere de'Pittori, Scultori e Architetti della città di Bassano* (Venice, 1775).

[95] PACHECO, 1990, p. 517.

Madrid collections. Although, like Sigüenza and Pacheco, Carducho valued "disegno" more highly than "colore" and severely criticised "naturalism" in painting, he avoided criticising the Bassanos, perhaps because he was aware of his brother Bartolome's responsibility, and probably his own too, for their diffusion in Spain[96].

III. THE BASSANOS AND SPANISH PAINTING

The Bassanos' influence on Spanish painting has interested critics and historians since, halfway through the 17TH century, Jusepe Martínez claimed that Orrente was a follower of Leandro Bassano. This influence, a logical consequence of the prestige attained by the Bassanos and the huge demand by collectors for their works, was manifested in different ways: one, more superficial, consisting of express repetition of Bassanesque formal or iconographic models; and another more interesting, perceptible in the assimilation of elements of their artistic know-how. It was not uncommon to find both in painters like Juan de Roelas, Sánchez Cotán and Angelo Nardi. Special mention should be made of Pedro Orrente, whom I will come back to at the end of the chapter.

The fact that Jacopo Bassano was widely copied did not escape the attention of critics and theorists. We have seen how El Greco stated that "todo el mundo pretende imitarle", and how Pacheco recommended him as a model for depicting animals. A quick look at Spanish painting in the 16TH and 17TH centuries corroborates these impressions and provides ample examples of the express use of Bassanesque models, such as the bailiff with the "típico tocado cónico bassanesco" in the *Elevation of the Cross*, a print by Juan de Roelas done in 1597[97], the composition of *St Francis Contemplating the Dead Christ* by Pedro el Mudo (1614-1676)[98], or the human types and poses in the works of Francisco Collantes (c. 1599- 1656)[99] and Juan Antonio de Frías y Escalante (1633-1670)[100]. Although hitherto unnoticed, one of the most striking cases is Juan de Arellano (1614-1676), a famous flower painter; in one of his very few incursions into figure painting –the *St Christopher* he executed in 1667 for his funeral chapel in the parish church of San Torcuato in Santorcaz (Madrid)–, he literally copied the engraving done by Aegidius Sadeler in 1605 after Jacopo Bassano's *St Christopher* (Havana, Museo Nacional), which then hung in the church of St Stephen in Muraro[101].

Neither was it unusual for painters to adopt iconographic schemes which, though not originally conceived by the Bassanos, were popularized by them in Spain, such as the background detail of angels in flight seen through the opening in the heavens, present, for example in Angelo Nardi's *Miraculous Refraction of St Diego*[102]. More interesting, and also more controversial, was the depiction of the naked Christ Child in Nativity and Epiphany scenes, which was harshly condemned by Pacheco in his *Arte de la Pintura*:

---

[96] CARDUCHO, 1979, p. 133. Calvo Serraller, who is responsible for the edition, believes that Jacopo Bassano was one of the painters Carducho had in mind when he referred pejoratively to "algunos modernos" who "se han aventajado" in the painting of "países, frutas, animales y otras cosas" that Michelangelo and the painters of his generation held to be accessory (p. 133).

[97] ANGULO, 1958, p. 79.

[98] ANGULO-PÉREZ SÁNCHEZ, 1969, p. 335. The painting, dated 1634, belongs to a private collection in London.

[99] PÉREZ SÁNCHEZ, 1992, p. 254.

[100] ANGULO, 1958, p. 293.

[101] PAN, 1992, pp. 38-39.

[102] PÉREZ SÁNCHEZ, 1992, p. 101.

"Bueno es que pongamos a pleito a los pintores por la falta de los paños del pesebre, siendo algunos tan pródigos como Roelas en el *Nacimiento* de la Casa Profesa desta Ciudad? Donde, a mi ver, puso una sábana y no pequeña, por cama al Niño Jesús en las manos de la Virgen, su madre, imitando al basan, dexándose el Niño desnudo. Supuesto lo dicho ¿cómo se atreven a pintarlo así? Respondo: que a mi no me toca más que advertirlo. Lo cierto es que, cuando no lo dixera el texto sagrado, no sé quien presumiera tan poca providencia y piedad en su santísima Madre que lo expusiera en tan riguroso tiempo, y a la media noche, a las inclemencias del frío"[103].

Bassegoda linked Roelas's *Adoration of the Shepherds* to the Bassano painting of the same subject that was housed in El Escorial, where Pacheco and Roelas would have seen it, and interpreted Pacheco's criticism as a reflection of his ill-feeling about losing the commission for the main altarpiece of the Casa Profesa in Seville to Juan de Roelas and Antonio Mohedano, rather than as a testimony of his heterodoxy[104]. The motif of Mary gently pulling back with both hands the white cloth in which the baby Jesus is wrapped to show him naked to the shepherds became widespread at the beginning of the 17TH century and was not only borrowed by Roelas. El Greco employed it in the *Adoration of the Shepherds* of the altarpiece of the church of Doña María de Aragón (Prado n. 2.988), Sánchez Cotán used it in his *Adoration of the Shepherds* (Madrid, Adanero collection)[105], as did Orrente in a canvas depicting the same theme (Prado n. 1.015). The fact that Roelas was a clergyman and Sánchez Cotán a Carthusian brother shows the weakness of Pacheco's arguments, though his fierce criticism of Jesus's nakedness probably explains his son-in-law's rendering of what is probably the most chaste Christ Child in the history of painting in the *Adoration of the Magi* (Prado n. 1.166) done in Seville in 1619.

But the Bassanos also influenced their Spanish colleagues' manner of painting. Historians from Angulo onwards[106] cite them to explain certain features of Spanish painting from the last third of the 16TH century. The Bassanos, together with certain Flemish artists, are thus held to be largely responsible for the proliferation of naturalistic details in the painting of this period. Indeed, it seems no coincidence that Bassano, whose name was synonymous with the painting of animals and kitchen scenes, should have attained such prestige in Toledo, the city where taste for still life painting first caught on[107], or that a Toledan, Blas de Prado (1545-1600), who supposedly introduced this type of painting in Spain, should have owned a set of Bassano's *Seasons*; or indeed that his follower, Juan Sánchez Cotán (1560-1627), who produced the first signed and dated extant Spanish still lifes, painted in Toledo before 1603, should have made copies of Bassano's works[108]. This Bassanesque tendency towards popular themes is likewise witnessed in works by Angelo Nardi such as the *Adoration of the Shepherds* (Madrid, Private Collection)[109], and it influenced the highly detailed, descriptive naturalism of Juan del Castillo (Seville, c. 1590-Seville 1657/1658)[110].

---

[103] PACHECO, 1990, p. 608.

[104] BASSEGODA/PACHECO, 1990, p. 42.

[105] OROZCO, 1993, pp. 332 and 347-348.

[106] Especially ANGULO, 1954 and 1958.

[107] For the origins of still life in Toledan painting see CHERRY, 1999, pp. 69-85.

[108] The inventory taken of Sánchez Cotán's property in Toledo in 1603 when he entered the Carthusian monastery cites two copies of Bassano, one "de los pastores"; CAVESTANY, 1936-1940, pp. 136-138.

[109] Reproduced in ANGULO-PÉREZ SÁNCHEZ, 1969, plate 233.

[110] "La contemplación directa de obras venecianas, pertenecientes a los Bassano o a su taller, que circularon en gran número por Sevilla", would have been noticeable for example in the *Adoration of the Shepherds* at the church of San Juan Bautista in La Palma del Condado (Huelva), datable to around 1610-1615; VALDIVIESO-SERRERA, 1985, pp. 305 and 344, plate 248.

Even greater credit is given to the Bassanos for spreading the taste for nocturnal scenes, a responsibility which they share with late Titian and north Italian painters active in Spain, such as Luca Cambiaso. The fondness shown by Navarrete el Mudo (1526-1579) for light effects, some of which are as striking as the boy blowing on the burning coal in *The Burial of St Lorenzo* at El Escorial (c. 1578-1579), has been linked to familiarity with painting by the Bassanos[111]. A similar explanation can be given for the nocturnal settings and the experiments with different sources of light found in works by Sánchez Cotán such as his *Virgin and Child* (Granada, Museo Provincial de Bellas Artes) or the *Dream of St Hugo* (Granada, Cartuja), and in others by Juan de Roleas, who introduced the motif of the boy with a candle in the aforementioned *Adoration of the Shepherds*. Francisco Ribalta must also have been sensitive to these light effects during his years at El Escorial to judge from the twilight that bathes the backgrounds of the compositions executed during his later Valencian period[112].

Whatever the reason –aesthetic affinity, the documentary nature of their works or the significant demand for them– the inventories of Spanish Golden Age painters abound in both originals and copies of Bassano paintings as well as in prints inspired by them. We pointed out earlier that the inventory of Sánchez Cotán's collection in 1603 included several copies, and that at the time of his death, Pompeo Leoni owned a number of originals, which he probably intended to sell. To these names should be added Francisco Pacheco, who in 1593 owned an unidentified work by Bassano[113]; Luis de Carvajal, who possessed two copies of "Bassan" when he died in 1607[114]; Juan Vanderhamen, whose 1631 inventory listed "[…] cinquenta y siete estampas, grandes y pequeñas, de diferentes ystorias de Tempesta y del Baçan"[115]; Angelo Nardi, the owner of two Bassano originals and other works by Titian, Correggio and Carducho[116]; and Felipe Diriksen, who in 1660 bequeathed "Una coronación de espinas copia del Bazán" and "un quadro del Nazimiento, de vara y media, copia del Bazán"[117]. Similarly, Juan de Arellano would have owned at least Aegidius Sadeler's print of Jacopo Bassano's *St Christopher,* which he copied for his funeral chapel, among the "Treçe libros de diferentes estampas ystoriadas y figuras y payses y prespectivas y otras ojas sueltas en medio y otros papeles de diferentes estampas arrolladas aparte de diferentes Santos" in his possession when he died in 1676[118]. Mention should likewise be made of Alonso Sánchez Coello, for the inventory of his son and heir Juan, taken in Toledo in 1631, mentions "[…] un lienço mediano de b. y mª de largo y de ancho mas de bara del nacimiento del niño sr Jesuxpto contrahecho del basan y con moldura dorada y negra"[119]. Perhaps this was a copy made by his father of Bassano's canvas at El Escorial which Pacheco found so shocking because of the naked Christ Child. Even in 1716, an inventory of Miguel Meléndez's assets included 10 Bassano prints together with 29 after Raphael and 23 after Rubens, and as late as the end of the 18TH century, Preciado de la Vega in his *Arcadia pictórica* (Madrid, 1789), praised the

---

[111] ANGULO, 1954, pp. 15 and 257. See also MULCAHY, 1999, p. 72.

[112] PÉREZ SÁNCHEZ, 1992, p. 65.

[113] LÓPEZ MARTÍNEZ, 1929, p. 181.

[114] DE ANTONIO, 1987, p. 1.094.

[115] AGULLÓ, 1994, pp. 123-124.

[116] MORÁN-CHECA, 1985, p. 237.

[117] AGULLÓ, 1978, pp. 61-62.

[118] The inventory, dated 20 October 1676, lists "Treçe libros de diferentes estampas ystoriadas y figuras y payses y prespectivas y otras ojas sueltas en medio y otros papeles de diferentes estampas arrolladas aparte de diferentes Santos", valued at 330 *reales*; AGULLÓ, 1998, p. 35.

[119] SAN ROMÁN, 1938, p. 65. Most of the works Juan owned were by painters of his father's time: Luca Cambiaso, Navarrete, Titian (copies and one or two originals), Romulo Cincinato, etc.; there is generally express mention of those he purchased himself.

usefulness of the prints "[…] de Ticiano, del Basán y de los lombardos para el carácter de la verdad, y para las puras expresiones de la naturaleza, y sobre todo para el gusto de Países"[120].

Pedro Orrente

Pedro Orrente (Murcia, 1580-Valencia, 1645) is a special case; ever since Jusepe Martínez made him a follower of Leandro Bassano[121], the two have been habitually linked, and although some historians deny this connection (Ceán, Mayer and Soria), it has become a commonplace in the historiography of the Spanish Golden Age of painting[122].

After training initially in Murcia, his hometown, in 1600 Orrente moved to Toledo, where the Bassanos enjoyed great prestige. Orrente arrived in the city around the time that El Greco was praising Jacopo Bassano in the margins of his copy of Vasari's *Lives* and Sánchez Cotán was copying the compositions in demand from local clientele. It appears to be no coincidence that it was after this stint in Toledo that Orrente set off for his trip to Italy which historians from Jusepe Martínez onwards assumed he made and which is now documented. In Venice on 27 August 1605, "Pietro Orrente, peintre, natif de Murcia" granted a power of attorney to Gasparo Manart, authorising him to collect payment on account of a bill of exchange signed in Alicante on 25 October 1602 in the presence of Giovanni Battista Paravicino[123]. Valuable information on Orrente's biography can be inferred from this document, such as his trip to Italy at the end of 1602, or a more than likely visit to Rome before arriving in Venice. But the document is especially interesting as it links the name of Pedro Orrente to that of the Fleming Daniel Nys, who resided in Venice between approximately 1598 and 1640. Nys, one of the leading European art dealers in the first half of the 17TH century, was closely connected to the English court and acted as intermediary of the fabulous sale of the Gonzaga collection to Charles I between 1625 and 1632[124]. I believe it is not unreasonable to assume that the link between Orrente and Nys was Leandro Bassano, whose *bottega* would have been frequented by the Spaniard. By 1605, Leandro had become one of the most internationally renowned Venetian painters and, as such, a priority interest for a dealer like Nys. Nothing else is known about Orrente's Venetian period, though it is possible that during that time he came into contact with Angelo Nardi, who arrived in Spain from Venice in about 1607 and whose work, as mentioned earlier, constantly echoes Bassano[125].

The first documented works by Orrente after his Venetian sojourn –he was back in Murcia by 1607– logically betray his knowledge of the Bassanos. This is the case of the *Blessing of Jacob* of the Contini Collection, signed and dated in 1612, or the several versions of the *Supper at*

---

[120] PORTÚS-VEGA, 1998, pp. 204 and 80.
[121] "Al cabo de algunos años llegó a esta misma ciudad [Valencia] un pintor de grande ingenio, que se llamó Pedro Orrente; dicen que fue natural de Murcia, estuvo en Italia mucho tiempo y en Venecia, doctrinose lo más con Leandro Basán, donde con sumo estudio cogió su manera de obrar, que aunque el Basán se ejercitó más en hacer figuras medianas, nuestro Orrente tomó la manera mayor, en que dio a conocer su grande espíritu; y aunque el Basano fue tan escelente y superior en hacer animales, no fue menos nuestro Pedro Orrente"; MARTÍNEZ, 1988, p. 237.
[122] Pacheco should be included among those who denied such a connection. In what is the earliest allusion to Orrente in Spanish artistic literature, Pacheco refers to him as the best painter of animals in Spain "[...] aunque se diferencia en el modo del Basan y hace manera suya conocida por el mesmo natural"; PACHECO, 1990, p. 517.
[123] "Pietro Orrente, peintre, natif de Murcia, identifié par Daniel de Nys, donne procuration à Gasparao Manart, à Rome, pour recevoir de Ferrante Frigerio 73 écus 14 sous 6 deniers en vertu d'une lettre de change du 25 octobre 1602 de Giovanni Battista Paravicino d'Alicante"; BRULEZ, 1965, p. 558. I owe my knowledge of this valuable bibliographic reference to the generosity of Professor Jonathan Brown.
[124] For Nys in Venice see HOCHMANN, 1992, pp. 217-218.
[125] On the subject of Orrente, an essential work continues to be ANGULO ÍÑIGUEZ-PÉREZ SÁNCHEZ, 1973, pp. 227-358.

Emmaus, where he reproduces in simpler form the indoor/outdoor scheme of so many Bassano compositions and many of their physical types[126]. But Venice was not the only place where Orrente could have become steeped in "Bassanism". The Museo de Bellas Artes in Valencia houses a drawing of the *Departure of Abraham* which specifically reproduces the canvas that Guzmán de Silva sent Philip II. The back of the drawing bears an autograph inscription: "*En 16 setembre del An 16.7*" above the painter's monogram of entwined letters, which enables it to be dated to 1627, when there is record of Orrente's presence in the Spanish town of Toledo[127].

What did Orrente learn from Leandro Bassano? We have listed some of the borrowings pointed out by historians: iconographic elements, such as the Virgin Mary showing the naked Christ Child, compositional motifs, physical types and even expressive devices such as the twilight of the outdoor scenes. However, as in the case of other painters, all these elements could be assimilated without venturing beyond Spain. The most important thing Orrente learned from the Bassanos was the rendering of religious themes as genre scenes and the conception of painting as a market-oriented activity. Back in Spain, he applied this commercial approach to his work with excellent results, becoming one of the most successful 17TH century artists. In order to satisfy rising demand, Orrente must have structured his workshop like Leandro Bassano's *bottega*. This probably explains the large number of drawings he kept there, which could be used as models to be included at random in any composition[128]. Like the Bassanos' *bottega*, Orrente's workshop produced countless paintings of varying quality, which often, like those of the Italians, are monotonous repetitions of the same models. We thus find painstakingly executed works such as *Laban Reaches Jacob* (Prado n. 1.017) or the *Adoration of the Shepherds* (Prado n. 1.015) together with rather mediocre compositions that bear the guarantee of the painter's monogram ("P.+O"), which certifies they were executed under his supervision but does not necessarily establish them as autograph works[129]. Aimed at an undiscerning public, these workshop products generally include biblical references ("GEN.12.") identifying the scenes. These inscriptions underline the inadequacy of the images and the need to turn to writing to clarify their content, thus highlighting the limitations of genre painting in seventeenth-century Spain.

The similarities between Orrente and Leandro Bassano by no means blind us to their differences, which at times are so noticeable that they explain some scholars' reluctance to accept there was a direct link between the two. Orrente was in fact an eclectic painter who, in addition to what he learned from Leandro Bassano, displayed Venetian (Titian, Veronese and Tintoretto) and Toledan influence (Tristán), and a knowledge of naturalism through Mayno and Caravaggio. In the case of the latter, this influence should be re-examined in light of Orrente's more than likely sojourn in Rome. What is more, the best of his works –the *St Leocadia* in Toledo Cathedral, the *St Sebastian* in Valencia's Cathedral and the impressive *Martyrdom of St James the Minor* which hangs in the Museo de Bellas Artes del Valencia– owe little to the Bassanos other than some specific physical types. Orrente's "Bassanism", more thematic than stylistic, was just one

---

[126] Of the more than a dozen versions of the *Supper at Emmaus*, a large example (178 × 263 cm) in the Italian art market in 1977 is particularly noteworthy; PÉREZ SÁNCHEZ, 1980, pp. 1-18. Also interesting is the version housed in the Museum of Fine Arts, Budapest; HARASZTI-TAKÁCS, p. 8.

[127] ESPINÓS DÍAZ, 1987, p. 20.

[128] This must have been the purpose of several drawings of clearly Bassanesque inspiration in the Museo de Bellas Artes in Valencia, such as *Man with Knife*, *Boy with Pitchers*, or *Seated Boy*. For a repertory of Orrente's drawings see ANGULO-PÉREZ SÁNCHEZ, 1988, plates LXXIII-XCIII.

[129] For example the *Building the Cabin after the Flood* (oil on canvas, 118 × 170 cm; signed "P.+0", Museo de la Catedral, Orihuela), or *The Departure of Abraham* (oil on canvas, 108 × 164 cm; signed "GEN.12. P.+O.F", private collection, Murcia). Both are reproduced in *El legado de la pintura. Murcia, 1516-1811*, Murcia, 1999, pp. 92-93 and 98-99.

aspect of his very broad repertory, though it was the one which earned him the most praise and the most substantial profits.

Orrente is probably responsible for certain Bassanesque elements that are perceptible in the works of the Valencian Miguel March (1633-1670) and Juan Conchillos Falcó (1641-1711). To the former, the son of Orrente's follower Esteban March, is attributed a drawing of *The Supper at Emmaus*[130] which expressly reproduces the El Escorial composition of the same title acquired by Charles II in 1688 at the auction of the Marquis of Carpio. Should this attribution be confirmed, we could speculate about a hitherto unknown trip made by March to Madrid, where he would have studied the work while it was still owned by Carpio. In 1672 Conchillos, a follower of the March father and son, produced an etching of the *Mourning the Dead Christ* in which the figure of Christ also reproduced a well-known model by Bassano[131].

Jusepe Martínez's assumption of a link between Bassano and Orrente was widely shared in the 17TH century. Shortly after Orrente's death, a Madrid poet referred to this connection when he praised "sus ejercicios de pastores que por los tiempos del año se diferencias, adonde las ovejas y lo pintado de cobre, pasara por de Bassano"[132], and it was not unusual for collectors of Orrente to own works by Bassano, such as Pedro Pacheco[133] of Madrid and Pedro de Arce, also of Madrid, who in 1664 owned 19 works by Orrente and three attributed to Bassano[134], and the 10TH Admiral of Castile, who dedicated a room to each painter at his Madrid residence. Also Philip IV, for although the first inventory of the Buen Retiro does not specify location, it repeatedly mentions works by Orrente together with those of Bassano[135]. Furthermore, Orrente was known in Europe as the "Spanish Bassano". An entry in the inventory of the collection of Charles I of England cites "A night piece [...] done by the Spaniard who was an imitator of Bassan's manner"[136], and at Hampton Court there is a *Christ at the Pool of Bethesda* attributed to Orrente, acquired by Charles II of England in 1660 from William Frizell in Breda as "Christ haeleing of the diseased by Spagnioletto deciple of Bassan"[137]. Despite these parallels, Orrente failed to attain the status of the Bassanos in terms of the price fetched by his oeuvre and its critical acclaim. Thus, a *Noli me tangere* by Orrente, described as "maravilloso" in the 1701 inventory of the Buen Retiro, was valued at a meagre eight doubloons, whereas just one of Francesco Bassano's months of the year was worth 125[138]. A further testimony of this difference is the well-known phrase by the poet Ulloa y Pereira, who stresses the lavish nature of Don Suero de Quiñones by pointing out that, in his collection, paintings by Orrente "pasarán por Basán", alluding to an equality between the two artists that would be excessive in other circumstances[139].

---

[130] Angulo-Pérez Sánchez, 1988, n. 145.

[131] Ainaud, 1962, fig. 425.

[132] Quoted by Angulo, 1958, p. 71.

[133] Cherry, 1997, p. 34.

[134] The paintings by Bassano (it is not specified which), were a "Madalena, de bara y quarta en quadro, tasada en mil reales"; "Mas dos ystorias del basán de tres quartas de alto cada una y dos terzias de ancho con sus marcos dorados, el uno de la cruz a cuestas y el otro de la prisión de Cristo, ambos en mil reales"; Caturla, 1948, pp. 292-304.

[135] Orrente at the Buen Retiro in Brown-Elliott, p. 132.

[136] Quoted by Angulo Íniguez-Pérez Sánchez, 1973, p. 349.

[137] Shearman, 1983, p. 168.

[138] Fernández Bayton, 1975, II, pp. 327 and 333.

[139] Sánchez, 1965, p. 66, note 13.

IV. USES AND FUNCTIONS OF THE BASSANOS IN GOLDEN AGE SPAIN

The previous pages give an account of the prestige the Bassanos enjoyed among collectors, critics and artists of Golden Age Spain, but do not examine the circumstances that made this possible in depth. The varying quality of the Bassano paintings which arrived in Spain in the 16TH, 17TH and 18TH centuries, and the fact that it was not the finest examples that achieved greatest popular acclaim (suffice it to recall the unremarkable series of the twelve months of the year signed by Francesco Bassano), rule out quality as the explanation for their success, which must be sought in other factors. The most decisive was timing, as the appearance on the scene of the Bassanos coincided with a decisive moment in the evolution of the appreciation of painting in Spain. The half-century that elapsed between Felipe de Guevara's recommendation to Philip II of the appropriateness of hanging paintings in his *Comentarios de la pintura* (c. 1560)[140] and the testimonies of the 1620s of the omnipresence of paintings on the walls of Spanish residences[141], was a crucial period in the establishment of painting as an essential element of houshold furnishing. The turning point in this process can be dated more accurately to the last decades of the 16TH century, as suggested by the changes in the decoration of the Madrid Alcázar. When the Fleming Juan de Vandenesse set eyes on the building in 1560 and Italian Venturino da Fabriano in 1571, its walls were covered in tapestries and gold and silver draperies; however, when the Central European Diego Cuelbis visited the palace in 1599, it was filled with paintings[142]. There is evidence of a similar development in private homes, where paintings multiplied in number and spread throughout the rooms. Whereas Antonio Pérez owned 127 paintings in 1585[143], the Count of Ficallo had 281 in 1600, and the 5th Duke of Infantado left the considerable number of 349 when he died in 1601[144]. The collections of Ficallo and Infantado furthermore reveal a growing diversification of subject matter, precisely as a result of this "triumph" of painting. Both contained fewer relgous than profane works, and the latter, together with the traditional series of portraits and views of cities and battles, included mythological scenes, still lifes "de Flandes e Italia", depictions of seasons and months of the year, "cocinas", and landscapes, among others[145]. But what is more, these and other collections, such as that of Cardinal García de Loaysa (1534-1599) in Toledo, reveal the degree of sophistication of the elite classes, who by then shunned servile imitation of the pictorial taste of the monarchy and had taken the initiative[146].

It is in this context of expansion and diversification of painting that we should place the triumphant irruption of the Bassanos, which owes less to the works that arrived at El Escorial than to those sent by Italian dealers. And of these, the ones which enjoyed the greatest success between 1590 and 1630 were the series: months of the year and signs of the zodiac, seasons, the story of Noah[147] – paintings whose subject matter was a pretext for depicting vast natural settings, mountains, rivers, animals and objects of different qualities and textures. The initial aim of these "pastorals", in which Jacopo Bassano dignified humble peasants, portraying them as God's chosen

---

[140] GUEVARA, 1788, pp. 4-5.

[141] By then, it had become the duty of any host to show his paintings to guests; PORTÚS, 1999, pp. 67-73.

[142] GERARD POWELL, 1998, pp. 339-340.

[143] DELAFORCE, 1982, pp. 742-752.

[144] BURKE-CHERRY, 1997, pp. 199-203.

[145] SCHROTH, 1985, pp. 29-30.

[146] The pictorial context during the reign of Philip III has been studied competently by MORÁN, 1997, pp. 13-30 and 63-82.

[147] in Spanish America, as evidenced by the series of months of the year at the Museo de Arte Religioso of Lima Cathedral, and a Bassanesque canvas of *Animals Entering Noah's Ark* at the palace of Torre Tagle, also in Lima; UGARTE ELÉSPURU, 1989, pp. 213-237.

people, in response to the religious and social situation of the Venetian "terra ferma" in the mid 16TH century, gradually became increasingly distorted as a result of their success in the urban world, and they were eventually reduced to genre scenes, and the countryfolk who populated them to stock figure types. The works of this kind that arrived in Spain were almost standardised *bottega* products in which the initial message had faded into insignificance[148]. Their status among Spanish literati and collectors is explained by the same reasons that made them possible in Venice: urban nostalgia for an idealised nature and an interest in the human types who lived in this environment. The fact that these ideas were present in Spanish society is evident by the extraordinary success achieved by pastoral novels, which reached their peak of popularity (1560-1630) at the same time as the painting of the Bassanos. The literary "pastorals" of Jorge de Montemayor, Gaspar Mercader, Miguel de Cervantes and Bernardo de Balbuena are similar to those painted by the Bassanos in that they depict an ordered, harmonious world in which "el arte parecía vencer a la naturaleza"[149], and it is therefore not surprising that among the Bassanos' early admirers were prominent exponents of this genre, such as Lope de Vega (*La arcadia*, 1598) and Suárez de Figueroa (*La constante Amarilis*, 1609). The demand for such paintings –"pastoriles"– spurred the execution of the only Spanish engravings inspired by the Bassanos' oeuvre: a series of the *Seasons* signed in 1629 by the Madrid-based Flemish artist Juan de Noort[150]. Although Noort merely made inverted copies of Jan Sadeler's prints of the same subject matter (ca. 1598-1600)[151], their very existence is highly significant, given the scant number of paintings that were engraved in the Spanish Golden Age.

The fact that Bassanos' paintings appeared on the scene at the right time may explain their initial success, but not the prestige they continued to enjoy until well into the 18TH century. Between 1590 and 1615, Italian painters such as Vincenzo Campi and Flemish artists like Pieter Aertsen and Joachim Beuckelaer seduced the Spanish public with similar themes: seasons, kitchens or still lifes with figures, but none achieved a success lasting over a century, which suggests that the reasons for the "Bassano phenomenon" were not merely circumstantial. It is appropriate to ask to what extent their aesthetic properties appealed to a hypothetical "Spanish taste" characterised by a clear preference for "colorito" as opposed to "disegno" and, accordingly, a logical penchant for Venetian painting. From the accounts of Florentine and Flemish writers living in Spain, we also know of Spaniards' preference for paintings of "rilievo", with good-sized figures shown full-length[152]. The works of the Bassanos displayed such characteristics. Their "rilievo" and colour were so obvious that they drew criticism from Sigüenza and Pacheco, and in all their works, even the most pastoral in inspiration, the human figure is unquestionably the centrepiece of the composition, which is not the case for example, of Flemish landscapes. Neither can other causes be ruled out. Returning to the "bodegones con figuras" or "cocinas", those painted by the Bassanos were likeable, especially since they lacked the almost caricaturesque elements of those of Vincenzo Campi or Annibale Carraci and the underlying sophisticated social criticism of those of Aertsen or Beuckelaert[153]; this may have limited their ambivalence, but it also made them less subject to fashions and sudden changes of taste.

From a strictly visual point of view, the painting of the Bassanos allowed different approaches that made them attractive both to the public at large and to experts and aficionados. One of the

[148] MURARO, 1992, pp. 41-51.

[149] AVALLE-ARCE, 1974, p. 218.

[150] The Biblioteca Nacional in Madrid has three (inventory 1885, 1886 and 1887); only autumn is missing PÁEZ RÍOS, 1982, p. 290.

[151] PAN, 1992, pp. 31-34.

[152] GOLDBERG, 1996, pp. 913-933; DE MARCHI-VAN MIEGROET, 1999, p. 100.

[153] SULLIVAN, 1999, pp. 236-266.

latter, Fray Hortensio Félix Paravicino, included in his *Oraciones evangélicas* (Madrid, 1645) a passage that is worth considering: "Pasáis por esa calle Mayor, veis un lienzo de un país recién pintado, o una historia, agradaos lo colorido de paso, fue verlo sólo; pero deteneos a ver si descubre la imitación al natural, lo vivo de la acción y el decoro de la historia, o el ademán, el desnudo, o el escorzo; aquello es considerallo"[154]. Although Paravicino does not cite the Bassanos, their painting matches the description with its vibrant colours and broad diffusion, but also on account of the naturalistic components, the foreshortened figures and many other elements which could draw the attention of aficionados. Indeed, it seems as though when he wrote these lines, Paravicino had in mind Van Mander's biography of Jacopo Bassano (1604): it points out that his animals appealed to the general public but also to painters and experts, unlike those of other artists which were only to the liking of the painters themselves or the masses[155].

Although public and critics alike praised the naturalistic details of the Bassanos' paintings and their mastery in depicting animals or recreating the texture of different objects, we should not forget that, except for the series of seasons and months of the year —which often even included biblical scenes in miniature– most of the paintings that reached Spain illustrated passages from the Old and New Testaments. We should therefore ask what value the owners attached to this religious content. It can be inferred from period sources that, save some exceptions, the religious themes of these works were irrelevant. Few Bassano paintings were hung in places of worship (I will come back to this point), and an equally scant number merited the description of "devout" works. By contrast, many testimonies underline their profane nature, which must have been assimilated by the public at large for Lope de Vega to portray a character from *Virtud, Pobreza y Mujer* (1605) as virtuous because no "vanas fábulas del Mudo, de Bassan ni de Tiziano" hung in her dwelling[156]. Equally conclusive is the fact that many inventories fail to mention the subject matter of their works. As Cherry has pointed out, in the case of no other painter or painters is the subject matter so frequently omitted as with the Bassanos. This would suggest that the theme was irrelevant and that simply identifying the artist immediately brought to mind an unmistakable type of painting[157]. The uniqueness of the Bassanos with respect to other painters was more important than the different themes they painted, and this probably explains why they were the first to be dedicated rooms of their own in palaces and noble residences.

Were not the paintings of the Bassanos used for prayer? Bearing in mind their location, one concludes that few were painted for places of worship or prayer, and that they were almost always "nocturnes", paintings illuminated with autonomous sources of light (torches, embers or candles) which created violent contrasts between areas of total darkness and others of vibrant luminosity. These nocturnal scenes, which combined experimentation and virtuosity, enjoyed great prestige in northern Italy from the mid 16TH century. They became popular in Spain through late works by Titian, such as the Escorial *Martyrdom of St Lawrence*, the arrival of Italian painters such as Luca Cambiaso, Peregrino Tibaldi and Federico Zuccaro, and also through imported works by the Bassanos[158], whose night scenes were praised by Pacheco: "[...] las pinturas de noche, en que se esmeró el Basan"[159]. Further nocturnal scenes include the three paintings on slate depicting the *Expulsion of the Merchants from the Temple*, *Christ Carrying the Cross* and the *Christ Crowned with*

---

[154]   Quoted by PORTÚS, 1999, p. 49.
[155]   BALLARIN, 1995, vol. I, p. 68.
[156]   PORTÚS, 1999, p. 175.
[157]   CHERRY, 1997, p. 33.
[158]   The "notturni" were regarded as a genuine contribution by Francesco Bassano to his father's style, until Ballarín proved that Jacopo also painted night paintings towards the end of his career; BALLARIN, 1966, pp. 112-136.
[159]   PACHECO, 1990, p. 519.

Thorns which hung in Philip II's oratory, and in that of all the subsequent Spanish sovereigns, at the Madrid Alcázar. Other examples far from the court can be cited: in Peñaranda de Bracamonte, in the province of Salamanca, the Convent of Carmelite Nuns founded by Don Gaspar de Bracamonte y Guzmán houses in the "sala baja de recreación" a *Burial of Christ* attributed to Leandro Bassano, a replica of the one painted by Jacopo for Santa Maria in Vanzo in Padua with scant variations[160].

However, nocturnes were not automatically associated with a devotional purpose. No Spanish writer of the time examined this relationship in any depth, not even the ecclesiastical authors, who, following Pliny, praised these paintings as exercises in virtuosity. The following opinions were expressed by Alonso de la Cruz in his *Discursos Evangélicos* in 1599:

> "Las pinturas que quieren remedar el tiempo de la noche con el artificio del pincel, el encubrir lo que encubre la niebla y descubrir lo que descubre la vista, suelen ser más dificultosas y requieren para entenderse mayor conocimiento del arte; como una *Oración del Huerto*, un *Cristo atado en la casa del mal Pontífice* y *San Pedro acá fuera llorando*; y en lo profano, un *Incendio de Troya*, donde veremos tanta sombra, tanto humo, y descubiertas las medias figuras"[161].

and by Diego de la Vega in *Paraíso de la Gloria de los Santos* (1607):

> "Suele la mano artificiosa de un pintor mostrar su destreza en una pintura de noche. Encubre con la subtileza del pincel lo que encubren las tinieblas, y descubre lo que descubre la vista; en lo cual se muestra mucho más el artificio y genio del oficial, como en una tabla de la *Oración del Huerto* representar la escuridad de la noche, la espesura y maleza de los árboles, la postura de rodillas del Cristo, el sueño de los discípulos, los rayos de luz que echa de sí el ángel con que va desbaratando las nieblas. Lo mismo en una pintura a lo profano, ver un *Incendio de Troya*, donde se ven los medios edificios caídos, las torres que vienen a tierra, las llamas que suben trepando, tanto humo, tantas sombras, y descubiertas las medias figuras a media luz y no más"[162].

Neither did Italian theorists associate night paintings with particular devotional practices or attach any additional value to them for inducing prayer; like their Spanish counterparts, they stressed their virtuosity[163], though as Giovanni Battista Armenini pointed out in *De veri precetti della pittura* (1586), they had become outmoded by the time he wrote his treatise[164]. Although overlooked by critics of the time, the devotional qualities of the nocturnes are obvious. Night pieces corresponded to the painter's strategy of directing the onlooker's gaze. A nocturne conceals nothing (the figures and objects would be the same with more light), but obliges the spectator to

---

[160]   At the convent, Don Gaspar, viceroy of Naples between 1658 and 1664, collected works by Luca Giordano and Andrea Vaccaro among others; CASASECA CASASECA, 1984, pp. 263-264.

[161]   HERRERO GARCÍA, 1943, p. 384.

[162]   HERRERO GARCÍA, 1943, pp. 177 and 214.

[163]   See for example GIAN PAOLO LOMAZZO, *Trattato dell'arte della pittura, scultura et archittetura*, (1585), Book four; Ibid., vol. II, p. 194.

[164]   "Otras [alude a las luces] son artificiales, como el fuego, las lámparas y similares, de las cuales se sirven los pintores cuando hacen historias o fantasías de asuntos nocturnos y obras o dibujos caprichosos que hacen a menudo para mostrar los admirables efectos de esas luces, y para dar a conocer al mundo los artificios excelentes de sus ingenios. Para esto no hay otro estudio que el natural de esa luz que imitan, la cual por lo común, allá donde cae es bastante más fiera que la luz diurna, y donde no toca, las sombras son más densas y negras. Hay algunas tablas y cuadros trabajados así al óleo por Tiziano, Correggio, Parmigianino y Maccarino, tal como yo he podido ver viajando por Italia, que en verdad son bellísimos, pero hoy en día poco apreciados"; ARMENINI, pp. 123-124.

focus his attention on the illuminated area. The contrast between light and darkness thus affords the figures greater prominence and enhances the dramatic nature of the scene. But the connotations of night paintings go beyond the merely expressive[165], and works like the *Christ Crowned with Thorns* which Philip II owned (catalogue exhibition n. 17), also clearly illustrate a longstanding traditional symbolism of Christian liturgy, as they associate night with the Passion and light with the redemptive powers of Christ, to whose illuminated body the spectator's attention is drawn.

In fact, Philip II provides a good example of how paintings were adapted to specific uses and locations. In principle, it is surpirisng that the same man who criticised Federico Zuccaro for including a basket of eggs in an *Adoration of the Shepherds* and contractually forbade Navarrete to include "ni gato, ni perro, ni otra figura que sea deshonesta" in his paintings[166], should have liked the religious compositions of the Bassanos, full of domestic animals and objects for which it was difficult to find any textual justification. The reason lies in the use given to each work. The paintings by Zuccaro and Navarrete were done for the altars of the Basilica, and Philip II's criticisms were in consonance with the recommendations of cardinals Paleotti (*Discorso intorne alle imagini*) and Borromeo (*Instrctiones fabricae et supellectilis ecclesiasticae*)[167]. At El Escorial, the *Expulsion of the Merchants from the Temple* and the *Jacob's Journey* adorned the gallery of the infanta in the part of the building used as a palace, which was also hung with a copy of the Noah series. No Bassano paintings were hung in areas of worship, though they were placed in less profane locations such as the prior's cell, where the original Noah series hung, and the small cloister of the old church, which housed a *Christ on the Mount of Olives* and a *Nativity*. None of these paintings was used for prayer, and Padre Sigüenza pointed out that the three aforementioned works were hung too high to be appreciated[168]. The *Christ on the Mount of Olives* and the *Nativity* were furthermore nocturnes – a fact which invalidates any automatic association with devotional practices. The owner's will was required for such a link to be made for Philip II did use Bassano night pieces for devotional purposes at the Alcázar. Evidently, just as important as the theme or appearance of the works was their "scenographic arrangement", for there they were located in a private oratory, sheltered behind taffeta curtains, which enabled the sovereign to uncover on each occasion only the image before which he wished to pray[169].

The use given to each work on each occasion therefore provides the only indication of the owner's attitude, as the paintings in themselves are neither sacred nor profane. Lazarus and the rich man was one of the most popular themes depicted by the Bassanos. Its detailed recreation of the miser's luxurious house, with its copperware and glassware, kitchen and servants, appealed to many Spanish collectors, including Philip II himself. But the fact that these paintings were appreciated above all for their naturalism does not mean that they could not also serve more noble purposes. One had only to heed Alonso de Villegas, who, in the second part of his *Flos Sanctorum* (Toledo, 1588), one of the most widepread devotional works of the time, dedicated four chapters to the parable of Lazarus, reminding the reader that God rewards he who patiently endures poverty and illness, and stressing the importance of performing acts of mercy to earn a place in heaven[170]; these thoughts are illustrated in a fine engraving by Pedro Angel[171].

[165] BERDINI, 1997, pp. 113-120, and 2000, pp. 93-100.
[166] CHECA, 1992, pp. 337-344.
[167] BAROCHI, II, p. 388 (Paleotti), and III, p. 43 (Borromeo).
[168] SIGÜENZA, 1986, p. 374.
[169] On the devotional practices of Philip II see GONZÁLEZ GARCÍA, 1998, pp. 185-201.
[170] VILLEGAS, 1588, fols. 433 rev. and ff.
[171] ROTETA, 1985, pp. 125-128.

V. By Way of a Conclusion: The Gallery of the Prelate at the Archbishop's Palace in Seville

I would like to end this paper by mentioning the Gallery of the Prelate in the Archbishop's Palace in Seville, which houses the only set of Bassano paintings whose arrangement has remained unchanged since the 17TH century. The ceiling of the gallery, decorated with canvases set inside frames, Venetian style, is a compendium of many of the issues addressed in the previous pages since it provides a magnificent example of how the paintings by the Bassanos spread throughout seventeenth-century Spain and the different uses they were given.

Dated to 1604, when Cardinal Fernando Niño de Guevara was archbishop, the ceiling of the Gallery of the Prelate is made up of thirteen canvases framed by a decorative border with vegetal motifs. Paintings of the four elements and one still life are arranged along the longitudinal axis, interspersed with four episodes of the history of Noah and a further four of the seasons. Valdivieso and Serrera assumed the paintings to be of Venetian origin, classifying the Flood scenes as copies of Jacopo Bassano and those of the four seasons as copies of Leandro, and suggesting that the canvases of the elements and the still life were done by an anonymous Flemish painter active in Venice[172]. Falcón Márquez later considered all the paintings to be Spanish, without citing his reasons[173], though this theory has been rejected by Fernández López[174].

With the exception of the *Still life with Cook*, which is of passable quality and probably of Flemish origin, the paintings are rather mediocre Spanish copies of Venetian originals. What interests me is to establish what these originals were and where they were in 1604, in order to then analyse how the copies came to be in Seville. The court is the unavoidable reference. The set of Noah paintings is literally a copy of "aquellos cuatro cuadros del Diluvio, tan celebrados por la invención y la multitud y variedad de animales" by Jacopo Bassano which Sigüenza refers to as hanging in the prior's cell at El Escorial; this was a successful series as Sigüenza also mentions a copy in the gallery of the infanta in the monastery[175]. The seasons are in fact replicas of four of the twelve months by Francesco Bassano which Ferdinando de Medici sent to Spain and were known in Seville through the copies that Bartolomé Carducho did for Melchor Maldonado. Guevara, or whoever designed the ceiling, merely chose the months that best symbolised the seasons: *May/Gemini* spring; *June/Cancer* summer; *November/Sagitarius* autumn, and *December/Capricorn* winter. The four elements are also copies of a series that probably hung in the court at the time, as the Museo del Prado houses two of the originals, which hail from the former royal collection: *Air* (n. 5.229) and *Fire* (n. 3.594). Although described as "escuela de Bassano", I believe them to be closer to Paolo Fiammingo (ca. 1540-1596), which would support Serrera's and Valdivieso's intuition when they suggest a Flemish painter active in Venice. It should also be pointed out that none of the copies was painted expressly for the occasion; existing works were altered to adapt them to the ceiling. This manipulation is particularly evident in the canvases of the seasons, which were trimmed at the top and the sides, and in the Noah paintings, all of which have an extra strip added at the bottom.

According to a complex iconographic interpretation of the ceiling, its promoters aimed to transmit the idea of a god who was generous to mankind. Noah, the forerunner of Christ, thus conveys a message of salvation in which the Elements and Seasons allude to the composition and pace of Nature, whose domination by man had been assured by the alliance between God and

---

[172] Valdivieso-Serrera, 1979, pp. 75-79.
[173] Falcón Márquez, 1997, pp. 257-261.
[174] Fernández López, 1999, pp. 159-171.
[175] The Noah series at El Escorial in Luna, 1971, pp. 321-336.

the Patriarch following the Flood. Accordingly, the still life painting represents the promise contained in *Génesis 9,3*: "Every moving thing that lives shall be food for you; and as I gave you the green plants, I give you everything"[176]. Without denying the credibility of this theory, which is nonetheless lacking in doctrinal references[177] and rather sophisticated for an area of transit like the Gallery of the Prelate, we should also consider artistic motives and prestige. In Seville in 1604, the Bassanos and Flemish painters of elements, seasons and "cocinas" embodied a modernity to which a Toledan like Cardinal Niño de Guevara, cannot have been insensitive. Indeed, we cannot dismiss the possibility that he wished to follow the artistic trends in vogue at the court in the Archbishop's Palace, as neither he nor the Sevillians would have been unaware that those copies reproduced originals from the royal collection or from that of the immensely powerful Duke of Lerma.

[176] JORDAN-CHERRY, 1995, p. 20.
[177] FERNÁNDEZ LÓPEZ, 1999, p. 169.

CATALOGUE

"Gloriavasi Iacopo da Bassano d'haver ottenuto dal Cielo quattro figliuoli, ciascun di loro dotato di qualche particolar gratia nella Pittura: Francesco, ch'era il maggiore, attivo alle inventioni, Gio. Battista e Girolamo, pratici nel far le copie delle sue pitture, e Leandro il Cavaliere (...) particolarmente eccellente ne'ritatti".

RIDOLFI, *Le maraviglie dell'arte, Ovvero.*
Le vite degli illustri pittori veneti e dello Stato, Venecia, 1648.

Despite the publications by Ballarin and Rearick in recent decades, the task of cataloguing the paintings of the Bassanos continues to pose major difficulties. Considerable divergences remain with respect to authorship and chronology, and it is not unusual to find contradictory opinions in the same publication. Although Jacopo's pre-1560 oeuvre is well documented, there are questions regarding the rest, owing to the family situation (Jacopo's four sons were painters)[1] and to the huge success he enjoyed in Venice thereafter, which led to changes in the methods of the *bottega*, as Jacopo allowed his sons to take over much of the work and increasingly reserved himself for the tasks of drawing, correction and finish. Eventually, growing demand forced him to restructure the family business completely, and it was thus divided between Bassano del Grappa, where Jacopo remained until his death, and the studio in Venice, which was joined successively by Francesco (1578), Leandro (1588) and Girolamo (1595).

Not all Jacopo's sons displayed the same ability. Girolamo and Giambattista lacked talent and, except for his work as a portraitist, Leandro's success was largely due to his perpetuation of his father's models. Francesco was the only one with whom Jacopo established a two-way relationship and, indeed, some of the most popular *bottega* products sprang from the collaboration between father and son during the 1570s. Even so, the main asset of the family business was Jacopo's models and designs, from which all the painters drew to some extent. Jacopo himself was not unaware of this, and bequeathed them to his less talented sons in his will: Giambattista and Girolamo, as Leandro and Francesco were "pratichi et pronti nelle inventioni"[2].

This dependence on the same set of models, available in different formats, supports and degrees of execution, ranging from pastel sketches to the most detailed drawings, explains the tedious repetition of figures that characterises Bassanesque production. This repetition furthermore led to decontextualisation, since although many arose in specific contexts, such as the "reclining figure of reception" studied by Berdini, they eventually became "all-purpose figures" that could be included in any composition[3]. The detrimental effects of this practice did not escape critics; indeed, Francisco Pacheco stated that "(...) todas sus figuras siguen un traje, y éste es moderno y sirve en todas las historias, como sirven también las figuras, porque el viejo, el mancebo, el niño, la mujer, es una figura mesma introducida en todos los actos de sus historias"[4].

The paintings examined in this catalogue are all later than 1560 –most are post-1575– and represent the most popular themes produced by the Bassano *bottega* in the last quarter of the 16TH century: Old Testament journeys, kitchen scenes, nocturnes and series depicting the months and seasons and the story of Noah. Their quality often varies enormously, ranging from late masterpieces by Jacopo through works executed in co-operation with his sons to even rather mediocre workshop pieces. Bearing in mind these circumstances and the unitary nature of Bassanesque paintings over and above the specific identity of their author or the aforementioned differences in quality, I have chosen to structure the catalogue according to subject matter.

[1] Francesco (Bassano, 1549-Venice, 1592); Giambattista (Bassano, 1553-Bassano, 1613); Leandro (Bassano, 1557-Venicea, 1622) and Girolamo (Bassano, 1566-Venice, 1621).

[2] ALBERTON VINCO DA SESSO-SIGNORI, 1979, p. 163. Verci, in his *Notizie intorno alla Vita e alle opere de' Pittori, Scultori, e Intagliatori della Città di Bassano* (1755), mentioned the "teste, mani, piedi, e figure interne, y suoi modelli coloriti in carta, dipinti e disegnati a chiaro scuro, così anco di tutti gli animali, frutti, paesi, e quanto di più se vede espresso nelle sue opere" housed in Jacopo's workshop when he died in 1592; cited by ARSLAN, 1960, I, pp. 126-127.

[3] BERDINI, 1997, pp. 36-59; see also BIALOSTOCKI, 1978, pp. 169-172.

[4] PACHECO, 1990, p. 414.

I
OLD TESTAMENT JOURNEYS

In the early 1560s, Jacopo Bassano began to draw his subject matter increasingly from the Old Testament. The resulting compositions, such as the Hampton Court *Jacob's Voyage*, were set in vast nature surroundings populated with human figures and animals, whose meaning has intrigued historians. According to Bialostocki, these paintings reflected man's subordination to God and Nature: the end of the heroic style of the Renaissance and the advent of the "estilus humilis" of the Counter-Reformation[5], while Rearick interpreted the abundance of naturalistic details as related to Jacopo's affinity with reformist ideals[6]. The most convincing explanation was recently provided by Muraro, who links these compositions to the conflictive religious and political situation of the "terra ferma" of Venice in the second third of the 16th century, characterised by a growing antagonism between country and city and echoes of the Protestant Reformation. According to Muraro, Jacopo successfully expressed the spiritual aspirations of the peasant communities for whom he worked in these paintings in which Nature takes the place of History, and the country folk, traditionally excluded or ridiculed by high culture, acquired a dignity as God's chosen people[7], presented with the "humile pastoral simplicità" that Boschini mentioned in relation to a Nativity scene by Jacopo Bassano[8]. This dignifying of the country people is also perceptible in texts such as Agostino Valier's *Rhetorica ecclesiastica* (1570), which attaches value to rural tasks, stating that they should no longer be considered "labore servili, sed honesta omini voluptate"[9].

Paradoxically, the success these paintings enjoyed in Venice led their content to be altered and, particularly at the hand of Francesco and Leandro, they became genre scenes for urban collectors, and the country folk they depicted "tasteful" characters. As Muraro pointed out, within a few decades, the country people, for whom Jacopo's early works were intended, had become the subject matter of paintings that they did not themselves consume[10].

[5] BIALOSTOCKI, 1978, pp. 169-173.
[6] REARICK, 1978, pp. 331-342.
[7] MURARO, 1992, pp. 45-51.
[8] BOSCHINI, 1660, p. 175.
[9] BERDINI, 1997, pp. 19-20.
[10] MURARO, 1992, pp. 50-51.

1 JACOPO BASSANO

The Israelites Drinking the Miraculous Water, c. 1563-65
Oil on canvas, 146 × 230 cm
Madrid, Museo Nacional del Prado, n. 6.312

INSCRIPTIONS: "757" lower left.

PROVENANCE: Royal Collection. Recorded in the 1636 inventory of the Alcázar in Madrid, where it hung in the "Tercera pieça sobre los arcos del Jardín, que es la primera como se entra de la grande"[11]. Although not mentioned individually in subsequent inventories, it must be one of the seven paintings depicting Old Testament scenes attributed to "Basán el Viejo", which hung in the "pieça donde S. M. Dormía en 1666, 1686 y 1700". Deposited at the Museo de Murcia between 1882 and 1969.

CATALOGUES AND INVENTORIES: 1834: n. 477; 1843-1858: n. 757; 1872: n. 25; 1910-1969: n. 6.312.

BIBLIOGRAPHY: Madrazo, 1872, p. 25 (Jacopo); Pérez Sánchez, 1965, p. 552 (Bassano studio); Ballarin, 1990, p. 145 (Jacopo); Rearick, 1991, p. 7 (Jacopo and Giambattista); Rearick, 1992, p. CLXII (Jacopo and Giambattista); Vittoria, 1992, pp. 108-109 (Jacopo); Checa, 1994, p. 299 (Jacopo); Ballarin 1995, p. 291 (Jacopo).

EXHIBITIONS: Bassano del Grappa, 1992, n. 39; Barcelona, 1997-1998, n. 34.

The painting, which Ballarin includes among the biblical-pastoral works executed by Jacopo between 1566 and 1568, illustrates two episodes which are not strictly contemporary from *Exodus*. On a middle plane in the centre of the composition, Moses and Aaron lead the Israelites towards the Promised Land. The group moves from left to right, guided by the blazing sun which Jacopo substitutes for the pillar of fire that guided the Jews (*Exodus 13: 21-22*). In the foreground, oblivious to the journey, men, women and animals quench their thirst at the spring Moses caused to flow from the rock at Horeb (*Exodus 17: 1-7*).

Ballarin's theory is not acceptable to Rearick, who has distinguished the hand of Giambattista in parts of the landscape, the horse and the figure on its right. He considers that certain motifs are taken from the frescoes painted by Cartigliano in 1575 and from Francesco's *Summer* that hangs at the Galleria Borghese, dated to 1577, and therefore believes it was executed a decade later. He also believes that the *Study of a Page* (Cambridge, Fitzwilliam Museum cat. 101) is a preparatory drawing Jacopo did for the figure offering water to the elderly man on horseback[12]. Romani has subsequently expressed a similar opinion to Ballarin, dismissing any relationship between the Cambridge drawing and the Prado painting, on the grounds that there are more differences than similarities between the figures. After comparing the painting with the work by the same

title at Dresden (Gemäldegalerie, inv. 273), which is dated to 1573 and signed by Jacopo, he claims that the latter was wholly responsible for the Prado painting, suggesting it was executed in 1563-1564.

Even if we accept the theory of Ballarin/Romani, we should not rule out the intervention of an assistant, as certain areas are of poor quality compared to the rest of the painting, such as the head of the horse and, behind it, the page loading a barrel onto his shoulders. Neither is the painting in an optimum state of conservation –as early as 1636 it was "algo maltratada"– and this may explain these differences. The pictorial layer is severely abraded and the X-ray reveals losses on the face and body of the woman on the right and the bald, bearded man on the left, as well as on the back of the woman kneeling in the foreground.

Aikema has attempted to explain this painting in terms of Venetian religious experience in the second half of the 16TH century, which was characterised by a growing orthodoxy and increasing control over representational art, perceptible in the inquisitorial suspicions about the inclusion of profane elements in paintings depicting holy themes. This environment would explain why Jacopo introduced changes with respect to earlier works of similar characteristics, such as the Hampton Court *Jacob's Journey*: he sought to endow characteristic elements of genre painting with a moral content in order to banish the slightest suspicion of heterodoxy. According to this theory,

[11] "Un lienço al olio de tres varas de largo poco más o menos, con la moldura que es dorada y negra, es de mano del Basán y está algo maltratada; y es la historia de Moisén y Arón en el desierto y en lo cerca se ve caer agua de una peña y una muger que está veviendo y otra que tiene las manos puestas en una herrada y la otra hincada de rodillas vestida de amarillo, que tiene con las dos manos una escudilla un niño a las ancas= esta pintura estaba en la pieça de las furias de donde se trujo a ésta"; INVENTARIO 1636, cited from a typed version at the Museo del Prado library.

[12] REARICK, 1992, p. CLXII.

a grave warning of the weakness of "homo carnalis", always ready to succumb to the bodily pleasures, underlies the seemingly innocuous human figures and animals who quench their thirst in the foreground, while the presence of Moses and Aaron leading their people reflects the emphasis the Counter Reformation placed on social hierarchy[13].

2   JACOPO y FRANCESCO BASSANO
Departure of Abraham with his Family and Cattle to the Land of Canaan, c. 1573
Oil on canvas, 162.5 × 206.5 cm
Patrimonio Nacional, Real Monasterio de El Escorial

INSCRIPTIONS: "461" y "52" in white, lower right, and "44" on paper, lower left.
PROVENANCE: This was the painting referred to as the *Story of Jacob* which Guzmán de Silva sent to Philip II in January 1574. Sigüenza mentions it as hanging in the palace gallery in 1605. At the Escorial, it was located in the Gallery of the Infanta in 1764, in the upper main cloister in 1820 and in the chapter house in 1857.
BIBLIOGRAFÍA: Sigüenza, 1605, p. 483 (attributed to Veronese); Ximénez, 1764, p. 134 (doubts as to whether Veronese or Bassano); Bermejo, 1820, p. 233 (oubts as to whether Veronese or Bassano); Poleró, 1857, p. 113 (Bassano); Rotondo, 1864, p. 119; Arslan, 1960, pp. 137-138 and 257; Ruiz Gómez, 1991, pp. 191-193.

The canvas represents in great detail a brief passage from *Genesis 12:5*: "And Abram took Sar'ai his wife, and Lot his brother's son, and all their possessions which they had gathered, and the persons that they had gotten in Haran; and they set forth to go to the land of Canaan". The Bassano *bottega* produced at least fifteen versions of this theme in the 1570s. Of these, the one at the Berlin-Dahlem Museum (no. 4/60)[14] is considered the finest example, and there are known replicas painted by Jacopo (Metheuen Collection at Corsham Court, Wiltshire) and Francesco (Amsterdam, Rijksmuseum n. 434 D1)[15], and one or two rather mediocre ones (Padua, Musei Civici, inv B. 2485). There is another version signed by Jacopo and Francesco (Bassano del Grappa, private collection), which was taken up by Francesco (Vienna, Kunsthistorisches Museum no. 1550)[16]. The Escorial painting belongs to this second variant and, like the signed copy at Bassano del Grappa, differs from the Berlin version with respect to some details of the landscape and certain changes in the figures. Some of the most noticeable changes are the substitution of a woman about to load some baskets onto her shoulders for the young man tying bundles on the right-hand side, and the greater prominence of Yahweh, who is larger, pointing the way towards Canaan with his right arm in a more explicit gesture than in the Berlin version. A print by Pietro Monaco, dated 1763, reproduces a version which belonged to the Savorgnan collection in Venice at the time and is different from any of the extant copies but typologically similar to the Berlin version[17].

Rearick and Ballarin date the invention of this composition to 1576-1577, pointing out that, although certain iconographical elements, particularly the central group, had been used in the *Meeting of Joachim and Anna* (Civezzano (Trent), Santa Maria Assunta), Jacopo demonstrated his originality by setting the characters against a landscape dominated in the distance by the omnipresent Mount Grappa, creating a sensation of depth by means of subtle shading. For the figure of Sarai

---

[13]   AIKEMA, 1996, pp. 87-88.

[14]   Signed "JAC. ET FRANS./FIL. P", it is smaller (93 × 116 cm) than the one housed at El Escorial; REARICK, 1968, p. 245. Although Rearick accredited the invention to Jacopo, he attributed much of its execution to Francesco, whose hand is especially perceptible in Abraham's robes, the ass's head, the horse, the landscape and the figure of Yahweh.

[15]   ARSLAN, 1960, II, n. 270 as Leandro. In the opinion of REARICK, 1992, p. CLIV, a drawing of the woman on horseback at the E. B. Crocker Art Gallery in Sacramento is a "ricordo" by Francesco of the Amsterdam figure.

[16]   REARICK, 1992, p. CLIV. The version in the private collection in Bassano del Grappa measures 134 × 183 cm and is signed: "JAC. A PONTE/ ET FRANC.S FILIUS. P."

[17]   PAN, 1992, p. 128.

on horseback, which Sigüenza praised in 1605 as the "cosa más natural del mundo"[18], Jacopo monumentalised the figure depicted behind Moses and Aaron in the previous painting listed in this catalogue, moving it into the foreground.

However, if we accept the identification of the Escorial version as the canvas sent by Guzmán de Silva in 1574, we must date it to two years earlier. This identification is based on several circumstances. The inventory taken after Philip II's death does not mention a painting by that title at any of the royal residences or at the Escorial, where the records mention the arrival on 8 July 1593 of a "lienço al ollio de Abraham quando sale de la tierra de los Caldeos, de mano del Bassano, en su marco con moldura: tiene de alto bara y çinco sesmas y de ancho dos baras y terçia". As Rearick points out, confusion between "Abraham's departure from Canaan" (*Genesis 12: 6*) and "Jacob's return to Canaan" (*Genesis 31: 17-18*) is common and understandable, as there are no elements that clearly distinguish one from the other, and the presence of Yahweh, whom the Bible mentioned in the story of Abraham and omitted from that of Jacob, is an arbitrary criterion[19]. Indeed, there have been historical and illustrious cases of confusion, for the Hampton Court *Jacob's Journey* by Jacopo Bassano was described as *Abraham's Journey* in the inventory of Charles I of England, its first known owner.

3 FRANCESCO BASSANO
Jacob's Journey
Oil on canvas, 155 × 257 cm
Museo Nacional del Prado, n. 3.172. Deposited at the Museo de Bellas Artes de Granada

INSCRIPTIONS: 730 (in orange), lower left.
PROVENANCE: Royal Collection, cited in the 1686 inventory of the Madrid Alcázar as hanging in the "Pieza inmediata de las bóvedas que cae debajo de la del despacho de verano"[20], from where it was moved in 1700 to the "pieza donde su Magestad comía en cuio techo está pintada la noche". According to the 1772 inventory, it was located in the "Antecámara de S. M" of the Palacio Real Nuevo in Madrid, where it remained in 1794, now in the king's bedchamber.
CATALOGUES AND INVENTORIES: 1821-1824: n. 459; 1834: n. 452; 1843-1858: n. 730; 1872-1907; n. 38; 1972-1996: n. 3.172.
BIBLIOGRAPHY: Arslan, 1960, I, p. 344.

As Arslan points out, this is the best known version of the *Partenza per Canaan* (Venice, Palazzo Ducale; 150 × 205 cm) which Jacopo Bassano painted for the Venetian patrician Jacopo Contarini, whose descendant, Bertucci Contarini, donated at the beginning of the 18TH century to the Palazzo del Governo in Venice, where it is mentioned as hanging in 1733[21]. The original, dated to approximately 1579, is the last and most grandiose rendering of a theme that was very dear to Jacopo and which he first painted in 1560. On this occasion, he reused the basic composition of similar characteristics of his *Return of Tobias*, executed around 1573 (Dresden, Gemäldegalerie), endowing it with a panoramic fullness (in no other work is the landscape given such prominence with respect to the human figures), and enhancing its crepuscular tone. The painting illustrates Jacob setting off on his journey to Canaan (*Genesis 31: 17-18*), and Jacopo successfully conveys the feeling of departure by means of the zigzagging arrangement of the procession, which moves progressively away from the spectator and from the picture plane towards a destination marked by the jutting rock of Gilead in the distance[22].

The Prado version, which faithfully reproduces the original, is nonetheless more rectangular, probably because it has been trimmed at the top; the 1686 inventory of the

---

[18] SIGÜENZA, 1986, p. 374.
[19] REARICK, 1992, p. CXLII, n. 255.
[20] "Otra pintura de tres varas de ancho y dos de alto, marco negro, de diferentes figuras y una muger con una cesta y unos corderos, de mano del Basán"; INVENTORY 1686, cited from a typed version at the Museo del Prado library.
[20] "Otra pintura de tres varas de ancho y dos de alto, marco negro, de diferentes figuras y una muger con una cesta y unos corderos, de mano del Basán"; INVENTARIO 1686, cito por versión mecanografiada en biblioteca del Museo del Prado.
[21] ARSLAN, 1960, I, pp. 177-178.
[22] BERDINI, 1997, p. 82.

Madrid Alcázar describes it as being two *varas* high, some 22 centimetres more than its current size. Even so, the biggest difference is the lighting. The twilight of the original has completely disappeared and with it the richly suggestive contrast between the illuminated background and an intermediate area of darkness which served to portray the journey as a pilgrimage towards salvation.

The authorship of this excellent replica should be attributed to Francesco, whose hallmark is clearly visible in the treatment of the landscape and the figures, which are painted with less broken brushstrokes. Although the artist may have used a coloured sketch (Spilimbergo, private collection) to execute this work[23], such is its resemblance to the original that he must have been aware of the latter.

[23] REARICK, 1992, p. CLXIX.

II
KITCHEN SCENES

Towards 1576-1577, Jacopo and Francesco signed together various paintings illustrating parables and passages from the New Testament. Some of the themes depicted, such as *Christ in the House of Mary and Martha* (Sarah Campbell Blaffer Foundation, Houston, inv. 79.13) and *The Return of the Prodigal Son* (Rome, Galleria Doria Pamphilj), were new to Jacopo; others, like *The Supper at Emmaus* (Crom Castle, Earl of Erne Collection) and *Lazarus and the Rich Man* had been painted by him earlier but were now altered substantially. All the works follow the same pattern: the religious story is relegated to the background and the main concern is the animated depiction of a domestic indoor scene showing servants, maids, animals and related paraphernalia grouped together in a kitchen.

The fact that the paintings depict a gospel episode and a genre scene simultaneously but in different environments, and that the latter is given priority over what is, theoretically, the main scene, explains why historians have compared them to works by Flemish artists such as Pieter Aertsen and Joachim Beuckelaer[24]. Nonetheless, there are differences. In the Bassanos, there is no contrast between ethical and unethical conduct, nor does the array of foodstuffs and domestic objects surpass the limits of the ordinary. Neither do we find a radical contrast between the two environments; one perceives a progressive movement from one to the other, although this makes some compositions spatially incoherent, and they have been aptly defined as "interiores en un paisaje"[25]. Furthermore, not once does Jacopo resort to a dual representational language; rather, he treats servants and holy persons with the same dignity (the physical types could easily be interchanged) and shows a constant interest in strictly pictorial effects, placing the emphasis on the domestic fireplaces and how their light alters surfaces.

What is the meaning of these works? After decades in which these paintings were regarded as genre scenes and the biblical reference as a pretext for recreating everyday situations, Rearick suggested that their religious significance should not be undervalued, pointing out that the realistic elements in the foreground helped make the gospel message accessible to the public at large[26]. The studies published on Flemish "kitchens" since 1970 have provided new perspectives from which to interpret the ones painted by the Bassanos. Aikema, for example, has applied the idea of a contrast between materialism and spirituality ("volupta" v. "virtus"; active life v. contemplative life) that is found in the Flemish scenes to the Bassanos[27]. Of great interest in connection with these works in particular and the so-called "genre" painting of the Bassanos in

---

[24] Lomazzo was the first to compare Jacopo Bassano with Joachim Beuckelaer, referred to in 17th century Italian inventories as "Gioachino Bassano fiamengo"; BORTOLLOTTI, 1999, pp. 153-155.

[25] BERDINI, 1997, p. 95-96.

[26] REARICK, 1978, pp. 331-343.

general is the importance Berdini attaches to the viewer in determining the extent to which an image was sacred or profane. He denies the existence of an absolute separation between these elements, contending that the secular images could serve as a vehicle for religious experience and vice-versa. On the subject of these "kitchens", Berdini cites the gospel parables that many of them illustrate. Like these parables, the genre scenes are a form of appropriation of reality by Christianity and, as in the "kitchens", only the spectator can decide on the amount of profane and sacred content. But unlike the parables, the genre scenes do not require the viewer to draw a metaphor with what he sees in order to discover the religious meaning, because it is explicitly shown. It is therefore not so much a question of revealing as emphasising the religious significance in order for the spectator to grasp it through the secular message[28].

[27] AIKEMA, 1996, pp. 82-83.
[28] BERDINI, 1997, p. 101.

4 JACOPO and FRANCESCO BASSANO
Supper at Emmaus
Oil on canvas, 153 × 207 cm
Patrimonio Nacional, Real Monasterio de San Lorenzo de El Escorial

INSCRIPTIONS: "463" in white, lower left, and "59", also in white, lower right.
PROVENANCE: Incorporated into the Escorial collection on 8 July 1593[29]. In 1773, it was identified as a "Convite del Fariseo de Basán" located in the room leading to the Royal oratories. In 1820, Bermejo saw it hanging in the hallway of the Chapter House, where it remained in 1857 (Poleró) and 1864 (Rotondo). In 1960, it was located in the Sala del Cuerpo de Guardia (Arslan).
BIBLIOGRAPHY: Bermejo, 1820, p. 197; Rotondo, 1864, p. 119; Arslan, 1960, I, p. 339 (follower of Bassano); Ruiz Gómez, 1991, pp. 202-203.

Luke 24: 13-35 describes how the author and Cleopas were on their way to Emmaus when Christ appeared to them; they did not recognise him until the evening when, at the table, he performed the "fractio panis", repeating the gesture of the Last Supper. Jacopo depicted this passage several times from 1537/38, when he painted it for the main altar of Citadella cathedral. This first version is in keeping with the specific interests of his client, archpriest Pietro Cauzio, who conceived it as a defence of the orthodoxy of the theory of transubstantiation versus the heretical ideas advocated in the city by Pietro Speziale, who attributed the host a merely symbolic value in his *De gratia Dei*[30]. The physiognomy and posture of the innkeeper (whose features are derived from the famous *Vitelio* of the Cardinal Grimani collection), Luke's and Cleopas's gestures of surprise and the spatial complexity of the Citadella painting are reminiscent of the painting depicting the same subject which Bonifacio de Pitati executed around 1535 for the Palazzo dei Camerlenghi in Venice (Milan, Brera)[31]. This link is logical, since at the time Jacopo worked as Bonifacio's assistant, and it has even been conjectured that he may have participated in the master's *Supper at Emmaus*[32]. Although when Jacopo returned to this theme in the 1560s, transubstantiation continued to be a topical issue after it was defended by the Council of Trent, the versions produced by the *bottega* during those years do not appear to have been conceived with a deliberate doctrinal purpose. For this second rendering of the theme, Jacopo resorted to the aforementioned indoor/outdoor scheme. The left half of the painting shows the kitchen of an inn, while on the right, the supper takes place beneath a pergola on a middle plane. The innkeeper is seated at the dividing line between the two settings, thus marking the transition between outdoor and indoor.

The Earl of Erne owns a version signed jointly by Jacopo and Francisco at Crom Castle[33], and several were produced by Francesco's *bottega*, such as the one at the Pinacoteca Brera in Milan (Reg. Chron. 344)[34]. In 1593 Raphael Sadeler (1561-1628) engraved a third composition which does not coincide with the extant paintings. The Escorial version, of high quality –despite being subjected to very aggressive conservation treatment that eliminated the glazes–, differs more noticeably from the others than these do between themselves: the Supper takes place on a platform raised above six steps, leaving a new open area in the foreground that is occupied by two servants, which are absent from other versions. The fact that the biblical scene is raised on a higher level makes the composition of this *Supper at Emmaus* similar to the other Bassano kitchen scenes such as *Christ in the House of Mary and Martha* and *The Return of the Prodigal Son*.

---

[29] "lienço al ollio de Christo nuestro Señor como se apareçio a los discípulos que yban al castillo de Emaus y en el cortar el pan le conoçieron, de mano del Bassano, en su marco con molduras doradas y negras"; ZARCO CUEVAS, 1930, I, p. 655.
[30] MURARO, 1992, pp. 29-30; AIKEMA, 1996, pp. 7-14.
[31] The similarity between these two works in SIMONETTI, 1986, pp. 108-109.
[32] COTTRELL, 2000, p. 664.
[33] "JAC ET/FRANC FIL" (95 × 124 cm); REARICK, 1968, p. 245, fig. 12.
[34] NOÉ, 1990, pp. 24-25.

5 JACOPO AND FRANCESCO BASSANO
The Return of the Prodigal Son
Oil on canvas, 147 × 200 cm
Museo Nacional del Prado, n. 39

INSCRIPTIONS: "1861" and "1835" in red, lower left.
PROVENANCE: Royal Collection. Gift from the Duke of Medina de las Torres to Philip IV, mentioned in the 1636 inventory of the Alcázar in Madrid, in the "Tercera pieça sobre los arcos del jardín"[35]. Although not mentioned individually in the 1666, 1686 and 1700 inventories, it is cited in 1734 among "las pinturas que se hallaron en las Bóvedas de palacio" following the fire at the Alcázar. In 1747 it was recorded at the Palacio del Buen Retiro, among the "pinturas entregadas en dichas Casas Arzobispales a don Santiago de Bonavia".
CATALOGUES AND INVENTORIES: 1834: n. 471; 1872-1907: n. 45; 1910-1996: n. 39.
BIBLIOGRAPHY: Rearick, 1992, p. CLVI (Leandro).

This work portrays the well-known New Testament parable (*Luke, 15: 11-32*) illustrating the repentance of the sinner and the virtues of forgiveness. The pretext for the setting is the banquet given by the father to celebrate the return of the son, in which, according to the gospel, a fatted calf was served. The painter chose to recreate the festive nature of the event, ignoring the angry protests of the eldest son (often identified with the Jewish people) at the welcome with which the younger prodigal son (symbol of the Gentiles) was greeted. In his rendering, Jacopo followed the aforementioned indoor/outdoor scheme and displayed his knowledge of Flemish art by including common motifs used in the outdoors, such as the flayed ox, the boy inflating the bladder, and the cat attacking the dog; these elements are found in the *Flayed Ox* painted by Marten van Cleve around 1566 (Vienna, Kunsthistorisches Museum, inv. 1970), an engraving by Philipp Galle precisely reproducing a *Return of the Prodigal Son* done by Marten van Heemskerck in 1562, and another engraving by Hieronymus Cock of Hans Bol's *Autumn* painted in 1570[36]. It is more questionable whether Jacopo took into account the satirical dimension these motifs originally possessed when he incorporated them. Sullivan, for example, has recently linked the flayed ox that appears in Flemish painting to Erasmus's proverb "*to kill an ox*", which contained a veiled criticism of those who lived beyond their means[37]. This would be an inappropriate message for the work in question, as it would be tantamount to criticising as prodigal the father instead of the son.

Like the other kitchen scenes, this one enjoyed considerable success. In the 18TH century, Monaco engraved a version belonging to the Savorgnan collection in Venice, and the Galleria Doria Pamphilj in Rome houses the only signed version ("*JAC.S ET / FRANC.S/FILIUS. P.*"), which is smaller than the Prado one (100 × 124 cm) and has been linked to the *Christ in the House of Mary and Martha* (Sarah Campbell Blaffer Foundation, Houston, inv. 79.13) owing to their similar size (98 × 126 cm). Ballarin attributed to Francesco a replica sold by Sotheby's New York on 10 October 1991.

The notable quality of the Prado version and the visual evidence that at least two painters participated in its execution is in keeping with the way the Bassano *bottega* worked: Francesco would execute large areas (the figures in the foreground on the left) and Jacopo kept some motifs for himself (such as the reunion of father and son) and was responsible for corrections and the general finish. Jacopo's retouching would explain the abundant craquelure of the pictorial layer, which is particularly noticeable in the human faces, the most delicate part of the composition. According to Rearick, the Louvre houses a *ricordo* of this work[38].

---

[35] "Un lienço al olio, con moldura dorada y negra, de ocho pies de largo poco más o menos, que es la historia del hijo pródigo que le recibe su padre a la puerta de su casa y él hincado de rodillas sobre las gradas de ella y en lo cerca está un hombre vestido de colorado, mangas verdes, desollando una ternera, y otras muchas figuras y cosas de comer: es del basan y la dio el duque de Medina a su magestad"; INVENTORY 1636, cited from a typed copy at the Museo del Prado library.

[36] ROSSI, 1994, pp. 57-64.

[37] SULLIVAN, 1999, p. 253.

[38] REARICK, 1992, p. CLVI.

6 LEANDRO BASSANO
Lazarus and the Rich Man
Oil on canvas, 150 × 202 cm
Museo Nacional del Prado, n. 29

INSCRIPTIONS: "33" and "620" in red, lower left.

PROVENANCE: Royal Collection. A gift from the Duke of Medina de las Torres to Philip IV before 1636, when it was cited as hanging in the "Pieça nueva del quarto bajo delante del dormitorio de su magestad que mira al Cierço" in the Alcázar of Madrid[39]. Mentioned in the 1734 inventory of the Alcázar in Madrid among the "pinturas que se llevaron a la casa donde vivió el Marqués de Bedmar"; in 1747 at the Palacio Real Nuevo in Madrid "En la primera sala de este oficio [sic]"; and in 1794 in the bedchamber of the same building.

CATALOGUES AND INVENTORIES: 1834: n. 461; 1843-58: n. 620; 1872-1907: n. 32; 1910-1996, n. 29.

BIBLIOGRAPHY: Berenson (Leandro, oral communication); Pérez Sánchez, 1965, p. 551 (Leandro); Heinemann, 1973 (Girolamo, oral communication).

The parable of Lazarus (*Luke 16: 19-31*) has been interpreted in many ways: an apology of charitable works; a comparison between salvation and perdition, and between gentiles (Lazarus) and Jews (Epulon, the rich man); and the dogs who lick Lazarus's sores have even been held to be an allusion to the Dominican preachers and their miraculous cures. Aikema has provided examples of sermons and contemporary texts in which the parable of Lazarus was invoked to encourage the establishment of hospices for the poor or to juxtapose the apparent wealth of the powerful with the true spiritual wealth of God's servants[40]. In fact, Bassano only depicted the first three verses of the parable, which are not overly rich in descriptive elements and merely tell how the rich man feasted sumptuously every day, clothed in purple and fine linen, while poor Lazarus lay at his gate in a state of neglect, with dogs licking his sores.

Jacopo turned to this theme in two different stages of his career. His first rendering, dated to the mid-1550s (The Cleveland Museum of Art, inv. 39.68), depicts only the elements and characters necessary to make the scene recognisable: Lazarus and the dogs on one side, and the rich man, a musician and a whore on the other. The only figure that does not appear in the biblical text, though indeed fascinating, is the child who separates the two groups. The second version, painted twenty years later, reflects a very different conception of the theme. As in the other kitchen scenes, the principal theme has ceded visual prominence to a motley group of people and situations for which there is little justification in the gospel account.

This second rendition was highly successful, to judge by the number of extant and/or documented versions. Ridolfi mentioned three in Venice: the one owned by Iacopo Pighetti and the Contarinis' two[41], to which Boschini added a fourth in the Bonfadini collection[42]. There is a graphic testimony of two more versions, one engraved around 1593 by Giovanni Sadeler, and Jackson's 18TH century engraving of the version owned by Consul Smith in Venice. Ballarin points out the lack of an extant original signed by Jacopo, but believes that a painting in an English private collection (117.5 × 164.5 cm)[43] sold by Christie's in London on 17 December 1999 (n. 43) is entirely autograph. There is a *bottega* replica in Prague (National Gallery inv. No. 02952), which Arslan attributed to Jacopo and Francesco[44], and another attributed to Leandro in Vienna (Kunsthistorisches Museum, inv. 1547).

Compared to the original Ballarin mentions, which is very similar to the version engraved by Sadeler, the Prado painting is of poorer quality and displays the characteristics of a typical *bottega* product, its figures and motifs having been assembled correctly but in a markedly automatic

[39] "2867.- El otro es la historia del Rico avariento y junto al pedestal de una coluna, San Lázaro sentado con una calabaza colgada de la cintura y dos perros manchados que le están lamiendo la pierna izquierda y al otro lado una muger que tiene diferentes cosas de volateria sobre una mesa verde y en ella un plato y un cuchillo y un gato sobre un banquillo está mirando a un mono"; INVENTORY 1636, cited from a typed copy at the Museo del Prado library.

[40] AIKEMA, 1996, p. 113.

[41] RIDOLFI, 1648, I, p. 395.

[42] BOSCHINI, 1660, p. 317.

[43] BALLARIN, 1992, p. CXCIII.

[44] ARSLAN, 1960, t. I, p. 221.

manner. Certain changes in the composition are also noticeable. In the original and engraved versions, the group composed of a young woman with a mortar, a woman with a turban sitting at a table and a child kneeling in front of her occupies the centre of the composition. In the Prado painting, the child has been replaced by a cat, the woman with the turban has disappeared (there is a young woman in her place), and a page in the foreground with his back to the viewer carrying a tray to the rich man's table, and a servant skinning a rabbit have been added. There is also a small iconographic difference: the engraved version includes the rich man engulfed in flames in the distance begging Abraham and Lazarus for mercy. This motif appears neither in the original Ballarin attributes to Jacopo nor in the Prado version.

III
Expulsion of the Merchant from the Temple

The gospel account of the expulsion of the money-changers from the temple (*Matthew 21: 12-17; Mark 11: 15-18; Luke 19: 45-48; John 2: 13-25*)[45] was interpreted in different ways by the Bassano family from 1535, when Jacopo and his father Francesco Bassano "the elder" (c. 1475/78-1539), painted a fresco of "la istoria del Flaggelo de Christo che chazò fora del tempio queli che vendeva et comprava" at the parish church of Cartigliano[46]. Of the extant versions, the earliest is the one executed by Jacopo around 1569 (cat. n. 7). Jacopo returned to this theme several times in the following decades, assisted by Leandro (Bassano del Grappa, private collection) and Girolamo (Venice, antique market), ending in 1583/85 with the *Purification of the Temple* (London, National Gallery cat. 228), on which Francesco based the Prado version.

If we compare the first with the last version in London or the Prado replica, the changes Jacopo made in his treatment of the theme can be seen. In all three cases, the scene is set inside the Temple of Jerusalem, some of the elements of which remain unchanged, such as the stairs on the left or the door on the right. Nonetheless, the scenographic arrangement becomes progressively more disorderly, owing to the appearance of curtains draped round the column shafts; it also becomes more dynamic as the horizontal lines (such as the arcade in the background of the first version, the central space of which constitutes the vanishing point of the composition) are replaced by diagonals. However, the main change is the prominence given to the central theme of the painting: Christ's anger on seeing the Temple converted into a marketplace. In the first version, the tiny figure of Christ in the background poses problems of clarity and narrative credibility. Although the merchants in the foreground are about to leave the Temple, the fact that Christ is placed in the distance detracts from the importance of the events, the result being that paradoxically –as Rearick noted– the spectator's sympathies lie more with the merchants than with Christ[47]. Jacopo corrected this flaw in subsequent versions.

Aikema suggests a link between Jacopo's rendering of this gospel passage and the manner in which it was interpreted by Catholic Europe of the second half of the 16TH century, and, in particular, its alleged Counter-Reformation message, as the expulsion of the merchants alludes to the need to "cleanse" the Church. Delving more deeply, he believes that Jacopo displays the influence of Ludolf of Saxony's *Vita Christi*, the most widespread manual on spirituality during the 15TH and 16TH centuries, re-edited by Francesco Sansovino in Venice in 1570. Two lessons could be drawn from Ludolf's commentary on this passage: the distinction between spirituality and material things (although the latter are not considered pernicious per se, only when used in an inappropriate place and time), and the need to reform the clergy[48].

---

[45] Although the passage appears in all the books of the Gospel, the most detailed account and the most suggestive for any painter was *John 2, 14-16*, which lists many of the elements found in Jacopo's works: "In the temple he found those who were selling oxen and sheep and pigeons, and the money-changers at their business. And making a whip of cords, he drove them all, with the sheep and oxen, out of the temple; and he poured out the coins of the money-changers and overturned their tables. And he told those who sold the pigeons, "Take these things away; you shall not make my Father's house a house of trade."

[46] MURARO, 1992, p. 268.

[47] REARICK, 1992, p. CXXXIX.

[48] AIKEMA, 1996, pp. 109-110.

7 JACOPO BASSANO
Expulsion of the Merchants from the Temple, c. 1568-1569
Oil on canvas, 149 × 233 cm
Madrid, Museo Nacional del Prado, n. 28

INSCRIPTIONS: "151" and "796" in red, lower left.

PROVENANCE: The *Libro de entregas de El Escorial* records the entry on 8 July 1593 of a "lienço al olio del dicho [Bassano], de cómo Christo nuestro Señor hecha del Templo a los que compraban y vendían, del tamaño de los antes deste [alto vara y cinco sesmas; ancho dos varas y tercia] en su marco con molduras doradas y negras"[49]. Sigüenza (1605) attributed the painting to Veronese and noted its location in "una galería de palacio"[50]. In 1667 it was listed among the "Pinturas del Capítulo del Vicario"[51], and on 20 April 1839, Jose de Madrazo, director of the Museo del Prado, mentioned it among the paintings brought from the Escorial.

CATALOGUES AND INVENTORIES: 1843-1858, n. 796; 1872-1907, n. 31; 1910-1996, n. 28.

BIBLIOGRAPHY: Arslan, 1960, I, p. 351 (by Girolamo and Jacopo jointly); Rearick, 1968, p. 242 (Jacopo); Rearick, 1992, p. CXXXIX (Jacopo).

Although for this first version Jacopo borrowed elements from early works such as the young man peeking his head round the column, which appears in the 1536 *La fornace ardente* (Bassano del Grappa, Museo Civico), he drew mainly from Stefano Cernotto's *Expulsion of the Merchants from the Temple* (Venice, Accademia, deposited at the Ceni Foundation). Cernotto, an artist of Dalmatian origin who worked in Venice between 1530 and 1545, painted his *Expulsion* about 1535 for the second courtroom of the Magistrato del Monte Nuovissimo at the Palazzo dei Camerlenghi in Venice, where he coincided with Jacopo, as they were both assistants to Bonifacio de Pitati[52]. Cernotto's influence on Jacopo was significant and long lasting and is even more evident in the later versions. The emphasis on description and a fondness for anecdote are characteristic of Cernotto, as is the setting of the scene in a broad, vaulted indoor space modulated by arches and columns. Also taken from Cernotto is the manner in which the indoor area opens onto the exterior by means of an architraved doorway located on an intermediate plane, through which the merchants leave the Temple. Other smaller borrowings can be seen in the location of the money changer's table on the right and the inclusion in the foreground of everyday elements such as the basket of eggs and the lamb. There are even more references to Cernotto's work in the late London version: the merchant with rabbits, the pose of the boy and the dog and, in Francesco's replica, the oculus above the door.

The painting is in a very poor state of conservation. As early as 1667, Padre de los Santos complained of its darkness, as did José de Madrazo when it arrived at the Prado from the Escorial in 1839. The National Gallery of Scotland (n. 4) houses a literal copy of similar format but inferior quality.

[49] ZARCO CUEVAS, 1930, I, p. 655.
[50] SIGÜENZA, 1605, p. 373.

8 FRANCESCO BASSANO
Expulsion of the Merchants from the Temple, c. 1585
Oil on canvas, 150 × 184 cm
Museo Nacional del Prado n. 27

INSCRIPTIONS: "632" in red, lower left, and "58" in white, upper right.
PROVENANCE: Royal Collection. A Gift from the Duke of Medina de la Torres to Philip IV; the earliest record is the 1636 inventory of the Alcázar in Madrid, which refers to its location in the "Pieça nueva del quarto bajo delante del dormitorio de su magd. que mira al Cierço"[53]. It is not mentioned individually until 1747, when it is cited as hanging "en la tercera pieza" of the Palacio Real Nuevo in Madrid. In 1772 and 1794 it remained in the same building, in the "Antecámara de Su Magestad" and the king's bedchamber, respectively.
CATALOGUES AND INVENTORIES: 1834: n. 610; 1843-58: n. 796; 1872-1907: n. 30; 1910-1996: n. 27.
BIBLIOGRAPHY: Madrazo, 1872 p. 20 (Jacopo); Arslan, 1960, I, p. 351 (close to the style of Jacopo, jointly by Francesco and Leandro); Ballarin, 1966, p. 193 (*bottega* of Jacopo Bassano. Francesco?); Heinmann, 1973 (oral communication, Girolamo and Giambattista); Angulo, 1979, p. 227-228; Checa, 1994, p. 299; Falomir, 1997, pp. 162-165.
EXHIBITIONS: Barcelona, 1997-1998, n. 35.

This replica by Francesco of the original painted by his father in 1583-85 (London, National Gallery no. 228)[54] exemplifies how Jacopo's inventions were transformed and adapted by the *bottega*, sometimes with surprising results. Francesco was unable or unwilling to attempt the complex spatial arrangement of his father's work, in which the indoor area opened onto the outdoor space at three points: two architraved doors in the right-hand wall, and an arcade in the background that provided the vanishing point of the composition. Francesco omitted the door farthest away from the spectator and, despite completely altering the composition by doing so, maintained the same vanishing lines that are found in the London version, ruining the spatial coherence. Whereas Jacopo's painting displays spatial continuity, in Francesco's the foreground and background are completely dissociated from one another. The architecture does not shape the space; rather, it appears to be merely a backdrop that is unrelated to the action. This awkwardly and hastily drawn setting, probably entrusted to an assistant, contrasts with the more painstaking execution of the figures. The sensation of depth that the composition conveys is due less to the architecture than to the way in which Francesco varied the finish of the figures according to their distance from the spectator: the definition of those located in the foreground, the vaguer outlines of the merchants who are leaving the temple, and the ethereal priests on the stairs, sketched with extraordinarily free brushstrokes. The colour, which progressively loses its sharpness and brightness the further the viewer's gaze recedes from the picture plane, also helps gradate the setting.

Regarding the supposed identification of Titian with the bearded money-changer on the left, who is also found in the London original, it should be noted that while Venetian painters commonly included portraits of their colleagues in compositions depicting crowds, and the association of Titian with a money-changer could allude to his well-known reputation as a miser, this particular physiognomy is fairly common in Jacopo Bassano's oeuvre[55].

[53] "Tres lienços al olio, con molduras doradas y negras, que con ellas tienen a ocho pies de largo poco más o menos; que los dio el duque de Medina a su magestad: que el uno es quando Cristo echó del Templo a los tratantes judíos, en que ai uno de ellos bestido con ropa verde aforrada en pellejos que está recojiendo el dinero que tiene sobre una mesa cubierta con una alfombra y al otro lado un templo con siete gradas y en lo alto un dosel con sus cortinas donde están diferentes figuras en pie y en la postrera grada un pobre sentado"; INVENTORY 1636, cited from a typed copy at the Museo del Prado library.
[54] BALLARIN, 1995 [1966], I, p. 77. Arslan attributed the London painting to Girolamo, whose participation is argued by REARICK, 1992, p. CXXXIX.
[55] GOULD, 1975, p. 19.

IV
THE NOAH CYCLE

Episodes from the life of Noah were an unusual theme in Italian Renaissance painting, and Raphael's frescos for the Vatican loggia were practically Bassano's only precedent. However, each artist approached the theme differently. Compared to the clarity of the Raphael cycle, in which visual prominence was given to Noah, Jacopo and his sons after him gave priority to the secondary narrative elements[56]. This explains why the religious significance of these paintings was overlooked for some time and they were appreciated solely as genre scenes, though we know that an *Animals Entering the Ark* hung in the main chapel of Santa Maria Maggiore in Venice.

Before attempting the complete history of the Flood, Jacopo depicted the single episode of the *Animals Entering the Ark* in a work produced around 1570 (cat. n. 9), the success of which was to encourage him to plan the first of the three four-part series he designed in the final stage of his career, which was followed by the Seasons and Elements. The Noah series was originally comprised of four canvases depicting the following episodes in the life of the patriarch: the *Building of the Ark*, the *Animals Entering the Ark,* the *Flood* and the *Sacrifice of Noah*. His first version is dated to the mid-1570s (about 1574, according to Arslan and Ballarin, and between 1576 and 1577, according to Rearick). Two of the series survive to this day, the *Animals Entering the Ark* (Homburg von der Höhe, Castle), and the *Sacrifice of Noah* at Potsdam (Stiftung Schlösser und Gätten Postdam-Sanssouci, inv. GKI 5265). This series was followed by other versions with larger figures. The only complete surviving series is the one at the Archbishop's Palace in Kromeriz, signed by Jacopo but executed with the help of Francesco (Ballarin) or Leandro (Rearick) about 1578-1579. At a later date, Jacopo added a fifth episode in collaboration with Francesco: *Noah's Dream*, though the scarcity of extant versions suggests it was less successful. The ancient Spanish royal inventories also mention an *Animals Leaving the Ark*; paired with the *Animals Entering*, it constituted a separate set from the rest of the episodes[57].

Aikema has examined the significance of the Noah cycle in depth and the reasons for its success in the latter third of the 16TH century. Taking as his starting point the traditional association of Noah with Christ and the Ark with the Church, he noted the Counter Reformation's categorical denial of any possibility of salvation without the aid of the Church. The Noah cycle is thus a bitter denunciation of man's impiety and an affirmation of the redemptive role of the Church. This message would have been all the more effective because of the epidemics that ravaged Italy at the time[58].

---

[56] AIKEMA, 1996, pp. 99-100.

[57] "Otras dos pinturas, de la entrada y salida en el arca de Noé"; INVENTORY 1666, cited from typed copy at the Museo del Prado library.

[58] AIKEMA, 1996, pp. 102-105.

9 JACOPO BASSANO
The Animals Entering the Ark, h. 1570
Oil on canvas, 207 × 265 cm
Museo Nacional del Prado n. 22

INSCRIPTIONS: "703" in red, lower left.
PROVENANCE: Royal Collection. Probably the "lienço [...] original de Basan [...] del arca de noé, quando iban entrando en ella a los animales" purchased from Giovanni Battista Crescenzi in 1634[59]. Cited in the 1636, 1666 and 1686 inventories of the Alcázar in Madrid as hanging in the "Pieza donde su magestad come en el cuarto baxo". By 1701 it had been moved to the "galería del Mediodía". In 1772, it was recorded as hanging in the "antesala de S. M." in the Palacio Real Nuevo, from where it was moved to the "Dormitorio del infante" in 1794.
CATALOGUES AND INVENTORIES: 1821-1824: n. 450; 1834: n. 426; 1843-1858: n. 703; 1872-1907: n. 23; 1910-1996: n. 22.
BIBLIOGRAPHY: Bettini, 1936, pp. 143-144 (Jacopo); Berenson, 1957, I, p. 23 (Leandro); Arslan, 1960, I, p. 170 (Jacopo and young Leandro); Rearick, 1968, pp. 244-245 (Jacopo and Francesco with retouching by Titian); Wethey, 1969, I, n. X-2; Angulo, 1979, p. 224; Rearick, 1992, pp. CXLI (Jacopo in collaboration with Francesco and Giambattista).

This painting is Jacopo's first depiction of the passage from *Genesis 6:20* and the only one in which the theme is treated separately rather than as part of a series depicting the story of Noah[60]. Jacopo respected the biblical tale in terms of the number of people who were saved –Noah, his wife, and his three sons Shem, Ham and Japheth, with their wives– but took liberties with the animals. In some cases, such as the dogs, lambs and cows, he included more than two. He also failed to respect the priority of the lions in entering the ark, as they are preceded by an eagle and a wild boar. How realistically the animals are portrayed varies greatly, depending on whether or not they were a familiar species. Particularly striking is the artist's ignorance of the lioness' appearance, which has been depicted with a lion's mane. The use of a ramp to enter the Ark, a common feature in illustrated bibles since 1480, allowed for a better representation of the full variety of species gathered around. Rearick has noted the existence of a number of preparatory drawings for the animals in Florence (Gabinetto Disegni e Stampe degli Uffizi) and Berlín (Staatliche Museen Preussischer Kulturbesitz), and it is reasonable to assume that this was the purpose of the sketch of a pair of rabbits (Uffizi, inv. 811)[61]. Noah and his family are shown in different roles. Whereas the patriarch's gestures reflect his mission as recipient and executor of the orders of Yahweh, whose presence is merely implied, his relatives appear concentrated on their tasks and oblivious to any divine manifestation[62].

Despite assigning the invention and much of the execution to Jacopo, Rearick detected the participation of Francesco and Giambattista. This is feasible bearing in mind how the *bottega* worked and the size of the canvas, although it has a uniform, harmonious finish. Some elements of the composition, such as the woman helping the first animal into the Ark, were reused by the *bottega* in a mediocre later version (Venice, Palazzo Ducale).

The only precedent for Jacopo's treatment of this passage is Dosso Dossi's *Animals Entering the Ark* painted around 1510 (Providence, Rhode Island School of Design). Both paintings show the same taste for anecdote, though Dosso took greater liberties, transforming the episode into a rural scene. It is no coincidence that both painters were regarded similarly by their contemporaries, for Dossi was also celebrated for his pleasant landscapes populated with peasants engaged in everyday activities[63].

The thesis –upheld until only recently– that Titian acquired this painting for Charles V originated from a curious association of ideas. In 1648, Ridolfi stated that Titian had purchased a painting depicting this theme from Jacopo for 25 *escudos*[64], and since the only extant autograph version is the one in the Museo del Prado, which hails from the former Spanish royal collection, it seems logical that

---

[59] See catalogue essay. The sale documents were published by HARRIS, 1980, p. 564.
[60] There are probably other extant versions by Jacopo, such as the one Boschini saw in the Bonfadini collection in Venice; BOSCHINI, 1660, pp. 315-317.
[61] REARICK, 1992, p. CXLI.
[62] The figure of Noah, small but imposing, as Rearick described it, was not long after transformed by Jacopo into Abraham for an *Abraham's Journey* (Montreal, private collection).
[63] Like Paulo Giovio in 1527; BROWN, 1999, p. 105.
[64] RIDOLFI, 1648, p. 391.

Titian would have presented it to Charles V, his most eminent patron. Eusebi was the first to make this assertion in 1824[65], and many historians followed. However, we know that the painting found its way into the royal collection by another route; it was most certainly acquired during the reign of Philip IV, probably from Crescenzi in 1634[66].

10 BASSANO WORKSHOP
Noah after the Flood
Oil on canvas, 80 × 113 cm
Museo Nacional del Prado, n. 23

INSCRIPTIONS: "610" in red, lower left.
PROVENANCE: Royal Collection. Recorded as hanging in the "pieza donde está pintada la noche" of the Alcázar in Madrid in the 1666, 1686 and 1700 inventories, and cited among the paintings saved from the 1734 fire. The 1747 inventory of the Palacio del Buen Retiro mentions an "Arca de Noé dando gracias en tierra original de Basan".
CATALOGUES AND INVENTORIES: 1821-1824: n. 321; 1834: n. 330; 1843-58: n. 610; 1872-1907: n. 24; 1910-1996: 23.
BIBLIOGRAPHY: Madrazo, 1872, p. 18 (Jacopo); Zottmann, 1908; Bottineau, 1956-1958, p. 294; Arslan, 1960, p. 263 (young Leandro); Pérez Sánchez, 1965, p. 549; Angulo, 1979, p. 225; Checa, 1994, p. 298 (Jacopo); Falomir, 1997, pp. 172-174 (Leandro).
EXHIBITIONS: Barcelona, 1997-1998, n. 38.

If we compare this painting with the *Animals Entering the Ark*, we find that the iconographic elements which identify the subject have been shifted to a middle plane –Noah thanking God for bringing the flood to an end by means of a burnt offering (*Genesis 8: 20-22*) and the appearance of the rainbow as a symbol of the covenant between God and man (*Genesis, 9: 1-17*)[67]– while the foreground depicts in minute detail the task of reconstruction begun after the disaster. Nevertheless, Noah enjoys greater prominence than in other versions of the series, such as the one that hangs in the Archbishop's Palace in Kromeriz (Czech Republic).

Although the painting, which is of middling quality, has been attributed to Leandro, it is probably more appropriate to ascribe it to his father's *bottega*, as there are no signs of Leandro's characteristic emphasis on drawing, or of his fondness of a cold palette with little blending. It is derived from models established by Jacopo and Francesco in the 1570s, though it is not so much a copy of the Potsdam and Kromeriz versions (though closer to the former) as a melange of elements found in both. In comparison with Noah and the women in the background, the figures in the foreground appear to be executed by a different hand, not so much on account of their finish as because of the difference in scale and the considerably more stylised patriarch. However, the treatment of the landscape is reminiscent of the Vienna Seasons and particularly the Prado replica.

Although the painting would have been part of a cycle illustrating the story of the Flood, it was incorporated into the royal collection alone. Owing to the substantial demand for these works, the sets must have been in constant circulation, which would have caused them to be split up. Indeed, in 17th century Spanish inventories it is common to find references to isolated paintings of the Noah series, such as the *Flood* (now lost) which the Duke of Medina de las Torres presented to Philip IV as a gift. Nonetheless, there were complete sets. Two were hung in the Escorial during Philip II's reign –an original in the Prior's cell, and another, then held to be a copy, in the "galería de la infanta"[68]– and it has been suggested that the set owned by the Duke of Lerma in 1603 could be the one which the Count of Monterrey possessed decades later[69].

[65] EUSEBI, 1824, p. 42.
[66] See my essay on the fortune of the Bassanos in Golden Age Spain in this catalogue.
[67] "Refferenato il Cielo, cessate le tempeste & il furore de'venti, vedevasi Dio, che favellava con Noé, e per segno della pace fatta con l'huomo appariva nell'aere l'arco celeste, fregiato di più colori"; RIDOLFI, 1648, I, p. 391.
[68] The Escorial currently houses one, probably the copy to judge by its rather poo quality; LUNA, 1971, pp. 323-336.
[69] SCHROTH, 1990, p. 91.

V
Images of Paradise

Paradise provided Jacopo with a pretext for indulging in a display of his acclaimed expertise in the depiction of animals; indeed, this is how these works were interpreted for decades. But the initial chapters of *Genesis* also enabled him to reflect on man's relationship with Nature. That relationship ran parallel to the story of his fall and subsequent redemption through work and sacrifice. It was a recurrent theme in Jacopo's oeuvre, as it is also found in the paintings of the Noah cycle or in the Old Testament Journeys. In *Genesis*, man's relationship with animals is hierarchical and characterised by the subordination of the latter to the former. This superiority was reaffirmed when Noah was granted the privilege of naming the animals, an action which was likened to baptism by Aretino in *Il Genesi* (Venice, 1538) and affords another dimension to the array of animals in these works.

11 JACOPO and FRANCESCO BASSANO
Adam Being Reprimanded
Oil on canvas, 191 × 287 cm
Museo Nacional del Prado, n. 21

INSCRIPTIONS: "673" in red, lower left.
PROVENANCE: Royal Collection. First mentioned in the 1636 inventory of the Alcázar in Madrid, which describes it as hanging in the "Pieça en que su magestad come en el quarto bajo"[70], specifying that it had been a gift of Prince Philibert of Savoy to Philip IV[71]. In 1772 it hung in the Palacio Real Nuevo in the "antecámara de S. M.", from where it was moved to the king's bedchamber in 1794.
CATALOGUES AND INVENTORIES: 1821-1824: n. 383; 1834: n. 400; 1843-58: n. 673; 1872-1907: n. 22; 1910-1996, n. 21.
BIBLIOGRAPHY: Frohlich-Bume, 1932 (Leandro after 1592); Arslan, 1960, I, p. 170 (Jacopo and assistants); Heinemann (oral communication, 17/X/1973: Francesco), Angulo, 1979, p. 225 (Jacopo).

"Then the eyes of both were opened, and they knew that they were naked; and they sewed fig leaves together and made themselves aprons. And they heard the sound of the Lord God walking in the garden in the cool of the day, and the man and his wife hid themselves from the presence of the Lord God among the trees of the garden. But the Lord God called to the man, and said to him, "Where are you?" And he said, "I heard the sound of thee in the garden, and I was afraid, because I was naked; and I hid myself." He said, "Who told you that you were naked? Have you eaten of the tree of which I commanded you not to eat?" The man said, "The woman whom thou gavest to be with me, she gave me fruit of the tree, and I ate." *(Genesis 3: 7-19).*

It is surprising that such a significant passage was seldom represented pictorially, whereas there are many examples of the moment immediately after the expulsion from Paradise. Neither was it a frequent theme of the Bassano *bottega*, despite lending itself well to a display of masterful representation of animals. In fact, this is the only known version[72]. Jacopo convincingly depicted the moment God discovered man's disobedience, which led to his expulsion from Paradise. Faithfully following the text, Jacopo reproduced the dialogue between God and Adam narrated in verses 9-11. Adam thus appears with the covering of fig leaves and Eve partially hidden behind a tree. The only detail which he took the liberty of inventing consisted in placing God in the heavens (the Bible states that He was walking in the garden), an extremely effective way of emphasising the fall of man and the distance, not only physical, that was established between God and Adam.

The attribution of the painting to Jacopo needs to be revised, as Francesco is largely to be credited for its execution, while his father created the composition and retouched the main figures, particularly Adam. The cold palette and more linear, less broken brushstrokes are uncharacteristic of Jacopo and more in keeping with Francesco's style of the late 1570s. The varying quality of the treatment of the animals is also evident; suffice it to compare the lambs with those depicted in the *Animals Entering the Ark* (cat. n. 9).

It is not known how Philibert came to acquire this painting, but there is record of the Savoys' early penchant for Bassano. Ridolfi mentioned Duke Charles, Philibert's father, among Francesco's clientele[73], and we know that during his stay in Venice in 1582, he bought three works from the painter: a *Market*, the *Rape of the Sabine Women* and the *Forge of Vulcan*, today housed at the Galleria Sabauda in Turin[74].

---

[70] "Un lienço del Basan, de quatro baras de largo, poco más o menos, con moldura dorada y negra, en que está la Creación del mundo y en lo alto Dios Padre y al lado derecho del quadro Eba asentada junto a un árbol y Adán de pie como espantado. Este lienço dejó a su magestad el Príncipe Filiberto quando murió, trajéronlo de Sicilia" ; INVENTORY 1636, cited from a typed copy at the Museo del Prado library.

[71] Emanuel Philibert of Savoy (1588-1624), son of Charles Emanuel, Duke of Savoy, and Catarina Micaela, daughter of Philip II, was the cousin of Philip IV, who appointed him as viceroy of Sicily in 1621; LA ROCA, 1940.

[72] Jacopo did depict Adam and Eve in Paradise after eating the apple on at least two occasions; these works belong to the Galleria Pitti in Florence and the Doria Pamphilj in Rome.

[73] RIDOLFI, 1648, I, p. 408.

[74] BAVA, 1995, pp. 212-219.

12 BASSANO WORKSHOP
Earthly Paradise
Oil on canvas, 144 × 186 cm
Museo Nacional del Prado, n. 6.164, deposited at the Embassy of Spain in Paris by a Royal Order of 29 April 1882

INSCRIPTIONS: "773" in red and "876" in white, lower left. Fleur de lis, lower right.
PROVENANCE: Royal Collection. Inventoried for the first time in 1746 at La Granja among the paintings of Isabella Farnese[75], where it remained in 1794.
CATALOGUES AND INVENTORIES: 1834: n. 590; 1843-1858: n. 773; 1872-1907; n. 21; 1996: 6.164.

This is a painting of rather mediocre quality for which the artists drew on several *ricordi* from the stock at the family *bottega*. To cite an example, the horse and pair of dogs on the right specifically repeat the ones that appear in a similar position in the previous painting, *Adam Being Reprimanded* (cat. n. 11). This juxtaposition of standardised models explains the obvious problems of scale in the depiction of the animals, such as the hare and the pair of lions in the distance, which are practically the same size.

Unlike *Adam Being Reprimanded*, the *Adam and Eve* of the Galleria Pitti in Florence painted about 1562 and the *Earthly Paradise* of 1570-1575 (Rome, Galleria Doria Pamphilj), the work in question depicts Paradise before the episode of the apple as is indicated by the complete nudity of Adam and Eve. The scene is an idyllic, tranquil Paradise, presided over by a satisfied God, where man and animals live in harmony.

A replica of discreet quality displaying very few variations hangs in the Embassy of Spain in Paris: *Adam and Eve* (oil on canvas, 96 x 110 cm; Museo Nacional del Prado, n. 6.169), also originally from the royal collection. Owing to its poor quality, it was referred to as a copy in the 1701 inventory of the Buen Retiro palace[76], though it appears to be a mediocre workshop product.

[75] "Otra de lienzo de mano del Bassano la creación del mundo con Adán en compañía de Eva en cuya presencia están todos los animales de cinco pies y dos dedos de alto y seis y diez de ancho", INVENTORY 1746, cited from a typed copy at the Museo del Prado library.
[76] "Otra de vara y tercia de largo y vara y quarta de alto con la creación del mundo y el paraiso terrenal copia de Basan"; FERNÁNDEZ BAYTON, 1975.

VI
NOCTURNES

The "nocturnes" were regarded as a personal contribution made by Francesco[77] until Ballarin reconsidered Jacopo's post-1580 career, crediting him with works previously held to be "Bassanesque". Ballarin analysed the fertile exchange between father and son and concluded that Jacopo also painted "notturni" towards the end of his life[78], as reported by contemporaries such as Lorenzo Marucini (*Il Bassano*, Venice, 1577), who hailed him as the "inventore de vero dipinte delle noti in tela, e sopra le pietre negre di Verona"[79]. Jacopo did not "invent" night painting, which had such illustrious precedents in Venice itself as Titian, nor was he the first to employ slate, a support used by Sebastiano del Piombo several decades earlier. However, he contributed substantially to the popularisation of this genre, and in the 1570s, Van Mander saw many Bassano night paintings on slate in the shops of Rome[80].

Nocturnes enjoyed great prestige in the latter third of the 16TH century, particularly in northern Italy, owing to their ability to serve different purposes ranging from experimentation with autonomous sources of light (candles, embers, burning coal, etc.) to a display of painterly virtuosity, in addition to their obvious expressive possibilities. Gian Paolo Lomazzo echoed the importance of light in the Italian art scene, devoting the fourth volume of his *Trattato dell'arte della pittura, scultura et archittetura* (1585) to the subject. Lomazzo referred to primary and secondary lights, and within the first category, distinguished a "secondo lume primario", exemplified by Titian's *La Gloria* "[…] quello che si fa (…) da diverse apparizioni d'angeli e simili", and a "terzo lume primario", "[…] quello che dai fuochi, lucerne, facelle, fornaci e simili nasce, mostrando intorno una certa quantità di lume alle genti, secondo la forza del fuoco; si come mostrò Ticiano intorno alla craticcia dove ardeva Santo Lorenzo", the effect of which he described: "Questo lume distribuisce (…) i suoi raggi e dilatazioni ora più da una parte, ora da un'altra, secondo cha la fiamma avampa e si ragira, come si vede ne i fuochi, et anco secondo la materia che arde, la quale si come può essere diversa, cosí diversa ancora farà la fiamma e conseguentemente la luce più gagliarda e manco a l'occhio […]"[81].

The Bassenesque night scenes, with their flashes of heavenly light, candles, burning coals and torches, share the characteristics of both the "secondo" and "tercero lume primario", but are also part of the painter's strategy to direct the spectator's gaze. A night painting conceals nothing, as both people and objects would be the same with more light, but the viewer feels impelled to focus his attention on the illuminated area. The contrast between light and darkness makes the figures stand out more, and thus constitutes an important expressive device[82].

[77] ARSLAN, 1960, I, pp. 193-196.
[78] BALLARIN, 1995, I, pp. 39-69 [1966-67]. Similar conclusions were draw a year later by REARICK, 1968, pp. 246-249, who provided evidence of a nocturne signed jointly by Jacopo and Francesco, *The Vision of Joaquim* (Corsham Court, Lord Methuen).
[79] GOMBRICH, 1967, pp. 62-68.
[80] Cito por BALLARIN, 1995, I, p. 67.
[81] LOMAZZO, 1974, II, pp. 187-194. Las luces secundarias serían las producidas por reflejos.
[82] BERDINI, 1997, pp. 113-120.

13 JACOPO BASSANO

Adoration of the Shepherds

Oil on panel, 60 × 49 cm (two strips have been added at each side, the left strip measures 3.3 cm and the right one 2.9 cm [where the number 162 appears], suggesting an original width of 42.5 cm)

Madrid, Museo Nacional del Prado, n. 25

INSCRIPTIONS: Reverse "209"; front, "686" in red, on the left, and "162" on the right.

CATALOGUES AND INVENTORIES: 1821-1824: n. 345; 1834: n. 410; 1843-1858, n. 686; 1872-1907, n. 27; 1910-96, n. 25.

PROVENANCE: Purchased in England by Count Fuensaldaña for Don Luis de Haro[83]. In 1688, on the death of Haro's son, the Marquis of Carpio, Charles II incorporated it into the royal collection. The 1694 inventory of the Alcázar in Madrid refers to it as: "Una tabla del Nacimiento de Nuestro Señor, de dos tercias de alto y más de media bara de ancho; original de mano de Basán el Viejo, sin marco". In 1700 it was among the "Pinturas colgadas en el mismo quarto vajo en el obrador de los pintores de Camara". In 1772, it is listed in the inventory of the Palacio Nuevo of Madrid.

BIBLIOGRAPHY: Fröhlich Bume, 1948, p. 169 (Jacopo); Arslan, 1960, I, p. 351 (school of Francesco).

There are two more known versions of this work in Vienna (Kunsthistorisches Museum, inv. n. 1581) and a private collection in Padua. The former has always been attributed to Francesco, whereas Ballarin has assigned the second to Jacopo, dating it to about 1575. In Ballarin's view, the Padua painting is the original from which the other versions were derived and on which Jacopo based his first *Adoration of the Shepherds* in a nocturnal setting, which marked the beginning of a sequence of works that ended with the large canvas for San Giorgio Maggiore in Venice. The figure of the shepherd with his hands held open in surprise as he gazes upon the Christ Child appears for the first time in the Padua painting. This felicitous creation of

Jacopo's was to become a common feature of his late oeuvre. Jacopo's technique emphasises the emotional nature of the scene: the highlights, applied to the shepherds' bodies in quick, vibrant brushstrokes, emanate from the Child, the only source of light in the composition[84]. These characteristics are shared by the excellent replica in the Museo del Prado, which is painted on panel and is smaller than the Padua version (90 × 55 cm). This painting, which is pending restoration, possesses an undeniable quality, and although it does not display such a deft "touch" as the original, we should not rule out the participation of Jacopo in its execution.

[83] VERGARA, 1986, pp. 27-32.
[84] BALLARIN, 1995, I, pp. 356-357.

14 BASSANO WORKSHOP
Adoration of the Shepherds
Oil on canvas, 128 × 104 cm
Madrid, Museo Nacional del Prado n. 26

INSCRIPTIONS: White fleur de lis, lower left; number "641" in red and "85 in white, left.
PROVENANCE: Royal Collection. Mentioned in 1746 as one of the paintings of Isabella Farnese at La Granja.
CATALOGUES AND INVENTORIES: 1834: n. 367; 1843-1858: n. 641; 1872-1907: n. 28; 1910-1996: n. 26.
BIBLIOGRAPHY: Madrazo, 1872, p. 19 (Jacopo); Berenson (oral communication, Jacopo); Arslan, 1960, I, p. 219 (close to the style of Francesco); Angulo, 1975, pp. 225-226 (Jacopo); Falomir, 1997, pp. 166-168.
EXHIBITION: Ingelheim, 1987; Barcelona, 1997-1998, n. 36.

This is a modest *bottega* product illustrating the passage on the birth of Christ (*Luke 2: 8-20*) which lends itself particularly well to a nocturnal setting. It is a replica, not of the *Adoration of the Shepherds* Jacopo executed in 1590 for San Giorgio Maggiore in Venice, as previously believed, but of the painting depicting the same theme housed at the Louvre (inv. 430), which is an entirely autograph work by Jacopo and is dated to 1575[85]. The Prado version uses the same general composition as the Louvre painting. It also shares the same setting –the humble cabin aside impressive classical ruins– and the arrangement of the figures, though some have changed position (the Child) or physiognomy (the shepherd in a most upright position). The sources of light remain the same: the Child, the flash of heavenly light, the candle and the little shepherd blowing on the burning coal, though the Prado replica has a crepuscular light that is absent from the Paris original. The paintings are practically the same size (the one in the Louvre measures 126 × 104 cm), which suggests that a *ricordo* of the original work was used to execute the Prado version.

A comparison with the previous version (cat. n. 13) reveals the poorer quality of this work, but also the use of a different technique. Whereas in Jacopo's work, the quick play of short brushstrokes had a decisive role in creating the effects of light on the bodies, enlivening the surface, in the Prado version, longer and less vibrant brushstrokes of colour were used to achieve these effects.

Although the *Adoration of the Shepherds* entered the royal collection under Isabella Farnese, a Bassanesque work of similar characteristics but inferior quality hung in the small cloister of the old church of the Escorial at the end of the 16TH century[86]. Francisco Pacheco (1564-1644) must have seen this painting, for when he criticised the painters who depicted the Christ Child naked in his *El Arte de la Pintura*, he cited the example of Juan de Roelas's *Adoration of the Shepherds* in the Jesuit church in Seville, stating that the artist portrayed Jesus in this manner "imitando al Basán"[87]. There is a smaller (80 × 105 cm) copy of poor quality, probably Spanish, at the convent of Madres Mecedarias de Don Juan de Alarcón in Madrid[88].

---

[85] HABERT, 1998, pp. 72-73.
[86] SIGÜENZA, 1605, p. 374, praises this "dark" work.
[87] PACHECO, 1990, pp. 607-608.
[88] The convent also houses a rather mediocre copy of Francesco Bassano's *Presentation at the Temple* at the Prague National Gallery; CURROS Y ARES-GARCÍA GUTIÉRREZ, 1998, pp. 185-187 y 244-246.

15 FRANCESCO BASSANO
Flight into Egypt
Oil on canvas, 86 × 71 cm
Madrid, Museo Nacional del Prado, n. 40

INSCRIPTIONS: Fleur de lis of Isabella Farnese on the right; on the left, "744" in white and "656" in red.
PROVENANCE: Royal Collection. Mentioned as a companion to the previous painting in the 1746 inventory of La Granja, among the paintings of Isabella Farnese. In 1774 it continued at La Granja, in "la tercera pieza de azulejos", where it remained in 1794 and 1814.
CATALOGUES AND INVENTORIES: 1834: n. 382; 1843-1858: n. 656; 1872-1907; n. 46; 1910-1996: n. 40.
BIBLIOGRAPHY: Madrazo, 1872, p. 27 (Leandro); Berenson, 1936 (Leandro); Arslan, 1960, I, p. 219 (close to the style of Francesco); Pérez Sánchez, 1965, p. 551 (Francesco); Heinemann, 1973 (oral communication, Girolamo); Angulo, 1979, p. 226; Ballarín, 1995, p. 166 (Francesco); Falomir, 1997, p. 170.
EXHIBITIONS: Barcelona, 1997-1998, n. 37.

Unlike the adoration of the shepherds, which took place at night according to the gospel account, the nocturnal setting for the Holy Family's flight into Egypt was an invention of the painter, since *Mathew 2: 13-15* narrates how an angel appeared to Joseph in a dream and warned him that the child was in danger, but does not state that the Family departed at night or preferred to leave at sunset. Indeed, there were few pictorial precedents of night-time *Flight* scenes, and Jacopo himself had always set the scene in the daytime in previous decades: Museo Civico, Bassano del Grappa (1532-1537), Toledo Museum of Art in Ohio (1542), and the Norton Simon Museum in Pasadena (1544-1545).

Although in need of restoration, the painting is of considerable quality, and it seems reasonable to attribute it to Francesco, who, according to Ballarín, is responsible for a preparatory drawing housed in the Louvre (Cabinet des dessins, n. 5277).

16 JACOPO BASSANO and WORKSHOP
Annunciation to the Shepherds
Óleo sobre lienzo, 126 × 171 cm
Museo Nacional del Prado n. 24, deposited at the Embassy of Spain in Buenos Aires by a Ministerial Order of 1931

PROVENANCE: Royal Collection. Owned by the Duke of Lerma in Valladolid in 1603[89]. Incorporated into the royal collection in 1607 when Philip III acquired the Quinta Real de La Ribera estate from his favourite: in the third chamber of the Quinta Real hung "[...] un lienço de dos baras y media pintado, quando apareçió El ángel a los pastores, guarneçido es de Basan original".
CATALOGUES AND INVENTORIES: 1821-1824: n. 476; 1834: n. 363; 1843-1858: n. 838; 1872-1907: n. 26; 1910-1996, n. 24.
BIBLIOGRAPHY: Von Barghahn, 1986, II, p. 281; Rearick, 1992, p. CLXVIII, n. 326 (Leandro).

There are some twenty-eight extant versions of varying quality of this composition, which was also engraved by Jan Sadeler in approximately 1595[90]. The fact that none is signed by Jacopo (although Francesco's and Leandro's signatures appear) led historians to believe that this was not of his invention. However, there is an excellent version in Prague (Närodní Galerie, inv. o 9026) which, although not signed by Jacopo, was clearly painted by him towards 1575. This makes *The Annunciation to the Shepherds* one of Jacopo's first nocturnes. It must also have been one of the

[89] SCHROTH, 1990, p. 142.
[90] PAN, 1992, pp. 21-22.

232

most sought after, to judge from the number of surviving replicas or from the fact that Van Mander expressly mentioned it when he described the night paintings by Jacopo he saw in Rome between 1574 and 1576[91].

The considerable quality of the Prado painting prevents us from ruling out Jacopo's participation; it specifically repeats the composition of the Prague version, and is the same size (126 × 175 cm).

17 LEANDRO BASSANO
Christ Crowned with Thorns, c. 1590-1598
Oil on slate, 54 × 49 cm
Museo Nacional del Prado, n. 41

INSCRIPTIONS: "717" and "9??" in red, lower left, "88" in white, lower right.
PROVENANCE: Royal Collection. Mentioned in the inventory taken of the Alcázar in Madrid following Philip II's death in 1598[92]. According to the 1636 inventory, it hung in the "oratorio de su magestad del quarto bajo de verano"[93], where it was mentioned again in 1666, 1686 and 1700. It was not cited individually again until the 1794 inventory of the Palacio del Buen Retiro.
CATALOGUES AND INVENTORIES: 1834: n. 460; 1843-1858: n. 717; 1872-1907: n. 47; 1910-1996: n. 41.
BIBLIOGRAPHY: Arslan, 1960, p. 269; Pérez Sánchez, 1965, p. 552; Checa, 1994, p. 303; Falomir, 1998, p. 506.
EXHIBITIONS: Madrid, 1998, n. 157.

The composition is derived from a *Cristo incoronato di Spine* done by Jacopo Bassano towards 1589-1590 (Rome, private collection), in which Ballarin clearly sees the influence of Titian's *Christ Crowned with Thorns* (Munich, Alte Pinakothek, inv. 2272). The Galleria Sabauda in Turin houses a *bottega* replica which, like the Prado version, is painted on slate.

Several aspects of the painting justify its inclusion among the "imágenes de devoción" Philip II possessed in the private oratory at the Alcázar in Madrid: the subject matter, which invites the believer to meditate on the Passion of Christ; its small size and the dramatic effect the painter achieved by using the colour of the slate as a setting for the scene, which is illuminated only by a torch and a brazier; and the presence of a prominent tear on Christ's cheek. The inventory mentioned two more paintings on slate of similar characteristics which the Madrid-based Milanese sculptor Pompeo Leoni had "presented" to the king as gifts: *Christ on the Way to Calvary* and an *Expulsion of the Merchants from the Temple*. Given their similarities (same size and support and ebony frames), it seems logical to assume that they came from the same source. Each of the three was covered with a taffeta curtain, which enabled the sovereign to unveil only the image he wished to pray before on each occasion. Lastly, the inventory notes that, even in Philip II's day, the *Christ Crowned* was "hendida y pegada" (these qualities are visible to this day), which was why it was valued at only 50 ducats compared to the 100 ducats of its companions. There are other visible signs of poor conservation, with losses of paint in areas such as Christ's robe and the face of the executioner in the upper left-hand of the composition.

Another Bassanesque painting on slate depicting Christ crowned with thorns, of the same size (54 × 49 cm) but poorer quality, is housed at the Escorial and is probably the one Padre de los Santos refers to as hanging in the sacristy of the Pantheon in 1657. The composition is similar and the architectural elements that frame the scene are based on the same model. The existence of two versions of the same theme with exactly the same format and support is a perfect example of the "industrialisation" of the Bassano workshop.

[91] VINCO DA SESO, 1992, pp. 149-150.

[92] SÁNCHEZ CANTÓN, 1956-59, p. 27.

[93] "Una pintura al olio, sobre piedra negra, con moldura de evano que con ella tiene dos pies y quatro dedos de ancho poco más o menos, con algunas laborcillas de oro molido en la moldura; es la coronación de espinas, de mano de el Basán donde están en lo cerca un muchacho y un brasero de lumbre y en lo alto una lamparilla"; INVENTORY 1636, cited from a typed copy at the Museo del Prado library.

VII
SEASONS

The Seasons are the second of the three types of four canvas sets produced by the Bassano *bottega* in the 1570s. Like the Noah and Elements series, they were extraordinarily successful and many replicas were made. Between 1580 and 1600 the inventories of the Venetian court of "Giudici di petizioni" cite five series of the Seasons and a further 35 of "paesi e animali", and, although there is no mention of authorship, it does not seem unreasonable to assume that most of them must have been produced by the various workshops of the Bassano family[94].

The series of the Seasons, as Jacopo conceived it around 1574-75, was a completely novel feature on the Italian art scene as it did not rely on allegory. It was also the first time the subject was not painted for a specific site. The fact that Jacopo depicted the seasons by means of landscapes populated by people engaged in the characteristic tasks of each season (such as hunting and picking flowers in Spring, harvesting wheat and shearing sheep in Summer, sowing and harvesting in Autumn, and pruning and gathering around fire in snowy Winter) proved he was familiar with Northern European precedents, probably the engraving done by Hieronymous Cock in 1570 after designs by Peter Bruegel the Elder and Hans Bol[95].

In 1648, Ridolfi gave a detailed description of four canvases by Jacopo depicting the Seasons at the home of the Venetian painter and dealer Nicolò Renieri. Ridolfi added that Jacopo sent the first of these series to Venice, where it was exhibited in a corner of San Moisè, and many more followed it[96]. The finest series, attributed to Jacopo and Francesco, is housed in the Kunsthistorisches Museum in Vienna: *Spring* (inv. 4.302) and *Summer* (inv. 4.303) are exactly the same size (78.5 × 110.5 cm), and *Autumn* (inv. 4.303) is slightly smaller (75.5 × 109 cm); *Winter* (inv. 2.869), with its almost entirely lost paint layer and of poorer quality, is attributed only to Francesco and probably did not belong to the original series.

The landscapes depicted in the Vienna canvases include small biblical scenes: the *Expulsion of Adam and Eve* in *Spring*; the *Sacrifice of Isaac* in *Summer*; *Moses Receiving the Ten Commandments* in *Autumn*, and *Christ Carrying the Cross* in *Winter*. These scenes are absent from the series Ridolfi described at the house of Nicolò Renieri and from other late series produced by the *bottega*, such as the Prado version.

---

[94] MASON, 1999, p. 559.
[95] AIKEMA, 1996, pp. 131-133; MASON, 1999, pp. 558-567.
[96] RIDOLFI, 1648, I, 398.

234

18 BASSANO WORKSHOP
Spring
Oil on canvas, 68 × 86 cm
Museo Nacional del Prado, n. 30

INSCRIPTIONS: "918" in red, lower right.
CATALOGUES AND INSCRIPTIONS: 1821-1824: n. 328; 1834: n. 356; 1843-1858: n. 918; 1972-1907: n. 33; 1910-1996: n. 30.
BIBLIOGRAPHY: Berenson, 1932, 1936, 1957 (Jacopo); Arslan, I, p. 263 (very close to the style of Leandro); Ballarin, 1995, I, pp. 142-144 (Francesco).

19 BASSANO WORKSHOP
Autumn
Oil on canvas, 76 × 92 cm
Museo Nacional del Prado, n. 3.917; deposited at the Facultad de Ciencias Químicas of the Universidad Complutense in Madrid by a Royal Order of 15-VI-1883

INSCRIPCIONES: "600" in orange, lower left.
CATALOGUES AND INVENTORIES: 1821-1824: n. 322; 1834: n. 331; 1843-58: n. 600; 1872-84: n. 34: 1910-1996: n. 3.917.
BIBLIOGRAPHY: Pérez Sánchez, 1989, n. 203, p. 224.

20 BASSANO WORKSHOP
Winter
Oil on canvas, 79 × 95 cm
Museo Nacional del Prado, n. 31; deposited at the Museo de San Telmo in San Sebastián by a Ministerial Order of 28 January 1940

INSCRIPCIONES: "939" in red, lower left.
CATALOGUES AND INVENTORIES: 1834: n. 339; 1843-1858: n. 939; 1872-1907: n. 35; 1910-1996: n. 31.
BIBLIOGRAPHY: Berenson, 1932, 1936 (Jacopo); Gaya Nuño, 1954, p. 108; Arslan, 1960, I, p. 351 (School of Jacopo); Pérez Sánchez, 1965, p. 550 (Leandro); Ballarin, 1995, I, pp. 142-144 (Francesco).
PROVENANCE: Royal Collection. The royal inventories drawn up at the beginning of the 17TH century record several series of Seasons attributed to the Bassanos or classified as copies. The 1607 inventory of the Quinta Real de la Ribera in Valladolid mentions copies of the "cuatro tiempos del año" and of two unspecified seasons. The 1666, 1686 and 1700 inventories of the Alcázar in Madrid cite "tres tiempos del año" of approximately half a *vara* high and three-quarters wide. Another larger series made up of *Spring, Summer* and *Autumn* (177 × 110 cm approximately) hung in the Buen Retiro in 1701. In addition to these sets, one of discreet quality was incorporated into the royal collection during the time of Isabella Farnese and remains in La Granja. The Prado paintings must be the ones that hung in the Alcázar, which appear in the inventories of the Palacio Real Nuevo in Madrid from 1747; their measurements are slightly smaller than those stated in the 17TH century inventories but more in keeping with the extant works ("mas de vara de largo y algo menos de vara de cayda"). They are listed in the Palace inventories in 1772 and 1794.

The Prado *Seasons* are based on the Viennese set, from which their overall composition and several specific figures are borrowed, such as the young hunter with a red cap accompanied by two hounds in the *Spring* scene. Rising prominently above all these scenes in the distance is the monumental Mount Grappa, which reinforces the cyclical nature of the series and makes it easier to appreciate the changes inherent in each season. The differences lie in their smaller size and in the absence of small biblical episodes in the landscape, but also in their poorer quality. Although both sets were produced by the *bottega*, the Viennese version was executed by Jacopo and Francesco, whereas the Madrid series was entrusted to less talented members of the workshop. Although the set is quite dramatic, there are obvious deficiencies in the treatment of the anatomy of certain figures, particularly the women who are bending over.

VIII
MONTHS OF THE YEAR AND SIGNS OF THE ZODIAC

Although there is no extant set of the twelve months of the year painted by Jacopo, it is possible that he invented this series. Certainly, the inventory taken in Bassano del Grappa following his death in 1592 mentions sketches of the twelve months from January to December (two different versions of some, such as May and June), and a further seven of unspecified months, though, as Rearick points out, the *bottega* stored works by all members of the family. In 1648, Ridolfi referred to a series painted by Jacopo for Emperor Rudolf II, which pleased the ruler so much that he offered the painter the post of court painter. It seems that we may deduce from Ridolfi that the series must have been executed in the mid-1580s, and it has been identified as possibly a set housed partly in Prague (Castle Gallery) and partly in Vienna (Kuntshistorisches Museum), which is signed by Leandro[97]. Leandro's months, in which Ballarin notes the influence of Paolo Fiammingo[98], include the relevant signs of the zodiac and, like the Seasons and Elements, are depicted by means of everyday scenes characteristic of the various times of the year[99]. The Months are, in fact, merely an extension of the Seasons, as they borrow many elements from the latter. There were also notable precedents by Northern European artists.

The Prado series of months/signs of the zodiac, unknown to specialists, is signed by Francesco and displays the same conservation problems as Leandro's (indeed, only seven of the original canvases remain). Nevertheless, it provides valuable information regarding the origin of the project, as it shows that several months from both series, such as May/Gemini and October/Scorpio, are derived from a common source, probably the sketches recorded in the inventory of the *bottega* after Jacopo's death[100].

---

[97] REARICK, 1992, p. CLXIII, n. 305.

[98] BALLARIN, 1995, I, pp. 35-36.

[99] AIKEMA, 1996, pp. 140-144.

[100] I have chosen to identify months with zodiac signs following the manner of the early Spanish royal inventories, specifically those of 1701 and 1794 of the Buen Retiro. However, historians have traditionally paired the months and zodiac signs in Leandro's series differently, beginning with January/Capricorn and so forth.

21 FRANCESCO BASSANO
December/Capricorn
Oil on canvas, 153 × 248 cm
Museo Nacional del Prado n. 3.945, deposited at the Real Academia de Jurisprudencia y Legislación in Madrid by a Royal Order of 20-XII-1882

INSCRIPTIONS: Signature: "FRANCO/BASS. F", top right. "2559" in red, bottom left, and "19-2" in the centre.

22 FRANCESCO BASSANO
April/Taurus
Oil on canvas, 153 × 248 cm
Museo Nacional del Prado n. 5.024; deposited at the Real Sociedad Económica Matritense de Amigos del País in Madrid by a Royal Order of 24-IV-1883

INSCRIPTIONS: Signature: "FRANC BASS.IS F", on the edge of the table. "1899" in red in the centre.

23 FRANCESCO BASSANO
May/Gemini
Oil on canvas, 152 × 245 cm
Museo Nacional del Prado n. 3.919; deposited at the Facultad de Ciencias Químicas of the Universidad Complutense in Madrid by a Royal Order of 15-VI-1883

INSCRIPTIONS: Signature: "FRANC. BASS. F.", on the edge of the table on the left "2528" in red and "555" in white, on the lower left corner.
BIBLIOGRAPHY: Pérez Sánchez, 1989, n. 817, p. 405.

24 FRANCESCO BASSANO
June/Cancer
Oil on canvas, 146 × 240 cm
Museo Nacional del Prado n. 3.918, deposited at the Facultad de Ciencias Químicas of the Universidad Complutense in Madrid by a Royal Order of 15-VI-1883

INSCRIPTIONS: Signature: "FRANC. BASS. PINGEBAT", on the door on the left "2527" in red and "1203" in white, on the lower left corner.
BIBLIOGRAPHY: Pérez Sánchez, 1989, n. 818, p. 406.

25 FRANCESCO BASSANO
July/Leo
Oil on canvas, 153 × 245 cm
Museo Nacional del Prado n. 3.920, deposited at the Facultad de Ciencias Químicas of the Universidad Complutense in Madrid by a Royal Order of 15-VI-1883

INSCRIPTIONS: "2542" in red and "700" in white in lower left corner.
BIBLIOGRAFÍA: Pérez Sánchez, 1989, n. 820, p. 407.

26 FRANCESCO BASSANO

September/Libra

Oil on canvas, 153 × 246 cm

Museo Nacional del Prado n. 3.921; deposited at the faculty of Physical Sciences of the Universidad Complutense in Madrid by a Royal Order of 15-VI-1883

INSCRIPTIONS: Signature: "FRAC. BASS", on the barrel, lower right. "2544" in red and "334" in white, on lower left corner.

27 FRANCESCO BASSANO

October/Scorpio

Oil on canvas, 153 × 246 cm

Museo Nacional del Prado, n. 3.944; deposited and the Real Academia de Jurisprudencia y Legislación in Madrid by a Royal Order of 20-XII-1888

INSCRIPTIONS: Signature: "FRA...", centre-right, on a stone.

PROVENANCE: Ferdinand I (Ferdinando de Medici) sent the complete set of the twelve months to Spain in 1591. They were delivered to the Duke of Lerma before 1603, when they were recorded in a Valladolid inventory of his possessions[101]. In 1607 they hung in the Quinta Real de la Ribera in Valladolid, and that year they were incorporated into the royal collection after Lerma sold the estate to Philip III, though by then one was missing. In 1635 they must have been moved, together with other paintings from Valladolid, to the Palacio del Buen Retiro in Madrid, where eleven were mentioned in 1701 and only nine in 1794.

There is documentary evidence that these paintings arrived at the Spanish court in 1591 among the diplomatic gifts sent periodically by Ferdinando de Medici[102]. It is more difficult to trace how they came into the hands of Ferdinando, who had collected Francesco Bassano's oeuvre since he was a cardinal and owned several works by the artist at the Villa Medici in Rome. We also know that, through agents in Venice such as Bishop Annibale Rucellai, he was aware of the developments relating to the Bassanos and of Philip II's interest in them[103]. Furthermore, Francesco enjoyed a reputation in Florence even before he visited the city in the company of Carletto Veronese shortly before 1587[104]. On 25 May 1581, he wrote a letter to the Florentine patrician Nicolò Gaddi (1537-1591) which has captured the interest of specialists since early times, as he stated that his father "non disegna più, nè può operar molto con gli penelli si per la vista, come anco per esser di molti anni". Less attention has been paid to the following paragraph, in which he informed Gaddi that he was sending "dodici Mesi dell'anno" to adorn the patrician's palace, good-sized canvases with large figures "para mostrar l'arte a modo mio"[105]. The significance of this reference is considerable, for Gaddi was one of the most important 16TH century Florentine collectors and also acted as an artistic intermediary between Francesco and Ferdinando de Medici. Bearing in mind these credentials, it does not seem unreasonable to suggest that Ferdinando could have obtained the twelve months from Gaddi. Indeed, three facts would bear out this assumption: the Prado version is the only set done by Francesco Bassano; the canvases are of a considerable size (approximately 150 × 245 cm) and thus match the description given by Francesco in his letter; and, more importantly, they were not listed in the inventory taken of Gaddi's paintings after his death in 1591[106]. Since Gaddi had parted with the months before that date, which is precisely the year they arrived in Spain, it is reasonable to think he could have sold them to Ferdinando de Medici.

The vicissitudes they experienced before arriving at the Prado, which caused their number to dwindle to seven, and their dispersion at the end of the 19TH century explain the differences in format and state of conservation (for example, *Scorpio* has been trimmed at the top and is poorly conserved, whereas *Capricorn* has a ten cm. Addition along the left margin).

---

[101] SCHROTH, 1990, p. 163.

[102] GOLDBERG, 1996, pp. 535-536.

[103] Ibídem, p. 546.

[104] He was probably invited by the Grand Duchess Bianca Cappello. Francesco then painted the *Martyrdom of St Catherine* (Florence, Pitti) and the *Portrait of Francesco I* (Kassel, Gemäldegalerie). Boschini mentioned Francesco's prestige in Florence and Rome in 1584; REARICK, 1992, p. CLXXXII, n. 376.

[105] BOTTARI-TICOZZI, 1822, vol. 3, pp. 265-266.

[106] ACIDINI LUCHINAT, 1980, pp. 141-175.

IX
MYTHOLOGY

Jacopo's distance from Venice explains the scant attention he paid to mythology, which was one of the favourite themes of collectors from that city. His few forays into this subject matter coincide with Francesco's and Leandro's move to Venice and the demands of a clientele accustomed to mythological themes. Except for his first rendering of the *Forge of Vulcan* (cat. 28), Jacopo merely provided his sons with drawings and sometimes retouched a figure or two. The mythological repertory of Francesco and Leandro was quite narrow: *Forge of Vulcan*, *Rape of Europa*, *Hercules and Onfale*, *Death of Acteon*, *Rape of the Sabine Women*, and *Orpheus*, and was never an alternative to their traditional products[107].

[107] REARICK, 1992, pp. CLXXX-CLXXXI.

28 JACOPO BASSANO
The Forge of Vulcan, h. 1577
Oil on canvas, 250 × 407 cm
Madrid, Museo Nacional del Prado, n. 5.263; deposited at the Universidad Central in Barcelona

INSCRIPTIONS: "880" and "544" bottom left.
PROCEDENCIA: Colección Real, se inventaría en 1666, 1686 y 1700 en el Salón de los Espejos del Alcázar de Madrid. En 1734, se cita entre las "Pinturas que se llevaron a la casa donde vivió el Marqués de Bedmar". En 1747 se había trasladado al Buen Retiro, donde seguía en 1772 en el "salón de Coloma".
CATÁLOGOS E INVENTARIOS: 1821-1824: n. 461; 1834: n. 696; 1843-1858: n. 880; 1872-1882: n. 52.
BIBLIOGRAFÍA: Pérez Sánchez, 1965, pp. 136-137 (Obra de taller, desconocida a Arslan); Alcolea, 1980, pp. 136-137 (Leandro); Ballarin, 1992, p. CXCVI (Jacopo).

It was Ballarin who discovered what is probably the Prado's finest painting by Jacopo, and one of his most impressive late works, hanging in the Sala de Juntas of the Universidad de Barcelona, where it was deposited, having been attributed to a follower of Leandro Bassano[108]. The painting appears to be a monumental refutation of Vasari's description of Jacopo in the second edition of his *Lives* (Florence, 1568), as a painter of animals and small figures. The *Forge* is the result of a profound study of Titian's late oeuvre, and one has only to glance at the figure of Vulcan's young assistant on the left of the forge to realise that the elderly Jacopo was the true successor of the painter of Cadore's technique of patches of colour.

Few paintings better illustrate the differences between Jacopo and his Venetian colleagues. Jacopo was not interested in the possibilities the theme offered to demonstrate his knowledge of art and classical culture. Neither was he drawn by its expressive potential or erotic undertones. For Jacopo, who set the scene in a smithy populated with people in contemporary attire (only Cupid denotes the mythological nature of the painting), the theme was a pretext to show, with the forge as its centrepiece, how light modifies textures and the surfaces on which it shines, be they human bodies or copper, steel, glass and earthenware objects.

Several *bottega* versions of this theme are known (one at the Museo del Prado)[109], the finest being the one housed at the Louvre (inv. M.N.R., 258). Ballarin attributed the Paris version, which is smaller in size (137 × 191 cm), to

Francesco Bassano, who was also responsible for what are presumably three preparatory drawings, one of which is in the Uffizi (n. 5.664), another at the Louvre and a third was sold by Christie's of London on 7 July 1992 (n. 143). Ballarin dated the Louvre painting to 1577, when Jacopo collaborated most intensely with his eldest son and immediately before Francesco left Bassano del Grappa to settle in Venice[110]. The "discovery" of the Prado painting calls for a re-examination of some of these opinions, as it is the original on which the other versions, including the Louvre's work, are based. This would not alter the proposed date, 1577; indeed, the setting, part indoors, part outdoors, is reminiscent of the contemporary kitchen scenes. However, it does affect the assessment of the supposed preparatory drawings, which would be Jacopo's, or else *riccordi* by Francesco.

The X-ray of the painting, taken by the technical department of the Prado, shows the changes made during execution, mainly in the lower half of the composition. These pentimenti are particularly noticeable in the group comprising Cupid and the dog, which was originally placed slightly higher, and the young man counting coins on a stool, who was originally looking towards the right. Small alterations are likewise visible in the outlines of Vulcan and the assistant dressed in green, and in the position of one of the tools in front of the stool. A comparison with the X-ray of the Louvre painting reveals the differences that lie between an original and a replica. Leaving aside the logical lack of pentimenti in the replica,

---

[108] "Il telero di Barcellona è un grande capolavoro della vecchiaia di Jacopo, impressionante anche per le misure, che giace incompreso nella sala de Juntas dell'Università, dove il Museo del Prado lo ha depositato da un secolo. Una profonda riflessione su Tiziano e Tintoretto, evidentemente maturata nel corso di quest'anno, innestandosi sulla sua radicata inclinazione al dipingere il naturale, produce degli esiti che ora sembrano puntare su Rembrandt, ora su Chardin"; BALLARIN, 1992, p. CXCVI.

[109] *The Forge of Vulcan* (cat. n. 3.970), Oil on canvas, 230 × 333 cm.

[110] HABERT, 1998, pp. 78-79.

differences can be seen in the technique with which each is painted, for whereas Jacopo applied colour directly on the canvas without using a preliminary drawing, correcting himself as he went along, Francesco merely transferred a previously worked out composition onto the canvas.

Nothing is known of the *Forge* prior to its incorporation into the royal collection, though the theme must have been fairly popular in Spain from the beginning of the 17ᵀᴴ century. Lerma owned two, a smaller one (approximately 260 × 170 cm) which was listed in the 1603 Valladolid inventory and another purchased in 1608 at the sale of the Duke of Peñaranda. The size of the latter is unknown, and it could well be the Prado version, since other Bassano paintings that Lerma purchased in the same sale were incorporated into the royal collection in the mid-17ᵀᴴ century and were first mentioned in the 1666 inventory, such as *The Virgin in Heaven* (cat. 36). It was Bottineau who identified this *Forge* with the one attributed to Bassano that

hung in the Hall of Mirrors of the Alcázar in Madrid in 1666, though he was unaware that it had been deposited in Barcelona and believed it had gone missing after the 1872 inventory of the Prado[III]. In the Hall of Mirrors, the *Forge* was hung as a pendant to Paolo Veronese's *Christ among the Doctors* (Prado, n. 491). The difficulty of establishing the iconography/subject matter of these paintings did not prevent Orso from interpreting Bassano's work as a) "Venus buscando las armas para Eneas", an allusion to the need of the virtuous prince to arm himself spiritually and physically against his enemies; or b) "Cupido y los Cíclopes forjan las flechas de Cupido", in which case the link with the Veronese painting would be based on the presence of a child among adults[112]. Without underestimating such theories, it should be recalled that the most commonly used criterion for hanging pictures in pairs was their size, and in this aspect the Veronese (236 × 430 cm) and the Bassano (250 × 407 cm) were indeed very similar.

29 WORKSHOP OF JACOPO BASSANO
The Forge of Vulcan
Oil on canvas, 154 × 212 cm (including a 10 cm strip added on the bottom, making the original height 144 cm)
Madrid, Museo Nacional del Prado, n. 5.120

PROVENANCE: Royal Collection. Listed in 1746 as one of the paintings of Isabella Farnese at the palace of La Granja, where it was recorded in a later inventory in 1774 as hanging in the "oficina de calderero". In 1794 it hung in the "Pieza del juego" at Aranjuez. After being deposited in the Museo Provincial in Burgos by a Royal Order of 17 August 1882, it returned to the Museo del Prado by a Ministerial Order of 21 April 1986.
CATALOGUES AND INVENTORIES: 1834: n. 424; 1843-1858: n. 701; 1872: n. 51.
BIBLIOGRAPHY: Berenson, 1957, p. 8.

The Elements, the last of the series of four canvases conceived by Jacopo after the Noah cycle and the Seasons, is dated around 1576-1577. There are three known incomplete series produced by the *bottega*, in which Jacopo's degree of involvement varies. Of the original series, executed mainly by Francesco, *Air* (Berlin, Kaiser Friederich Museum) remains; of a later set produced in 1578-1580 and executed chiefly by Leandro, *Earth* (Baltimore, Walters Art Gallery) survives; and of the last, dated to 1584-1585, *Water* and *Fire* (Sarasota, The John and Mable Ringling Museum of Art) remain. The painting of *Fire* depicts Vulcan twice: in the foreground, working at the forge with Venus, Cupid and an assistant, and at the top, flying through the sky in a chariot drawn by dogs. The

Prado canvas is a fairly faithful reproduction of the Sarasota picture, but excludes the motif of Vulcan in the chariot.

The fact that the surviving canvases from all three series all show a deity flying through the sky in the upper part (Juno in *Air*, Cybele in *Earth*, Vulcan in *Fire*, and Neptune in *Water*), and that this motif is missing from the Prado painting, suggests that *The Forge* was conceived as a separate representation of the Vulcan episode as opposed to part of a series of the four elements. This would make it the *bottega*'s second rendering of the theme after the magnificent earlier version (cat. n. 28). The history of the painting corroborates this assumption, since it was incorporated separately into the royal collection in the first half of the 18ᵀᴴ century.

[III] BOTTINEAU, 1958, p. 43.
[112] ORSO, pp. 101-102.

The poor state of conservation of the painting calls for caution when attempting to establish its authorship, though it is inappropriate to attribute it to Leandro as the Prado catalogue does. The painting is more similar to the Sarasota original, and several members of the *bottega* must have been involved in its execution, as certain differences in quality within the work reveal. Curiously, the figures of Cupid and Vulcan appear to be more poorly executed than the rest.

30 Leandro Bassano
The Rape of Europa
Oil on canvas, 93 × 115 cm
Museo Nacional del Prado, n. 6.161. Deposited in Paris at the Embassy of Spain, on a Royal Order of 19 April 1882

INSCRIPTIONS: "202" in white, lower left.
PROVENANCE: PROVENANCE: Royal Collection. Mentioned for the first time in the 1686 inventory of the Alcázar in Madrid as hanging in the "Pieça consecutiva donde se vestía S. M."[113], where it remained in 1700. Recorded in the 1772 inventory of the Palacio del Buen Retiro in the "piezas de consulta de Muerte".
CATALOGUES AND INVENTORIES: 1821-1824: n. 329; 1834: n. 340; 1843-58: n. 606; 1872-82: n. 54.

The lack of an autograph work of this theme by Jacopo suggests that the idea for the composition came from Francesco at the end of the 1570s, by which time he had gained greater independence from his father and found a Venetian clientele who was receptive to this subject matter. Two further versions are known: one hangs in the Galleria degli Uffizi (inv. 6.219), and the other was auctioned in 1976 (London, Sotheby's, 12 May 1976). Like the Uffizi version, the Prado painting is ascribed to Leandro, whereas the third is attributed to Francesco, who did two preparatory drawings that illustrate how the family *bottega* worked. The first, *Mercury with the Cattle and The Rape of Europa*, was sold by Christie's on 2 July 1993, and is a preliminary sketch outlining the basic elements of the composition, such as the number, arrangement and scale of objects and figures. The following step prior to transferring the figure to the canvas is illustrated in a drawing of Mercury with his physical features and clothing more clearly defined (Florence, Galleria degli Uffizi 13052F; 208 × 195 mm). The figure of Mercury is cut off at knee level, which is where the lamb appears in the painting[114], showing how different drawings were juxtaposed in the form of a "collage" until the composition was completed. Although both drawings are similar to the Prado painting, there are certain differences. In addition to small changes in his attire, Mercury is shown in a more upright position in the painting. In the same way, the caduceus appears rigidly vertical in the painting, whereas it is more diagonal in the drawings.

[113] "Otro quadro de vara y quarta de largo y vara de ancho del robo de Europa de mano de Basán el mozo, marco dorado".
[114] NODARI, 1994, pp. 51-53.

X
NEW TESTAMENT SUPPERS

Paintings depicting biblical episodes based on table scenes (the Marriage at Cana, the Supper at Emmaus, etc.) were extraordinarily popular in Venice between 1560 and 1575, owing mainly to Paolo Veronese, who liked to depict them in vast architectural settings of Palladian inspiration, with a host of figures dressed in contemporary or even exotic attire, making Christ the focal point of the composition. This treatment of the biblical "suppers" was in keeping with the aesthetics of public banquets in Venice, known through Francesco Sansovino's descriptions. Interest in the art of cooking and serving food led to the appearance of treatises such as Domenico Remoli's *Il Maggiordomo* (1560), which described the banquet as a ceremonial affair with an etiquette of its own; such affairs were to be held on tables draped in fine linen, served on exquisite dinner wares to guests provided with napkins and individual cutlery, and waited upon by able servants. All these elements are found in the paintings dealt with in this section, with such refined details as the young men serving wine in the *Last Supper*. Such a profane interpretation of the biblical "suppers" aroused the suspicions of the Inquisition, which summoned Veronese to account for the presence of non-gospel characters such as German soldiers and jesters in his *Feast in the House of Levi*. After 1573 his treatment of the "suppers" became noticeably more austere. They lacked the spectacular scenographic arrangement of the previous works and were more respectful of the biblical account as regards the actions and characters depicted.

The aesthetics of the banquet pertain to a refined milieu that would have been difficult to assimilate in Bassano del Grappa, which explains why Jacopo's late oeuvre lacks supper scenes of this kind and why they were produced precisely after Francesco and Leandro moved to Venice.

31 FRANCESCO BASSANO

Last Supper
Oil on canvas, 151 × 214 cm
Madrid, Museo Nacional del Prado, n. 34

INSCRIPTIONS: Signature (restored) in the central column: FRANC. BASS. FAC.
PROVENANCE: Listed in the 1746 inventory of La Granja among Isabella Farnese's paintings. In 1794 it was recorded as hanging in the "Pieza del juego" in Aranjuez. Deposited at the Museo de San Sebastián between 1940 and 1963.
CATALOGUES AND INVENTORIES: 1821-1824: n. 392; 1834: n. 401; 1843-58: n. 675; 1872-1907: n. 40; 1910-1996: n. 34.
BIBLIOGRAPHY: Zottmann, 1908, pp. 52-53; Venturi, 1929, p. 1.270; Arslan, 1931, p. 230; Bettini, 1936, p. 146; Angulo, 1979, p. 230.

Although Bettini noted a number of paternal precedents for this painting, it is a personal interpretation by Francesco of the gospel passage. Three versions are known, of which the Prado painting is the last. The first, dated about 1585, was auctioned by Sotheby's of Florence in 1984, and there is a preparatory drawing of the figures of the elderly man with a bear and the page on the left (Vienna, Albertina, n. 1.699), which Rearick linked to the Prado painting. The second was painted in 1586 for Santa María Maggiore in Bergamo, and the Prado version was executed shortly afterwards[115]. Taking this time sequence to be valid, there are scarcely any changes in the treatment of the theme other than the logical variations stemming from fact that one painting is horizontal and the other vertical. Specific motifs and figures of the painting executed for Santa Maria Maggiore are repeated[116], but the overall composition is less fortunate. Similarly, in the Bergamo version, the diagonal arrangement of the table, and accordingly, of the guests, is perfectly integrated into the deep setting created by the impressive architecture; this adaptation is less successful in the Prado composition, which is less dynamic and displays a certain lack of space. The unblended colours are characteristic of Francesco's late oeuvre, in which the influence of his brother Leandro became evident.

32 LEANDRO BASSANO

The Marriage at Cana
Oil on canvas, 127 × 203 cm
Madrid, Museo Nacional del Prado, n. 6.985

INSCRIPTIONS: "932" in red, lower left.
PROVENANCE: Royal Collection. Listed among the paintings of Isabella Farnese at La Granja in 1746[117]. Recorded as hanging "en el dormitorio" at La Granja in 1774 and 1794. After being incorporated into the Museo del Prado, it was deposited at the Museo de Bellas Artes in Bilbao between 1913 (R.O., 31 December) and 1989.
CATALOGUES AND INVENTORIES: 1834: n. 752; 1843-1858: n. 932; 1910-1996: n. 6.985.

There is a print by Pietro Monaco (1707-1772), published by Guglielmo Zerletti in Venice in 1763, which reproduces a painting of the *Marriage at Cana* then attributed to Jacopo and owned by the lawyer Giulio Crivellari[118]. In Spain, a composition with the same title though smaller (112 × 84 cm approximately) was listed in the 1711 inventory of the 9TH Duke of Medinaceli[119].

The original painting, probably by Francesco, and on which the composition would have been based is missing, though there are several versions with small variations: the

---

[115] NODARI, 1994, pp. 62-63.
[116] NORIS, 1987, p. 151.
[117] "Otra en lienzo de mano del Bassano las Bodas de Canaan quando Nuestro Señor convirtió el agua en vino de vara y media de alto y seis pies y seis dedos de ancho".
[118] PAN, 1992, p. 130.
[119] LLEÓ, 1989, p. 114.

one in the Louvre (152 × 214 cm) was ascribed by Ballarin to Leandro's early period, when he collaborated with his father in Bassano, though some figures appear to be executed by a different hand[120]. Other versions, very similar to the Louvre painting, are housed in Kromeriz and Vicenza (Museo Civico)[121]. On 2 May 1997, a fourth version (98.2 × 136.5 cm), which is more similar to the print and held by Rearick to be the original, was sold at a London auction (Trafalgar Galleries). This supposed original and the Vicenza version display the iconographical peculiarity –found no where else in Bassano paintings or in any treatment of this gospel episode– of including angel-musicians strumming lutes, an action performed by a servant in the Prado version. The Prado painting is identical to the one in the Louvre except for the curtains, which are omitted.

The inclusion of donors together with the holy figures, a common feature of this iconography since the 15TH century, suggests that this work was probably commissioned for the wedding of the couple seated to the right of the Virgin. The Eucharistic significance of the Marriage at Cana thus reaffirmed the sacramental nature of marriage.

[120] HABERT, 1998, pp. 84-85.
[121] ARSLAN, 1960, I, p. 273; One of Leandro's best early works (before 1582), inspired by a composition probably by Francesco now missing.

XI
PORTRAITS

33 LEANDRO BASSANO
Magistrate with a Crucifix
Oil on canvas, 98 × 80 cm
Madrid, Museo Nacional del Prado, n. 45

INSCRIPTIONS: "16" in red, lower right; "724" in white, lower left.
PROVENANCE: Royal Collection. Although it probably entered the royal collection in the mid-17TH century, the first reliable reference is dated 1797, when it hung in the Palacio Real Nuevo in Madrid.
CATALOGUES AND INVENTORIES: 1821-1824: ¿n. 480?[122]; 1843-1858; n. 724; 1872-1907: n. 53; 1910-1996: n. 45.
BIBLIOGRAPHY: Berenson, 1932 (con dudas a Leandro); Arslan, 1960, I, p. 264 (Leandro); Montesa, 1967, p. 87; Pallucchini, 1981, I, p. 28 (Leandro).

In 1648 Carlo Ridolfi began his biography of Leandro Bassano by praising his talent as a portraitist ("particolarmente eccellente ne'ritatti"). This skill was generously acknowledged during his lifetime and led him to be ennobled in 1595 for his *Portrait of Doge Marino Grimani* (Dresden, Gemäldegalerie). Initially close to the style of Jacopo Tintoretto, Leandro developed under the influence of Emilian models, mainly Bartolommeo Passeroti, until he found a style of his own in the final decade of the 16TH century. In Palluchini's view, this portrait displays the influence of Passeroti, perceptible in its deeper naturalism and the depiction of the sitter in his professional environment. The Prado portrait, probably of a magistrate, shows the sitter at a writing desk with a crucifix. The decorative cloth covering the desk displays the taste of the period for Anatolian textiles, which appear in other portraits by Leandro, such as the *Gentleman with a Pen in his Hand* (Dresden, Gemäldegalerie).

It is not known when this portrait was incorporated into the royal collection although it may have been in the 17TH century as a painting attributed to Titian, since none of the royal inventories lists any portraits attributed to the Bassanos except for a "Cardenal vestido de púrpura" at Aranjuez in 1794. The first reliable reference to this portrait is in 1794, when it hung in the Palacio Real Nuevo in Madrid and was included in a selection of engravings of the best paintings of the royal collection. Such a strange choice is explained by the inscription at the bottom of the engraving, which tells us that at the time it was regarded as a *Portrait of Thomas More* done by Titian: "*Tiziano Vecelli lo pintó León Bueno lo dibuxó Francisco Montaner lo grabó Md. 1797*"[123].

[122] Page 45 of the 1824 Catalogue refers to a "Retrato de un personaje con una pelliza y guantes en la mano. Dudoso".
[123] *Estampas...*, 1984, n. 8, p. 30.

246

34 LEANDRO BASSANO
Portrait of Jacopo Bassano
Oil on canvas, 64 × 50 cm
Madrid, Museo Nacional del Prado, n. 32

INSCRIPTIONS: "841" in red, in lower left corner, and "213" in red, on lower right corner.
PROVENANCE: Royal Collection. Purchased by David Teniers in England on the instructions of the Count of Fuensaldaña, who probably gave it to Philip IV[124], though it is not mentioned individually in any subsequent royal inventory. It joined the Prado in 1827 from the Palacio Real Nuevo.
CATALOGUES AND INVENTORIES: 1834: n. 657; 1843-1858: n. 841; 1872-1907: n. 36; 1910-1996: n. 32.
BIBLIOGRAPHY: Ridolfi, 1648, II, p. 388; Madrazo, 1872, p. 22 (Jacopo); Allende-Salazar y Sánchez Cantón, 1919, pp. 94-95 (Jacopo o Leandro); Berenson 1957; Arslan 1960, I, p. 264 y 351 (follower of Leandro); Pérez Sánchez 1965, p. 550 (Leandro); Falomir, 1997, pp. 88-89 (Leandro).
EXHIBITIONS: Barcelona, 1997-1998, n. 12.

Although in 1660 Boschini mentioned a *Self-Portrait* of Jacopo Bassano in the Aromatario collection in Venice[125], the only surviving versions are replicas attributed to Leandro. The Prado work is identical to the one housed at the Galleria degli Uffizi in Florence (inv. 1.825; at times attributed to Francesco); there is a third known version that is very similar to the first two but of greater iconographic interest, since it shows the painter with his palette, paintbrushes and other instruments of his profession (Vienna, Kunsthistorisches Museum, n. 282).

The Madrid and Vienna versions portray the "official" image of Jacopo, which was engraved by Giacomo Piccini and included by Carlo Ridolfi to illustrate the biography of the painter in *Le Maraviglie dell'arte* (Venice, 1648)[126]. This elderly Jacopo, with a white beard, fur-lined coat and black headdress, so obviously resembles Titian in his final years that the question arises as to whether he did not deliberately imitate the image of the most celebrated Venetian painter of his time.

The hypothesis that this work was one of a supposed series of portraits of painters that hung in the *Galería del Mediodía* of the Alcázar in Madrid in the middle of the 17TH century is unfounded, as neither can the other sitters be positively identified with Veronese (Prado, n. 378), Marietta Robusti (Prado, n. 384), Paris Bordone (Prado n. 32) and Palma el Joven (Prado n. 375)[127], nor were they recognised as such in the 1666, 1686 and 1700 inventories[128].

[124] VERGARA, 1986, pp. 27-32.
[125] BOSCHINI, 1660, pp. 314-315.
[126] PAN, 1992, pp. 61-62.
[127] ALLENDE SALAZAR-SÁNCHEZ CANTÓN, p. 99.
[128] The only known gallery of such characteristics was in the library of the Escorial, where, at the beginning of the 17th century, portraits of Michelangelo, Raphael, Leonardo, Titian, Dürer, Tadeo Zuccaro, Bramante, Sofonisba and Lavinia Fontana hung beside portraits of saints, poets, philisophers and emperors; DE ANDRÉS, 1965, p. 156.

XII
OTHER THEMES

35 FRANCESCO BASSANO
Adoration of the Magi
Oil on canvas, 86 × 71 cm
Madrid, Museo Nacional del Prado, n. 33

INSCRIPTIONS: Signature: "FRÂCESCO DA PONTE FAC.", on the second step; "43" in white and "654" in red, lower left. White fleur de lis of Isabella Farnese, lower right.
PROVENANCE: Royal Collection. First mentioned in the 1746 inventory of La Granja among the paintings of Isabella Farnese[129]. Later recorded in La Granja in 1774 as hanging in the "tercera sala de los azulejos", where it remained in 1794 and 1814.
CATALOGUES AND INVENTORIES: 1834: n. 380; 1843-1858, n. 654; 1872-1907, n. 39; 1910-1985, n. 33.
BIBLIOGRAPHY: Arslan 1960, I, p. 219 (Francesco); Angulo, 1979, p. 230.

This is a "condensed" version in vertical format of the *Adoration of the Magi* at the Galleria Borghese in Rome (inv. 150), a painting that is difficult to attribute and which Arslan believed to be by Francesco and Rearick by Leandro, though Ballarin ascribed it to Jacopo, dating it around 1576[130]. The inferior quality of the Prado painting, which is signed by Francesco, supports Ballarin's hypothesis. There are further perceptible differences deriving from the smaller size of the Prado version (86 × 71 cm compared to 126 × 140) which forced Francesco to omit the area and figures between Baltasar's page and the camel on the left. Another variation is the position of the Christ Child, which is gazing at Mary in Jacopo's painting and is paying attention to Melchor's offering in the version by Francesco. However, the main difference is Francesco's emphasis on the crepuscular light, which highlights the contrasts between the different figures, emphasising the group formed by the Virgin and Child.

---

[129] "Dos en lienzo de mano del Bassano: la una la Adoración de los Reyes descubriéndose en lo alto la estrella que los guía un paje vuelto de espaldas y inmediato a él un perro que le mira. La otra la huida a Egipto nuestra señora sobre un jumento y un perro siguiendo a vara y dos dedos de alto tres quartas de ancho".
[130] BALLARIN, 1992, p. CXCII.

36 FRANCESCO BASSANO
Virgin in Heaven
Oil on canvas, 175 × 140 cm
Madrid, Museo Nacional del Prado, n. 43

INSCRIPTIONS: Number 877 in red, lower left.
PROVENANCE: Collection of the Duke of Peñaranda. After his death in 1608 it was bought by the Duke of Lerma, in whose possession it remained in 1611[131]; in 1617, it was in his cell in the convent of San Blas in Lerma[132]. It was incorporated into the Royal Collection on an unknown date, and was attributed to "Vassan el moço" in the "Pieça donde comía su magd" of the Alcázar in Madrid in the 1666, 1686 and 1700 inventories. It is listed among the "pinturas que se llevaron a la casa donde vivió el Marqués de Bedmar" after the fire at the Alcázar in 1734. In 1772 it is mentioned as hanging in the "pieza Anteoratorio" of the Buen Retiro, and in 1794, in the "pieza de paso al dormitorio" of the Palacio Real Nuevo.
CATALOGUES AND INVENTORIES: 1834: 429; 1843-1858: 877; 1872-1907: n. 49; 1910-1996: n. 43.
BIBLIOGRAPHY: Zottmann, 1908, p. 61; Berenson, 1932, 1936, 1957 (Leandro); Arslan, I, p. 219 (late work by Francesco); Pérez Sánchez, 1965, p. 551.

This work is a variation on the painting executed by Jacopo towards 1580 for the main altar of the church of the Capuchins in Bassano del Grappa (Museo Civico, inv. 18), a large work (237 × 155 cm) with over fifty figures that constitutes "una sorta di compendio di tutte le positure fatte da Jacopo Bassano per le sue opere"[133], and which was inspired by Titian's *La Gloria* (Madrid, Museo del Prado n. 432), with which he would have been familiar through Cornelius Cort's print[134]. His sons adopted the composition several times. Francesco used it in the Chiesa del Gesù in Roma[135], and Leandro in a *Last Judgement with Saints in Paradise* (Alabama, Birmingham Museum of Art 61.114)[136], of which an earlier version is known (London, Trafalgar Galleries). Although taking their father's model as a basis, Francesco and Leandro made changes to the composition and to some figures. The Prado version is closer to Francesco (the manner in which the paint is applied and duller palette are totally uncharacteristic of Leandro), though its discreet quality and unevenness are probably largely due to the intervention of assistants. It is simply a reduction of Jacopo's original, the only noteworthy feature being the inclusion of a new architectural frame and the trompe l'oeil effect created by the book on the mantelpiece, which appears to stand out from the composition, offering itself to the viewer.

131 "[…] otra pintura de bassan de dos varas de la gloria que se compró en dicha almoneda [del Duque de Peñaranda] en ochenta ds"; SCHROTH, 1990, p. 300.
132 "una pintura de una imagen, en lienzo, del Basan, que tiene encima a Dios padre, Nuestro Señor y Nuestra Señora, y debajo otros santos, y alrededor, en unos obalos, santos, con marco dorado"; CERVERA VERA, 1969, p. 117, n. 2.
133 MARINI, 1992, p. 298.
134 REARICK, 1992, p. CLXXIII.
135 ARSLAN, 1960, II, n. 261.
136 Firmado "LEANDER A PONTE BASS.EQUES F."; STEEL, 1994, 90-95.

37 LEANDRO BASSANO
Embarkation of the Doge of Venice
Oil on canvas, 200 × 597 cm
Madrid, Museo Nacional del Prado, n. 44

INSCRIPTIONS: Signature: LEANDER APONTE BASS.is AEQUES F.

PROVENANCE: Royal Collection. Mentioned in the 1666 inventory of the Alcázar in Madrid as hanging in the "Pieça inmediata que es donde come su magestad", where it remained in 1686. By 1700 it had been moved to the "Pieza donde S. M. comía", and in 1734 was listed among "las pinturas que se hallaron en las Bóvedas de palacio". In 1747 it hung in the Palacio Real Nuevo in Madrid, in the "tercera pieza", and in 1772 in the "cuarto del infante D. Antonio". Incorporated into the Prado holdings in 1827.

CATALOGUES AND INVENTORIES: 1821-1824: 485; 1834, n. 724; 1843-58: n. 910; 1872-1907: 50; 1910-1996: n. 44.

BIBLIOGRAPHY: Peltzer, 1924, p. 151 (with doubts, Pozoserrato); Berenson, 1932, 1936, 1957 (Leandro); Menegazzi, 1957, p. 211 (Leandro); Arslan, I, pp. 263-264, (Leandro); Pérez Sánchez, 1965, pp. 548-549; Angulo 1979, p. 229.

This painting, also known as the *Embarkation of the Doge in the Riva degli Schiavoni*, is dated after 1595, the year Leandro was ennobled, since the signature denotes his knightly status. In the 17TH century, two works with similar characteristics depicting this theme arrived in Spain and are today housed at the Museo Nacional del Prado and the Real Academia de Bellas Artes de San Fernando (n. 546). The first known Spanish owner of both was the Duke of Lerma, and, given their similarity, the size is the only reliable criterion for distinguishing one from the other in early documents. The painting in the Real Academia de San Fernando, the smaller of the two (209 × 362 cm), was identified by Pérez Sánchez with the one mentioned in the 1607 inventory as hanging in the *Tercer aposento* of the Quinta Real de La Ribera in Valladolid: "Y más una pintura de la *plaça de Beneçia*, de tres baras y media de largo y dos de alto, guarnecido, original de Leandro Baçan", and with the *Betrothal of the Doge and the Sea* that belonged to the Godoy collection, from where it would have found its way into the Real Academia.

The Prado painting is probably the "[...] pintura grande de diez pies de alto y veintitres de ancho [...] de las fiestas que se hacen en Venecia el día de San Marcos a la elección del dux" which was in Lerma's possession in 1611[137] and subsequently incorporated, along with *The Virgin in Heaven* (cat. 36) and other works of the same provenance, into the royal collection in the middle of the 17TH century: in 1666 it is recorded as hanging in the "Pieça inmediata que es donde come su magestad" of the Alcázar in Madrid. After the building was destroyed by fire in 1734, it must have been moved to the Palacio del Buen Retiro, as the 1794 inventory refers to "Una vista de la Señoría de Venecia de dos varas y tercia de alto y siete varas de largo"[138].

The two paintings are of similar quality and their differences lie in the smaller size of the one in the Real Academia, which obliged the painter to condense the composition and omit some elements. This could support the idea that the Prado painting is the earlier of the two.

City views, both topographical and those depicting events, were particularly appreciated by 17TH century Spanish collectors. When the collection of Cardinal Bernardo Sandoval y Rojas, archbishop of Toledo and uncle of the Duke of Lerma, was appraised in 1618, the most highly valued painting was precisely a "[...] grande en que está pintada Venecia"[139].

---

[137] SCHROTH, 1990, pp. 303-304.
[138] INVENTARIO 1686, cited from a typed copy at the Museo del Prado library.
[139] BURKE, 1984, I, p. 21.

BIBLIOGRAFÍA

AA.VV.: *Pinacoteca Brera. Scuola Veneta*, Milano, 1990.

AA.VV.: *Pintura en el Virreinato del Perú*, Lima, 1989.

ACIDINI LUCHINAT, C.: "Niccolò Gaddi collezionista e diletante del Cinquecento", *Paragone*, XXXI, n. 359-361, 1980, pp. 141-175.

AGULLÓ Y COBO, M.: *Noticias sobre pintores madrileños de los siglos XVI y XVII*, Granada, 1978.

— *Documentos para la historia de la pintura española, I*, Madrid, 1994.

— "Una familia de pintores: los Arellano", en *Juan de Arellano, 1614-1676*, catálogo de la exposición, Caja Madrid, Madrid, 1998, pp. 9-44.

AIKEMA, B.: *Jacopo Bassano and his public. Moralizing Pictures in an Age of Reform, ca. 1535-1600*, Princeton University Press, Princeton, 1996.

AINAUD DE LASARTE, L.: *El grabado*, Ars Hispaniae, XVIII, Madrid, 1962.

ALBERTON VINCO DA SESSO, L. y SIGNORI, F.:"Il testamento di Jacopo dal Ponte detto Bassano", *Arte Veneta*, XXXIII, 1979, pp. 161-164.

ALCOLEA, S.: *Catálogo de Pinturas de la Universidad de Barcelona*, Barcelona, 1980.

ÁLVAREZ LOPERA, J.: "La construcción de un pintor. Un siglo de búsquedas e interpretaciones sobre El Greco" en *El Greco. Identidad y transformación*, catálogo de la exposición, Madrid-Roma-Atenas, 1999-2000.

ALLENDE SALAZAR, J. y SÁNCHEZ CANTÓN, F. J.: *Retratos del Museo del Prado*, Madrid, 1919.

ANES, G.: *Las colecciones reales y la fundación del Museo del Prado*, Madrid, 1996.

ANGULO, D.: *Pintura del siglo XVI*, Madrid, 1954.

— *Pintura del siglo XVII*, Madrid, 1958.

— *Museo del Prado. Pintura italiana anterior a 1600*, Madrid, 1979.

ANGULO ÍÑIGUEZ, D. y PÉREZ SÁNCHEZ, A. E.: *Historia de la pintura española. Pintura madrileña del primer tercio del siglo XVII*, Madrid, 1969.

— *Historia de la pintura española. Pintura toledana de la primera mitad del siglo XVII*, Madrid, 1973.

— *A Corpus of Spanish Drawings. Valencia 1600-1700*, London, 1988.

ARMENINI, G. B.: *De los verdaderos preceptos de la pintura*, edición de M.ª Carmen Bernárdez Sanchís, Madrid, 1999.

ARSLAN, E.: *I Bassano*, Milano, 1960, 2 vols.

AVALLE-ARCE, J. B., *La novela pastoril española* (2.ª ed.), Madrid, 1974.

AZCÁRATE, J. M.ª: "Inventario del Palacio del Pardo de 1623", *Homenaje al profesor Hernández Perera*, Madrid, 1992, pp. 783-794.

BALDASS, L.: "Les tableaux champêstres des Bassano et la peinture réaliste des Pays-Bas au XVIᵉ siècle", *Gazette des Beaux-Arts*, XLV, 1955, pp. 143-160.

BALLARIN, A.: "Chirurgia Basanesca", *Arte Veneta* XX, 1966, pp. 112-136; recogido en *Jacopo Bassano. Scritti 1964-1995*, Citadella, 1995, vol. I, pp. 71-95.

— "Jacopo Bassano e lo studio di Raffaello e di Salviati", *Arte Veneta* XXI, 1967, pp. 77-101; recogido en *Jacopo Bassano. Scritti 1964-1995*, Citadella, 1995, vol. I, pp. 99-125.

— "La vechiaia di J. Bassano: Le fonti e la critica", en *Atti dell'Instituto Veneto di Scienze, Lettre e Arti*, 125, 1966-1967, pp. 151-193; recogido en *Jacopo Bassano. Scritti 1964-1995*, Citadella, 1995, vol. I, pp. 39-68.

— "Jacopo Bassano 1573-1580", en *Jacopo Bassano c. 1510-1592*, catálogo de la exposición, Bassano del Grappa-Forth Worth, 1992-1993, pp. CLXXXIX-CCIII.

— *Jacopo Bassano. Scritti 1964-1995*, 5 vols., Citadella, 1995.

— *Dosso Dossi. La pittura a Ferrara negli anni del ducato di Alfonso I*, Citadella, 1995.

BAROCCHI, P.: *Trattati d'Arte del Cinquecento. Fra manierismo e contrariforma*, 3 vols., Bari, 1960-1962.

BAVA, A. M.: "La collezione di pittura e i grandi progetti decorativi", en *Le collezioni di Carlo Emanuele I di Saboia*, ed. Giovanni Romano, Torino, 1995, pp. 165-288.

BENITO DOMÉNECH, F.: *Pinturas y pintores en el Real Colegio de Corpus Christi*, Valencia, 1980.

BERDINI, P.: *The Religious Art of Jacopo Bassano. Painting as Visual Exegesis*, Cambridge University Press, Cambridge, 1997.

BERENSON, B.: *Italian Pictures of the Renaissance*, Oxford, 1932.

— *Italian Pictures of the Renaissance, a list of the principal Artists and their Works. Venetian School*, vol., I, London, 1957.

— *Italian Pictures of the Renaissance, a list of the principal Artist and their Works. Venetian school*, vol. II, London, 1958.

BERMEJO, D. L.: "The Newly Discovered Testament and Inventories of Carlo Maratti and his wife francesa", *Antologia di Belle Arti*, XVI, 1985, pp. 65-85.

BEROQUI, P.: *Adiciones y correcciones al Catálogo del Museo del Prado*, Valladolid, 1914.

— *Tiziano en el Museo del Prado*, Madrid, 1946.

BETTAGNO, A.: "Escuela italiana", *El Museo del Prado*, 1996, pp. 191-331.

BETTINI, S.: "Quadri dei Bassani", *La Critica d'Arte*, XIV, 1936, pp. 143-147.

BIALOSTOCKI, J.: "Le vocabulaire visuel de Jacopo Bassano et son *stilus humilis*", *Arte Veneta* XXXII, 1978, pp. 169-173.

BORGHINI, R.: *Il Riposo* [Florencia, 1584], Milano, 1967.

BORTOLOTTI, L.: "Jacopo Bassano 1992", *Venezia Cinquecento*, 4, 1992, pp. 163-194.

— "Prolegomeni alla riflessione sul significato della "scena di genere" nella produzione di Jacopo Bassano, *Venezia Cinquecento*, 18, 1999, pp. 137-171.

BOSCHINI, M.: *La carta del navegar pitoresco* (1660), ed. A. Pallucchini, Venezia, 1966.

— *Le ricche minere della Pittura*, Venecia, 1674.

BOTTARI, G. G. y TICOZZI, S.: *Raccolta di lettere sulla pittura, scultura ed architettura escritte da' piu celebri personaggi dei secoli XV, XVI e XVII*, Milano, 1822.

BOTTINEAU, Y.: "L'Alcázar de Madrid et l'inventaire de 1686", *Bulletin Hispanique*, LVIII, 1956, pp. 421-452; y LX, 1958, pp. 30-61, 145-179, 289-326 y 451-483.

— *El arte cortesano en la España de Felipe V (1700-1746)*, Madrid, 1986.

BROWN, B. L.: "Genre and Meaning: Crosscurrents between Venice and the North", en *Renaissance Venice and the North. Crosscurrents in the Time of Bellini, Dürer and Titian*, catálogo de la exposición, Palazzo Grassi, Venezia, 1999, pp. 105-113.

BROWN, J. y ELLIOTT, J.: *Un palacio para el Rey*, Madrid, 1981.

BRULEZ, W.: *Merchands flamands a Venise. I (1568-1605)*, Bruselas-Roma, 1965.

BURKE, M. B.: "Paitings by Ribera in the collection of the Duque de Medina de las Torres", *The Burlington Magazine*, CXXXI, 1989, pp. 132-136.

BURKE, M. B. and CHERRY, P.: *Collections of Paintings in Madrid 1601-1755. Documents for the History of Collecting. Spanish Inventories*, Ann Arbor 1997.

CARDUCHO, V.: *Diálogos de la pintura* (1633), ed. de Fco. Calvo Serraller, Madrid, 1979.

CASASECA CASASECA, A.: *Catálogo monumental del partido judicial de Peñaranda de Bracamonte (Salamanca)*, Madrid, 1984.

CATURLA, M.ª L.: "El coleccionista madrileño Don Pedro de Arce, que poseyó "Las Hilanderas" de Velázquez", *Archivo Español de Arte*, 21, 1948, pp. 292-304.

CAVESTANY, J.: *Floreros y bodegones en la pintura española*, catálogo de la exposición, Biblioteca Nacional, Madrid, 1936 y 1940.

CECCHI, A.: "La collection des tableaux", en *La Villa Médicis. II. Etudes*, Roma, 1991.

CERVERA VERA, L.: *Bienes muebles en el Palacio Ducal de Lerma*, Valencia, 1967.

— *El monasterio de San Blas en la villa de Lerma*, Javea, 1969.

CHECA, F.: *Felipe II, mecenas de las artes*, Madrid, 1992.

— *Tiziano y la Monarquía Hispánica*, Madrid, 1994.

CHERRY, P.: "Seventeenth-Century Spanish Taste", en M. B. BURKE, and P. CHERRY, *Collections of Paintings in Madrid 1601-1755. Documents for the History of Collecting. Spanish Inventories*, 1997, pp. 1-108.

— *Arte y Naturaleza. El Bodegón Español en el Siglo de Oro*, Madrid, 1999.

CLOULAS, A.: "Documents concernant Titien conservés aux Archives de Simancas", *Mélanges de la Casa de Velázquez* III, 1967.

COCKE, R.: "Civic identity and the Venetian art market: Jacopo Bassano and Paolo Veronese", *New Interpretations of Venetian Renaissance Painting*, London, 1994, pp. 91-97.

COTTRELL, P.: "Corporate Colors: Bonifacio and Tintoretto at the Palazzo dei Camerlenghi in Venice", *The Art Bulletin*, LXXXII, 2000, pp. 658-678.

CURROS Y ARES, M.ª de los A. y GARCÍA GUTIÉRREZ, P. F.: *Madres Mercedarias de Don Juan de Alarcón. Volumen II. Catálogo de Pintura*, Madrid, 1998.

DARST, D. H.: *Imitatio. Polémica sobre la imitación en el Siglo de Oro*, Madrid, 1985.

DE ANDRÉS, G., O.S.A.: *Documentos para la historia del Monasterio de San Lorenzo el Real de El Escorial*, El Escorial, 1965.

— "Relación anónima del siglo XVII sobre los cuadros de El Escorial", *Archivo Español de Arte* 173, 1971, pp. 55 y ss.

DELAFORCE, A.: "The Collection of Antonio Pérez, Secretary of State to Philip II", *The Burlington Magazine*, CXXIV, 1982, pp. 742-752.

DE MARCHI, N. and VAN MIEGROET, H. J.: "Exploring Markets for Netherlandish Paintings in Spain and Nueva España", *Netherlands Yearbook for History of Art*, 50, 1999, pp. 81-111.

DEMPSEY, Ch.: "The Carracci *Postille* to Vasari's *Lives*", *The Art Bulletin*, 68, 1986, pp. 72-76.

DE SALAS, X. y MARIAS, F.: *El Greco y el arte de su tiempo. Las notas de El Greco a Vasari*, Madrid, 1992.

DOLCE, L.: *Dialogo della pittura*, en P. BAROCCHI, *Trattati d'arte del Cinquecento*, I, Bari, 1960.

ESPINÓS DÍAZ, A.: "Nuevos datos sobre la colección de dibujos del Museo de San Pío V de Valencia", *Archivo Español de Arte*, 237, 1987, pp. 17-34.

Estampas de la Calcografía Nacional: La Colección Real de Pintura 1791-1798, Madrid, 1984.

ESTELLA MARCOS, M.: "Los Leoni, escultores entre Italia y España", en *Los Leoni (1509-1608). Escultores del Renacimiento italiano al servicio de la corte de España*, catálogo de la exposición, Museo del Prado, Madrid, 1994, pp. 29-62.

EUSEBI, L.: *Catálogo de los cuadros que existen colocados en el Real Museo del Prado*, Madrid, 1821.

— *Ensayo sobre las diferentes escuelas de pintura*, Madrid, 1822.

— *Catálogo de los cuadros que existen colocados en el Real Museo de Pinturas del Prado*, Madrid, 1824.

FALCÓN MÁRQUEZ, T.: *El Palacio arzobispal de Sevilla*, Córdoba, 1997.

FALOMIR FAUS, M.: "*El lavatorio* de Jacopo Tintoretto, de San Marcuola a El Escorial", en *Una obra maestra restaurada*. El lavatorio *de Jacopo Tintoretto*, catálogo de la exposición, Museo del Prado, 2000, pp. 7-32.

FERNÁNDEZ BAYTON, G.: *Inventarios reales I: Testamentaria de Carlos II 1701-1703*, Madrid, 1975.

FERNÁNDEZ LÓPEZ, J.: "Los techos pintados del Palacio arzobispal", en *Velázquez y Sevilla*, catálogo de la exposición, Sevilla, 1999, pp. 159-171.

FERNÁNDEZ TALAYA, M.ª T.: *El Real Sitio de La Florida y La Moncloa. Evolución histórica y artística de un lugar madrileño*, Madrid, 1999.

FERRARINO, L.: *Tiziano e la Corte di Spagna nei documenti dell'Archivio Generale di Simancas*, Madrid, 1975.

FRÖHLICH-BUME, L.: "Some original compositions by Francesco and Leandro Bassano", *Burlington Magazine*, LXI, 1932, pp. 113-114.

GARCÍA CHICO, E.: *Documentos para el estudio del arte en Castilla*, Valladolid, 1946.

GENTILI, A.: *De Tiziano a Tiziano. Mito e allegoria nella pittura veneziana del Cinquecento*, Milano, 1988.

GERARD-POWELL, V.: "La decoración del Alcázar de Madrid y el ceremonial en tiempos de Felipe II", *Felipe II y el arte de su tiempo*, Madrid, 1998, pp. 331-341.

GOLDBERG, E. L.: "Artistic relations between the Medici and the Spanish courts, 1587-1621: Part II", *The Burlington Magazine*, CXXXVIII; 1996, pp. 529-540.

— "Circa 1600: Spanish Values and Tuscan Painting", *Renaissance Quarterly*, 1996, pp. 912-933.

GOMBRICH, E. H.: "Celebrations in Venice of the Holy League and the Victory of Lepanto", en *Studies in Renaissance & Baroque Art presented to Anthony Blunt on his 60TH birthday*, London-New York, 1967, pp. 62-68.

GONZÁLEZ GARCÍA, J. L.: "La sombra de Dios: *Imitatio Christi* y contrición en la piedad privada de Felipe II", en *Felipe II, un monarca y una época. Un príncipe del Renacimiento*, catálogo de la exposición Madrid, Museo del Prado, 1998, pp. 185-201.

GOULD, C.: *The Sixteenth-Century Italian School*, London, 1975.

GUEVARA, F.: *Comentarios de la pintura*, edición de Antonio Ponz, Madrid, 1788.

HABERT, J. et LOISEL LEGRAND, C.: *Bassano et ses fils dans les musées français*, Les dossiers du Musée du Louvre, París, 1998.

HARASZTI-TAKÁCS, M.: *Spanish Genre Painting in the Seventeenth Century*, Budapest, 1983.

HARRIS, E.: "G.B. Crescenzi, Velázquez, and the "Italian" Landscapes for the Buen Retiro", *The Burlington Magazine*, CXXII, 1980, pp. 562-564.

HERRERO GARCÍA, M.: *Contribución de la literatura a la historia del arte*, Madrid, 1943.

HOCHMANN, M.: *Peintres et comanditaires à Venise (1540-1628)*, Roma, 1992.

JONES, P. M.: *Federico Borromeo and the Ambrosiana. Art Patronage and Reform in Seventeenth-Century Milan*, Cambridge University Press, New York, 1993.

JORDAN, W. B.-CHERRY, P.: *El bodegón español de Velázquez a Goya*, Londres, 1995.

KINKEAD, D.: "The picture collection of Don Nicolás Omazur", *The Burlington Magazine*, 995, 1986, pp. 132-144.

LAFUENTE FERRARI, E.: *El Prado. Escuelas italiana y francesa*, Madrid, 1970.

LEFORT, P.: "Les musées de Madrid. Le Musée du Prado II. Le peinture italienne. Les vénitiens", *G.B.A.*, II, 1892.

LOMAZZO, G. P.: *Scriti sulle arti*, ed. de Roberto Paolo Ciardi, Firenze, 1974.

LOOMIE, A. J.: "New Light on the Spanish Ambassador's Purchases from Charles I's Collection 1649-53", *Journal of The Warburg and Courtauld Institutes* 52, 1989, pp. 257-267.

LÓPEZ MARTÍNEZ, C.: *Desde Jerónimo Hernández hasta Martínez Montañés*, Sevilla, 1929.

LÓPEZ NAVÍO, J.: "La gran colección de pinturas del Marqués de Leganés", *Analecta Calasancia* IV, n. 8, 1962, pp. 261-330.

LLEÓ, V.: "The art collection of the ninth Duke of Medinaceli", *The Burlington Magazine*, CXXXI, 1989, pp. 108-116.

MADRAZO, M. de: *Historia del Museo del Prado 1818-1868*, Madrid, 1945.

MADRAZO, P. de: *Catálogo descriptivo e histórico del Museo del Prado*, Madrid, 1872.

— *Viaje artístico de tres siglos por las colecciones de cuadros de los Reyes de España*, Barcelona, 1884.

MADRUGA REAL, M.ª A.: *Arquitectura barroca salmantina. Las agustinas de Monterrey*, Salamanca, 1983.

MANCINI, M.: *Tiziano e le corti d'Asburgo*, Venezia, 1998.

MARÍAS, F.: "Las anotaciones de El Greco a las "Vidas" de Vasari. Traducción y comentario", en DE SALAS-MARÍAS: *El Greco y el arte de su tiempo. Las notas de El Greco a Vasari*, Madrid, 1992, pp. 115-116.

MARINI, P.: "Una nuova imagine di Jacopo Bassano", en *Jacopo Bassano c. 1510-1592*, catálogo de la exposición, Bassano del Grappa-Forth Worth, 1992-1993, pp. XXVII-LV.

MARTÍNEZ, J.: *Discursos practicables del nobilísimo arte de la pintura* (edición de Julián Gállego), Madrid, 1988.

MASON, S.: "Low Life and Landscape: *minor pictura* in Late Sixteenth-Century Venice", en *Renaissance Venice and the North. Crosscurrents in the Time of Bellini, Dürer and Titian*, catálogo de la exposición, Palazzo Grassi, Venezia, 1999, pp. 558-567.

MEDICI, C.: *Viaje por España y Portugal en los años 1668 y 1669*, Madrid, 1933.

MENEGAZZI, L.: "Ludovico Toeput (il Pozzoserrato)", *Saggi e memorie di storia dell'arte*, 1, 1957, pp. 167-223.

MONTESA, M.: "Heráldica en el Museo del Prado", *Arte Español*, 1967.

MORÁN, M.: "Los gustos pictóricos en la corte de Felipe III", y "Felipe III y las artes", en M. MORÁN y J. PORTÚS: *El arte de mirar. La pintura y su público en la España de Velázquez*, Madrid, 1997, pp. 13-30 y 63-82.

MORÁN, M. y CHECA, F.: *El coleccionismo en España*, Madrid, 1985.

MULCAHY, R.: *Juan Fernández de Navarrete el Mudo, pintor de Felipe II*, Madrid, 1999.

MURARO, M.: *Il libro secondo di Francesco e Jacopo Bassano*, Bassano del Grappa, 1992.

Museo del Prado. Catálogo de pinturas, Madrid, 1996.

NODARI, F.: "Disegni di Francesco Bassano tra il 1571 e il 1590", *Paragone*, 533-537, 1994, pp. 48-80.

NOÉ, E.: "Francesco Bassano. Cena in Emmaus", en AA.VV., *Pinacoteca Brera. Scuola Veneta*, Milano, 1990, pp. 24-25.

NORIS, F.: "L'ultima Cena", en *Il Seicento a Bergamo*, catálogo de la exposición, Bergamo, 1987, p. 151.

ORSTO, S. N.: *Philip IV and the Decoration of the Alcázar of Madrid*, Princeton, 1986.

PACHECO, F.: *Arte de la pintura* (ed. B. Bassegoda), Madrid, 1990.

PÁEZ RÍOS, E.: *Repertorio de grabados españoles de la Biblioteca Nacional. Tomo II*, Madrid, 1982.

PALOMINO, A.: *El Museo Pictórico y Escala Optica. III. El Parnaso Español Pintoresco y Laureado*, Madrid, 1988.

PALLUCCHINI, R.: *La pittura veneziana del Cinquecento*, Novara, 1944.

— "Comento alla mostra di Jacopo Bassano", *Arte Veneta*, XI, 1958, pp. 97-118.

— *Bassano*, Bolonia, 1982.

— *La pittura veneziana del Seicento*, Milano, 1981, 2 vols.

PAN, E.: *Jacopo Bassano e l'incisione. La fortuna dell'arte bassanesca nella grafica di riproduzione dal XVI al XIX secolo*, catálogo de la exposición, Bassano del Grappa, Museo Civico, 1992.

PÉREZ PASTOR, C.: *Memorias de la Real Academia Española*, tomo XI, Madrid, 1914.

PÉREZ SÁNCHEZ, A. E.: *Pintura italiana del siglo XVII en España*, Madrid, 1965.

— "Las colecciones de pintura del Conde de Monterrey", *Boletín de la Real Academia de la Historia*, CLXXIV, 1977, pp. 417-459.

— "En el centenario de Orrente. "Addenda" a su catálogo", *Archivo Español de Arte*, 209, 1980, pp. 1-18.

— "La pintura antigua y los depósitos del Prado", en AA.VV., *Patrimonio artístico de la Universidad Complutense*, Madrid, 1989, pp. 17-27.

— "Juan de Arellano, pintor" y "San Cristóbal", en *Juan de Arellano, 1614-1676*, catálogo de la exposición, Caja Madrid, Madrid, 1998, pp. 45-78 y 272.

— *Pintura barroca en España 1600-1750*, Madrid, 1992.

POLERÓ, V.: *Catálogo de los cuadros del Real Monasterio de San Lorenzo llamado del Escorial,* Madrid, 1987.

PORTÚS, J.: *Museo del Prado. Memoria escrita 1819-1994*, Madrid, 1994.

— *Pintura y pensamiento en la España de Lope de Vega*, Hondarribia, 1999.

PORTÚS, J. y VEGA, J.: *La estampa religiosa en la España del Antiguo Régimen*, Madrid, 1998.

QUILLIET, F.: *Les arts italiens en Spagne ou Histoire des artistes italiens qui contribuèrent à embellir les Castilles*, Roma, 1825.

REARICK, W. R.: "Jacopo Bassano's Late Genre Paintings", *The Burlington Magazine*, 782, 1968, pp. 241-249.

— "Jacopo Bassano and Changing Religious Imagery in the Mid-Cinquecento", *Essays presented to Myron P. Gilmore*, Florence, 1978, II, pp. 331-342.

— *Jacobus a Ponte Bassanensis. Da Cartigliano a Civezano (1575-1576)*, IV, Bassano del Grappa, 1991.

— "Vita ed opere di Jacopo dal Ponte, detto Bassano c. 1510-1592", en *Jacopo Bassano c. 1510-1592*, catálogo de la exposición, Bassano del Grappa-Forth Worth, 1992-1993, pp. LVII-CLXXXVIII.

RIDOLFI, C.: *Le maraviglie dell'arte, Ovvero. Le vite degli illustri pittori veneti e dello Stato* (Venezia, 1648), Berlín, 1914.

ROSAND, D.: "The Crisis of the Venetian Renaissance Tradition", *L'arte* 11-12, 1970, pp. 5-54.

— *Painting in Cinquecento Venice: Titian, Veronese, Tintoretto*, New Haven & London, 1982.

— *Painting in Cinquecento Venice: Titian, Veronese, Tintoretto,* Cambridge & New York, 1997.

ROSSI, F.: "Una cucina di Jacopo Bassano e il suo modello nordico", *Verona Illustrata* 7, 1994, pp. 57-64.

ROTETA, A. M.ª: *La ilustración del libro en la España de la Contrarreforma. Grabados de Pedro Ángel y Diego de Astor*, Toledo, 1985.

ROTONDO, A.: *Historia descriptiva, artística y pintoresca del Real Monasterio de San Lorenzo de El Escorial,* Madrid, 1863.

RUIZ GÓMEZ, L.: *Catálogo de las colecciones históricas de pintura veneciana del siglo XVI*, Madrid, 1991.

RUIZ MANERO, J. M.ª: " Pinturas italianas del siglo XVI en el Alcázar de Madrid", en *El Real Alcázar de Madrid*, catálogo de la exposición, Museo del Prado-Palacio Real, 1994, pp. 196-219.

SALTILLO, Marqués de: "La herencia de Pompeyo Leoni", *Boletín de la Sociedad Española de Excursiones*, 1934, pp. 95-121.

SÁNCHEZ CANTÓN, F. J.: *Fuentes literarias para el arte español*, 5 vols., Madrid, 1923-1941.

— "El primer inventario del Palacio del Pardo", *Archivo Español de Arte y Arqueología* X, 28, 1934, pp. 69-75.

— *Inventarios reales. Bienes muebles que pertenecieron a Felipe II*, 2 vols. Madrid, 1956-1959.

— *Museo del Prado. Catálogo de los cuadros*, Madrid, 1949.

— *Museo del Prado. Catálogo de los cuadros*, Madrid, 1963.

SAN ROMÁN, F. de B.: *Alonso Sánchez Coello (ilustraciones a su biografía)*, Lisboa, 1938.

SANSOVINO, F.: *Venetia Citta Nobilissima*, 1968 (facsímil edición Venezia, 1663).

SANTOS, P. de los: *Descripción breve del Monasterio de S. Lorenzo el Real del Escorial única maravilla del mundo...*, Madrid 1657, 1667, 1681 y 1698.

SCROTH, S.: "Early collectors of Still-Life Painting in Castile", en *Spanish Still Life in the Golden Age 1600-1650*, catálogo de la exposición, Kimbell Art Museum, Fort Worth, 1985, pp. 28-39.

— *The Private Picture Collection of the Duke of Lerma*, Ph. D. dissertation, New York University Institute of Fine Arts, 1990.

SHEARMAN, J.: *The Pictures in the Collection of Her Majesty the Queen. The Early Italian Pictures*, Cambridge University Press, Cambridge, 1983.

SIGÜENZA, J. de: *Fundación del Monasterio de El Escorial*, Madrid, 1986.

SIMONETTI, S.: "Profilo di Bonifacio de Pitati", *Saggi e Memorie di storia dell'arte*, 15, 1986, pp. 83-134.

STRADLING, R. A.: "A Spanish Statesman of Appeasement: Medina de las Torres and Spanish Policy, 1639-1670", *The Historical Journal*, 19, 1976, pp. 1-31.

SULLIVAN, M. A.: "Aertsen's Kitchen and Market Scenes: Audience and Innovation in Northern Art", *The Art Bulletin*, 1999, 2, pp. 236-266.

Tiziano e Venezia, Atti del Convegno Internazionale di Studi (Venezia 1976), Venezia, 1980.

UGARTE ELÉSPURU, J. M.: "Los signos del Zodíaco de los Bassano", en AA.VV., *Pintura en el Virreinato del Perú*, Lima, 1989, pp. 213-237.

VALDIVIESO, E.: *Juan de Roelas*, Sevilla, 1978.

VALDIVIESO, E. y SERRERA, J. M.: *Catálogo de las pinturas del Palacio Arzobispal de Sevilla*, Sevilla, 1979.

— *Historia de la pintura española. Escuela sevillana del primer tercio del siglo XVII*, Madrid, 1985.

VASARI, G.: *Le vite de' più eccellenti pittori, scultori ed architettori* (1568), ed. G Milanesi, Firenze, 1878-1885 (13 vols.)

VENTURI, A.: "La pittura del Cinquecento", *Storia dell'arte italiana*, tomo IX, parte IV, Milano, 1929.

VERGARA, A.: "The Count of Fuensaldaña and David Teniers: their purchases in London after the civil war", *The Burlington Magazine*, 1989, pp. 127-132.

VINCO DA SESO, L. A.: "Annuncio notturno ai pastori", en *Jacopo Bassano c. 1510-1592*, catálogo de la exposición, Bassano del Grappa-Forth Worth, 1992-1993, pp. 149-150.

VOGEL, H.: *Katalog der Staatlichen Gemäldegalerie au Kassel*, Kassel, 1958.

VON BARGHAHAN, B.: *Philip IV and the "Golden House" of the Buen Retiro in the tradition of Caesar*, New York, 1986, 2 vols.

WETHEY, H. E.: *The Paintings of Titian I. The Religious Paintings*, London, 1969.

— *The Paintings of Titian II. The Portraits*, Phaidon, London & New York, 1971.

— *The paintings of Titian. III. The Mythological and Historical Paintings*, New York, 1975.

XIMÉNEZ, A.: *Descripción del Real Monasterio de San Lorenzo del Escorial*, Madrid, 1764.

ZAMPETTI, P: *Jacopo Bassano*, Roma, 1958.

ZARCO CUEVAS, J.: *Inventario de las alhajas, pinturas y objetos de valor y curiosidad donados por Felipe II al monasterio de El Escorial (1571-1598)*, Madrid, 1930.

— *Pintores italianos en San Lorenzo el Real de el Escorial (1575-1613)*, Madrid.

Zibaldone Baldinucciano, ed. Bruno Santi, 2 volúmenes, Firenze, 1980-1981.

CATÁLOGOS DE EXPOSICIONES

BARCELONA 1997-1998: *De Tiziano a Bassano. Maestros venecianos del Museo del Prado*, Museo Nacional de Arte de Cataluña.

BASSANO DEL GRAPPA 1992: *Jacopo Bassano c. 1510-1592*, Museo Cívico.

BASSANO DEL GRAPPA 1992: *Jacopo Bassano e l'incisione. La fortuna dell'arte bassanesca nella grafica di riproduzione dal XVI al XIX secolo*, Museo Civico.

ESCORIAL 1986: *Las colecciones del Rey. Pintura y escultura*, El Escorial, Madrid.

LONDRES 1983: *The Genius of Venice, 1500-1600*, The Royal Academy.

MADRID 1936-1940: *Floreros y bodegones en la pintura española*, Julio CAVESTANY, Biblioteca Nacional.

MADRID 1994: *El Real Alcázar de Madrid. Dos siglos de arquitectura y coleccionismo en la corte de los Reyes de España*, Museo del Prado-Palacio Real.

MADRID 1998: *Juan de Arellano, 1614-1676*, Caja Madrid,.

MADRID 1998: *Felipe II, un monarca y una época. Un príncipe del Renacimiento*, Museo del Prado.

MURCIA 1999: *El legado de la pintura. Murcia, 1516-1811*, Centro de Arte Palacio Almudí.

PARÍS 1998: *Bassano et ses fils dans les musées français*, Museo del Louvre.

INVENTARIOS COLECCIÓN REAL

INVENTARIO 1636: *Inventario de los cuadros del Alcázar de Madrid*, manuscrito, Archivo de Palacio, Secc. Adm., Leg. 738.

INVENTARIO 1666: *Inventario de los cuadros del Alcázar de Madrid*, manuscrito, Archivo de Palacio, Secc. Adm., Leg. 768.

INVENTARIO 1686: *Inventario de los cuadros del Alcázar de Madrid*, manuscrito, Archivo de Palacio, Secc. Adm., Leg. 768.

INVENTARIO 1700: *Inventarios Reales, Testamentaría del Rey Carlos II, 1701-1703*, ed. de G. Fernández Bayton, Madrid, 1975.

INVENTARIO 1734: *Inventario de los cuadros salvados del incendio*, manuscrito, Archivo de Palacio, Secc. Adm., Leg. 768.

INVENTARIO 1746: *Inventario de las pinturas, muebles y alhajas...*, Archivo de Palacio, Secc. Adm. Leg. 13568.

INVENTARIO 1772: *Inventario de las pinturas, muebles...*, Archivo de Palacio, Secc. Adm. Leg. 38.

INVENTARIO 1789-90: *Inventarios reales. Carlos III. 1789-90*, ed. Fernández Miranda, Madrid, 1988.

ÍNDICE ONOMÁSTICO

ÍNDICE GENERAL

EXPOSICIÓN Y CATÁLOGO

Organiza
MUSEO NACIONAL DEL PRADO

Comisario
MIGUEL FALOMIR FAUS

Con la colaboración de
NOELIA GARCÍA PÉREZ

Asesora
MAIRA HERRERO

Unidad de Exposiciones Temporales
JUDITH ARA, ANDRÉS GUTIÉRREZ,
ANA MARTÍN y MONTSERRAT SABÁN

Conservadora encargada de Depósitos Temporales
MERCEDES ORIHUELA

Gabinete de Documentación Técnica
INMACULADA ECHEVARRÍA, JAIME GARCÍA MAÍQUEZ,
CARMEN GARRIDO y LAURA RIESCO

Restauración de pinturas
RAFAEL ALONSO, MARÍA ÁLVAREZ GARCILLÁN,
MARÍA JESÚS IGLESIAS, MARÍA ANTONIA LÓPEZ ASIAÍN,
ISABEL MOLINA y ALMUDENA SÁNCHEZ

Restauración de marcos
ISABEL FERNÁNDEZ, ENRIQUE GIL
y MARÍA JESÚS LÓPEZ DE LERMA

TALLERES DE RESTAURACIÓN
DE PATRIMONIO NACIONAL

Digitalización y Tratamiento de Imágenes
ANA GONZÁLEZ MOZO

Comunicación y Diseño Gráfico
ANA GONZÁLEZ MOZO, FERNANDO PÉREZ SUESCUN
y JOSEFINA SEVILLANO

Archivo fotográfico
JOSÉ BAZTÁN y ALBERTO OTERO

Traducción
JENNY DODMAN

Montaje
BRIGADA DE MOVIMIENTO DE OBRAS DE ARTE
DEL MUSEO NACIONAL DEL PRADO

Créditos Fotográficos
BIBLIOTECA NACIONAL, Madrid; BILDARCHIV PREUSSISCHER
KULTURBESITZ, Berlín; © PATRIMONIO NACIONAL, Madrid; IGLESIA DE
LA ANUNCACIÓN, Sevilla; JUNTA DE CASTILLA Y LEÓN. CENTRO DE
CONSERVACIÓN Y RESTAURACIÓN DE BIENES CULTURALES (Jerónimo
Cendoya); KUNSTHISTORISCHES MUSEUM, Viena; MUSEO CÍVICO,
Bassano del Grapa; MUSEO DE LA REAL ACADEMIA DE BELLAS ARTES
DE SAN FERNANDO, Madrid; MUSEU DE BELLES ARTS, Valencia;
MUSEUM OF ART, SCHOOL OF DESIGN, Rhode Island; NÁRODNÍ
GALERIE, Praha; PHOTO RMN-Gerard BLOT, Paris; SÁCHALSCHE
LANDESBIBLIOTHEK-STAATS-UND UNIVERSITÁTEBIBLIOTHEK, Dresden;
SARAH CAMPBELL BLAFFER FOUNDATION, Houston; STIFTUNG
PREUSSISCHER SCHLÖLLER UND GÁRTEN BERLIN-
BRANDEBURG/FOTOGRAF; THE JOHN AND MABLE RINGLING MUSEUM
OF ART. THE STATE ART MUSEUM OF FLORIDA: THE NATIONAL
GALLERY, London; THE ROYAL COLLECTION, HER MAJESTY QUEEN
ELIZABETH II.

*El Museo Nacional del Prado agradece su colaboración
a las siguientes Instituciones:*
MINISTERIO DE ASUNTOS EXTERIORES, Madrid; MUSEO DE BELLAS
ARTES DE GRANADA; MUSEO DE SAN TELMO, San Sebastián;
PATRIMONIO NACIONAL, Madrid; REAL ACADEMIA DE
JURISPRUDENCIA, Madrid; REAL SOCIEDAD ECONÓMICA MATRITENSE
DE AMIGOS DEL PAÍS; UNIVERSIDAD DE BARCELONA; UNIVERSIDAD
COMPLUTENSE DE MADRID.

NIPO: 183-01-006-9
ISBN: 84-8480-006-7
Depósito Legal: S. 352-2001

Realización y producción:
   Gráficas VARONA
   Polígono «El Montalvo», parcela 49
   37008 Salamanca

Phem

Gift from Pravin (Chera)

23/4/01